2주 만에 정복

스파르타 OPIc

IH-AL 공략

애슐리 지음

English&북스

스파르타 OPIc

IH-AL 공략

초판 1쇄 발행 2024년 6월 3일
초판 2쇄 발행 2025년 5월 27일

지은이 애슐리
펴낸이 박성호
펴낸곳 잉글리쉬앤(주)

편 집 박고우니, 장서원
영업마케팅 여주형, 김성윤, 방성출, 박훈효, 조민형, 이달님, 강정구, 이진희, 조병운, 조예선, 이현정, 조광민, 김정민, 최희성, 윤종철, 엄주아, 노희동, 오지현, 최유미, 최가연, 안혜연, 조승채, 김희진, 남지현, 강예빈

주 소 서울 특별시 관악구 쑥고개로 67-1
대표전화 (02) 878-1945
출판등록 2002년 3월 3일 제 320-2002-00045호

ISBN 978-89-6715-207-9 13740

저작권자 2025 잉글리쉬앤(주)
이 책은 잉글리쉬앤(주)에 의해 출간되었으므로
저자와 출판사의 서면에 의한 허락 없이 글과 그림의 인용, 복제, 발췌를 금합니다.

* 가격은 뒤표지에 있습니다. 파본은 바꾸어 드립니다.

www.english.co.kr

Preface

영어 시험에서 성공과 실패를 좌우하는 것은 그렇게 거창하지 않습니다. 매일 어떤 습관을 갖고 어떤 노력을 하느냐에 따라 1%씩 차이가 생기고, 이런 작은 차이가 쌓여 결국 성공과 실패를 가르게 됩니다. 영어 실력 향상을 위해서도 마찬가지입니다. 매일의 노력과 땀이 쌓이다 보면 어느새 목표로 하는 OPIc IH, AL 달성이 코앞으로 다가올 것입니다.

이 책은 여러분이 각자 영어 실력을 제대로 향상시킬 수 있는 방법을 찾아가는 과정에 있어 하나의 길잡이가 되어 주길 바라는 마음에 집필하게 되었습니다. 단순 암기로는 OPIc에서 높은 성적을 얻는 데 한계가 있습니다. 기본 주제부터 실전 모의고사, 관용어구와 위기 상황 대처법까지, 오랜 강사 활동을 통해 쌓아 온 노하우를 녹여 책에 담았습니다. 목표 레벨에 맞춰 이 책으로 집중적으로 학습한다면 단기간 내 원하는 등급 달성이 가능할 것입니다.

이 책이 나오기까지 그동안 도움을 주신 많은 분들께 감사드립니다. 많은 응원과 피드백을 보내주신 오픽 수강생들과 주위 강사분들, 무엇보다 언제나 저를 지지해 주시는 부모님께 감사와 사랑을 전합니다.

〈스파르타 OPIc IH-AL 공략〉의 학습법을 통해 영어에 대한 자신감을 얻고, 영어로 인한 스트레스에서 벗어나길 바랍니다. 여러분 모두가 영어라는 도구를 자유자재로 활용하는 멋진 모습으로 성장하기를 기대하겠습니다.

이 책의 활용법

이 책은 독학용뿐만 아니라 채택하신 오프라인 교육기관의 커리큘럼에 따라 짧게는 2주, 길게는 한 달 정도의 기간 내에 목표 레벨을 달성하도록 구성되었습니다.

잉글리쉬앤 홈페이지의 온라인 강좌에 마련되어 있는 레벨별 강의를 선택하셔서 주어진 강의 플랜에 맞춰 IH 또는 AL 목표로 학습하시거나, 2개 레벨을 동시에 모두 학습하시어 목표 레벨을 좀 더 빠른 시간 안에 달성할 수도 있습니다.

MP3 활용법

목표 레벨에 따라 1배속으로 shadow reading(따라 읽기)를 3회 실시합니다. 그 후 0.7~0.8배속으로 답변 내용을 5회 이상 반복하여 따라 읽기를 합니다. 출퇴근 시간이나 자기 전, 혹은 일상의 자투리 시간을 잘 활용하시는 것을 권장합니다.

스피킹 전문 강사
애슐리

목차

이 책의 구성 ·· 6
OPIc 시험 소개 ··· 8
OPIc 추천 설문조사 ·· 12
Plan B expressions ·· 14
학습 플랜 ·· 16

기본·선택 주제

Unit 01 | 자기소개 ·· 19

거주지

Unit 02 | 가족 ··· 23
Unit 03 | 집안 내부(가족 포함) ·· 31
Unit 04 | 집안일 및 활동 ··· 39

여가 활동

Unit 05 | TV·리얼리티 쇼 시청하기 ····································· 47
Unit 06 | 공연, 콘서트 관람 ·· 55
Unit 07 | 쇼핑 ··· 63
Unit 08 | 공원 가기 ··· 71

취미, 관심사

Unit 09 | 독서 ··· 81
Unit 10 | 음악 감상 ··· 89

운동

Unit 11 | 조깅, 수영, 자전거 타기 ······································· 97

여행

Unit 12 | 국내/해외여행 ··· 105

돌발 주제

Unit 01 | 건강 ··· 113
Unit 02 | 과학 기술 ·· 123
Unit 03 | 날씨 ··· 131
Unit 04 | 대중교통 ··· 139
Unit 05 | 명절 ··· 147
Unit 06 | 인터넷 ·· 155
Unit 07 | 재활용 ·· 163
Unit 08 | 지형 및 야외 활동 ·· 171
Unit 09 | 호텔 ··· 179

롤플레이

유형별

Combo 1 | 질문하기 ··· 187
Combo 2 | 문제 해결하기 ··· 211
Combo 3 | 관련 경험 전달하기 ··· 221

주제별

Unit 01 | 쇼핑 ··· 231
Unit 02 | 콘서트 ·· 239
Unit 03 | 친구, 가족 ··· 247
Unit 04 | 집 ·· 255
Unit 05 | 은행 ··· 263
Unit 06 | MP3 ·· 271
Unit 07 | 여행 ··· 279

실전모의고사 ··· 286
부록 (표현 모음) ·· 292

이 책의 구성

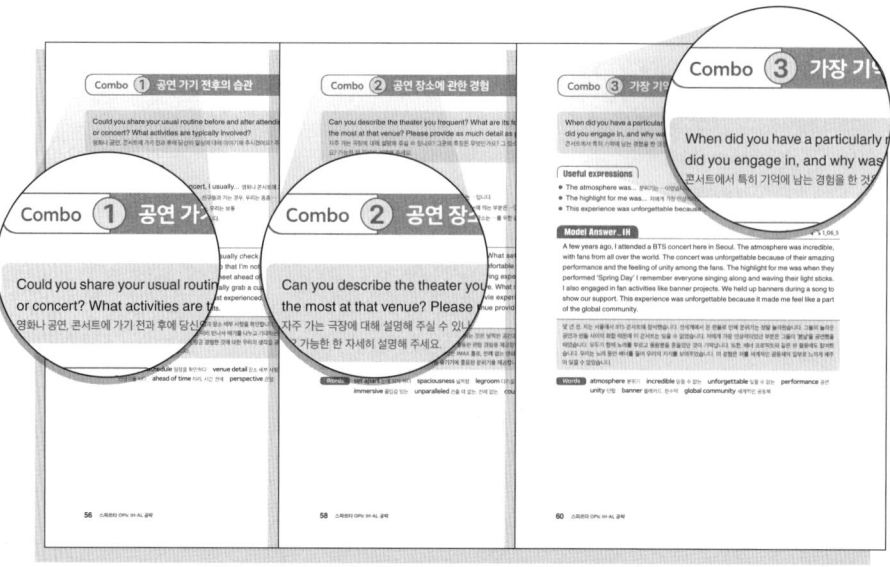

3 combo로 주제별 학습 기출문제로 학습하며 실전 감각을 키운다.

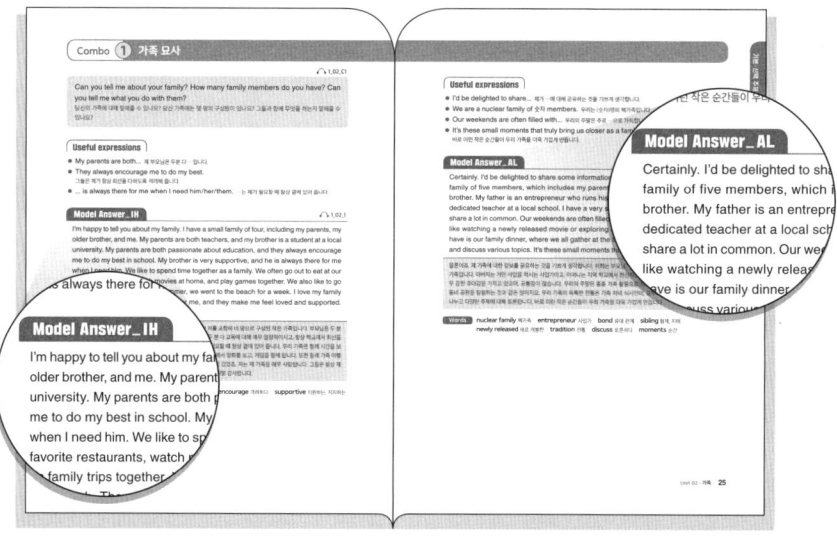

IH 모범 답변
IH 레벨에 적절한 발화량과 어휘로 구성된 모범 답변을 익힌다.

AL 모범 답변
유창성과 발화량이 한단계 업그레이드 된 모범 답변으로 고난이도 문제까지 대비한다.

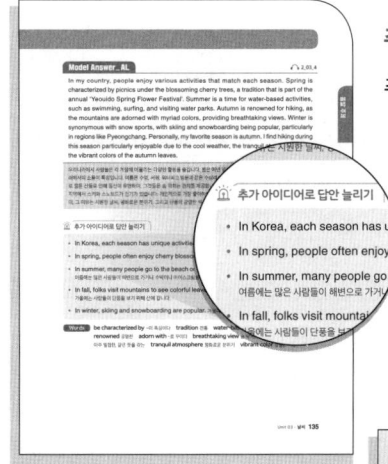

추가 아이디어 제공
추가 아이디어를 활용하여 나만의 답변으로 재구성할 수 있다.

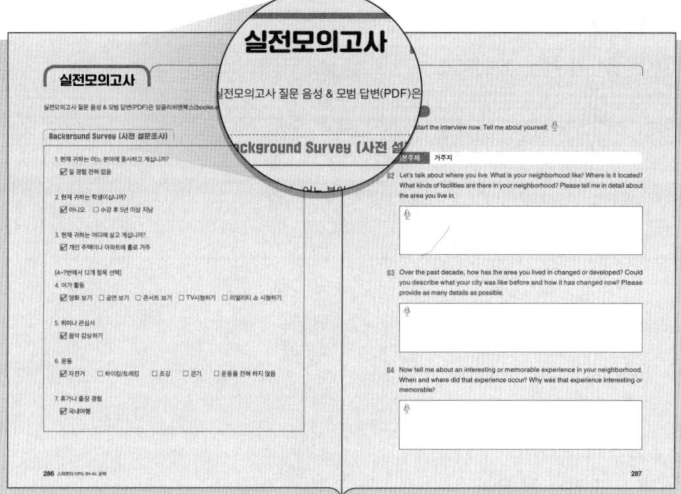

실전모의고사로 최종 점검!
저자 추천 설문조사를 토대로 한 실전 모의고사로, 학습 후 실력을 점검할 수 있다.

부가 서비스 콘텐츠 및 이용 방법

- 필러 표현 PDF
- 침묵을 줄여주는 표현 PDF
- 질문, 모범 답변 음성 파일 MP3

▶ 잉글리쉬앤북스(books.english.co.kr) 접속 → 페이지 상단 [다운로드] 클릭 → [스파르타 오픽 IH-AL 공략] 클릭 → 다운로드하여 이용

- 온라인 모의고사 3회분

▶ 잉글리쉬앤북스(books.english.co.kr) 접속 → 페이지 상단 [도서인증받기] 클릭 → [스파르타 오픽 IH-AL 공략] 클릭 → [인증받기] 클릭 → 도서 내 인증 데이터 입력 → 쿠폰 복사 후, [시험 등록하기] 클릭 → 복사한 쿠폰 입력하여 [응시하기]를 눌러 테스트 이용

OPIc 시험 소개

OPIc 이란?

OPIc(Oral Proficiency Interview-computer)은 컴퓨터를 통해 언어 구사 능력을 인터뷰 형식으로 측정하는 시험입니다. 실생활에서 언어를 얼마나 효율적이고 적절하게 사용할 수 있는지 절대평가 방식으로 평가합니다. OPIc은 대학교에서 졸업인증제도나 주요 기업의 채용 및 입사 후 인사고과에 활용되고 있습니다.

시험 구성

자기소개는 항상 1번 문제로 출제됩니다. 2번부터 15번까지는 하나의 주제에 대한 랜덤 문제 2~3개가 연속으로 출제됩니다.

전체 구성 자기소개 1문제 + (3콤보 x 4문제) + (2콤보 x 1문제)

자기소개	주제 1	주제 2	주제 3	주제 4	주제 5
1	2	5	8	11	14
	3	6	9	12	15
	4	7	10	13	

문제 예시

자기소개
1번: 자신에 대해 설명

3콤보 - 거주지 (주제 1)
2번: 현재 살고 있는 집 묘사
3번: 집에서 하는 일 루틴 설명
4번: 어렸을 때 살던 집과 지금 사는 집 비교

3콤보 - 영화 (주제 2)
5번: 가장 좋아하는 영화 장르
6번: 최근 영화관에 가서 본인이 영화 전후로 했던 일들
7번: 가장 좋아하는 영화배우에 관한 본 뉴스

3콤보 - 집에서 보내는 휴가 (주제 3)
8번: 휴가 중 만나고 싶은 사람
9번: 지난번 휴가 때 했던 일들
10번: 휴가 중에 기억에 남는 경험

3콤보 - MP3 (주제 4)
11번: 친구가 쓰는 MP3에 대해 질문
12번: 친구에게 빌린 MP3가 고장난 상황 해결
13번: 본인 기기가 고장나서 해결한 경험

2콤보 - 기술 (주제 5)
14번: 휴대전화 과거 현재 비교
15번: 휴대전화 사용 관련 문제점/우려

채점 기준

- **Global Tasks/Functions**
  주제에 대한 지식이 없어도 침묵 없이 대답할 수 있는 능력

- **Context/Content**
  주제에서 벗어나지 않는 내용을 대답할 수 있는 능력

- **Accuracy/Comprehensibility**
  오류 없이 문법을 구사하고 유창한 어휘 표현을 사용하여 상대방이 이해할 수 있도록 논리적으로 대답할 수 있는 능력

- **Text Type**
  단답형보다 길고 체계적으로 대답할 수 있는 능력

OPIc 등급체계

OPIc의 평가는 ACTFL Proficiency Guidelines-Speaking에 따라 절대평가로 진행되며, 이는 말하기 능숙도(Oral Proficiency)에 대한 ACTFL의 공식 언어능력 기준입니다.

Level		레벨별 요약정리
Advanced	Advanced Low	사건을 서술할 때 일관적으로 동사 시제를 관리하고, 사람과 사물을 묘사할 때 다양한 형용사를 사용한다. 적절한 위치에서 접속사를 사용하기 때문에 문장간의 결속력도 높고 문단의 구조를 능숙하게구성할 수 있다. 익숙하지 않은 복잡한 상황에서도 문제를 설명하고 해결할 수 있는 수준이다.
Intermediate	Intermediate HIGH	개인에게 익숙하지 않거나 예측하지 못한 복잡한 상황을 만날 때, 대부분의 상황에서 사건을 설명하고 문제를 효과적으로 해결할 수 있다. 발화량이 많고, 다양한 어휘를 사용한다.
	Intermediate MID	일상적인 소재 뿐 아니라 개인적으로 익숙한 상황에서는 문장을 나열하며 자연스럽게 말할 수 있다. 다양한 문장형식이나 어휘를 실험적으로 사용하려고 하며, 상대방이 조금만 배려해주면 오랜 시간 대화가 가능하다.
	Intermediate LOW	일상적인 소재에서는 문장으로 말할 수 있다. 대화에 참여하고 선호하는 소재에서는 자신감을 가지고 말할 수 있다.
Novice	Novice HIGH	일상적인 대부분의 소재에 대해서 문장으로 말할 수 있다. 개인정보에 대해 질문을 하고 응답을 할 수 있다.
	Novice MID	이미 암기한 단어나 문장으로 말하기를 할 수 있다.
	Novice LOW	제한적인 수준이지만 영어 단어를 나열하며 말할 수 있다.

* IM(Intermediate Mid)의 경우 Mid1 < Mid2 < Mid3로 세분화하여 제공합니다.
* 취업/승진 시 가장 많이 요구되는 등급은 IH(Intermediate HIGH)입니다.

진행 순서

오리엔테이션 | 20분

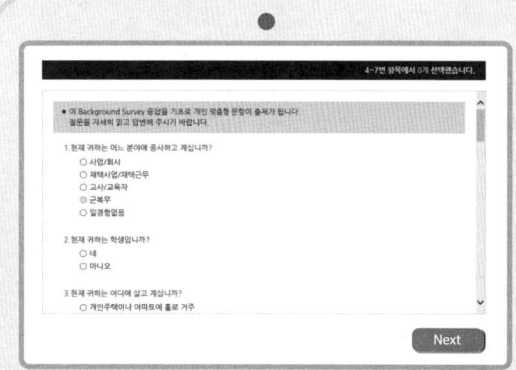

Background Survey

평가 문항을 위한 사전 설문을 진행합니다. 응시자가 선택한 항목에 맞춰 문제가 출제됩니다.

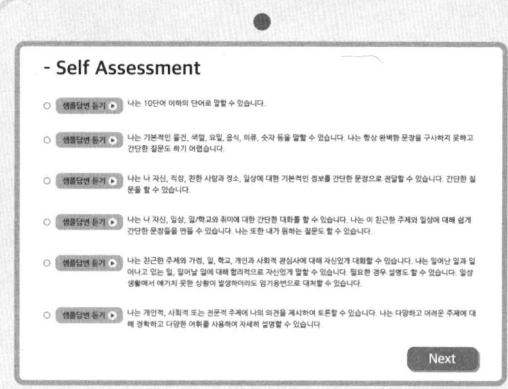

Self-Assessment

총 6가지의 시험 난이도 샘플 답변을 듣고 시험에 출제될 문제의 난이도를 결정합니다.

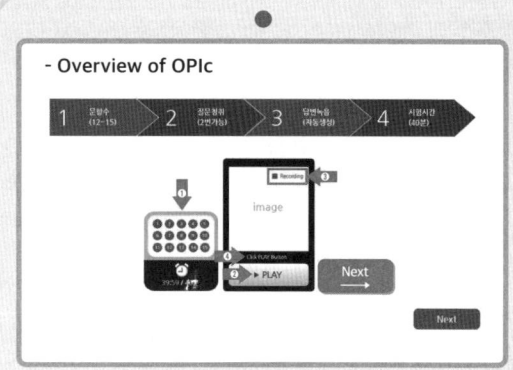

Pre-Test Setup

질문 청취 및 답변 녹음 기능을 사전에 점검합니다.

Sample Question

화면 구성, 청취 및 답변 방법 안내하고 답변을 연습합니다.

시험시간 **40분**

1st Session

선택한 주제와 난이도를 바탕으로 약 7문제가 출제됩니다. 질문은 총 2번 들을 수 있으며 문항별 답변 시간은 제한 없습니다.

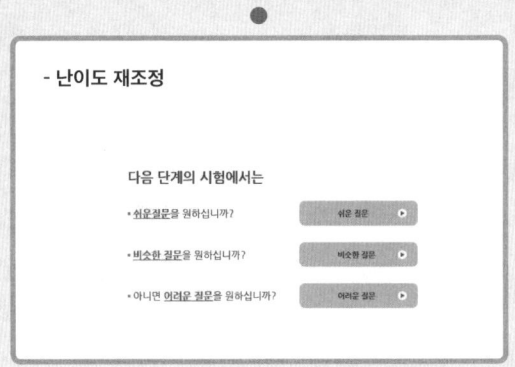

난이도 재조정

시험의 난이도를 다시 설정할 수 있는 2차 난이도 설정입니다. 쉬운 질문, 비슷한 질문, 어려운 질문 중에서 선택합니다.

IH의 경우 4-4, 5-5
AL은 5-5

2nd Session

재조정된 난이도로 약 8문제가 출제됩니다. 시험 방식은 첫 번째 세션과 동일합니다.

OPIc 추천 설문조사

기본 주제: 신분과 거주지 관련사항

1. 현재 귀하는 어느 분야에 종사하고 계십니까?
- ☐ 사업/회사
- ☐ 재택사업/재택근무
- ☐ 교사/교육자
- ☐ 군 복무
- ☑ 일 경험 없음 (응시자가 직장인이 아님을 선택하면, 관련 질문을 피할 수 있습니다.)

2. 현재 귀하는 학생이십니까?
- ☐ 네

  2.1 현재 어떤 강의를 듣고 있습니까?
   - ☐ 학위 과정 수업
   - ☐ 전문기술을 향상시키기 위한 평생 학습
   - ☐ 어학 수업

- ☑ 아니오 (응시자가 학생이 아님, 수강 후 5년 이상 지남을 선택하면, 관련 질문을 피할 수 있습니다.)

  2.2 최근 어떤 강의를 수강했습니까?
   - ☐ 학위 과정 수업
   - ☐ 전문기술을 향상시키기 위한 평생 학습
   - ☐ 어학 수업
   - ☑ 수강 후 5년 이상 지남

3. 현재 귀하는 어디에 살고 계십니까?
- ☑ 개인 주택이나 아파트에 홀로 거주
- ☐ 친구나 룸메이트와 함께 주택이나 아파트에 거주
- ☐ 가족(배우자/자녀/기타 가족 일원)과 함께 주택이나 아파트에 거주
- ☐ 학교 기숙사
- ☐ 군대 막사

선택 주제: 여가활동, 취미, 관심사 관련사항

아래의 4~7번 문항에서 12개 이상을 선택해 주시기 바랍니다. (서로 유사한 주제 위주로 선택하거나, 응시자가 영어로 말하기 쉬운 항목을 선택합니다.)

4. 귀하는 여가 활동으로 주로 무엇을 하십니까?
 (두 개 이상 선택)
- ☑ 영화 보기
- ☐ 클럽/나이트클럽 가기
- ☑ 공연 보기
- ☑ 콘서트 보기
- ☐ 박물관 가기
- ☐ 공원 가기
- ☐ 캠핑하기
- ☐ 해변 가기
- ☐ 스포츠 관람
- ☐ 주거 개선
- ☐ 술집/바에 가기
- ☐ 카페/커피전문점에 가기
- ☐ 게임하기
- ☐ 당구 치기
- ☐ 체스 하기
- ☐ SNS에 글 올리기
- ☐ 친구들과 문자 대화하기
- ☐ 시험 대비 과정 수강하기
- ☐ 뉴스를 보거나 듣기
- ☐ TV 시청하기
- ☐ 리얼리티 쇼 시청하기
- ☐ 요리 관련 프로그램 시청하기
- ☐ 차로 드라이브하기
- ☐ 스파/마사지숍 가기
- ☐ 구직활동 하기
- ☐ 자원봉사 하기
- ☐ 쇼핑하기

5. 귀하의 취미나 관심사는 무엇입니까?
   (한 개 이상 선택)
   ☐ 아이에게 책 읽어 주기
   ☑ 음악 감상하기
   ☐ 악기 연주하기
   ☐ 혼자 노래 부르거나 합창하기
   ☐ 춤추기
   ☐ 글쓰기(편지, 단문, 시 등)
   ☐ 그림 그리기
   ☐ 요리하기
   ☐ 반려동물 기르기
   ☐ 주식 투자하기
   ☐ 신문 읽기
   ☐ 여행 관련 잡지나 블로그 읽기
   ☐ 사진 촬영하기
   ☐ 독서

6. 귀하는 주로 어떤 운동을 즐기십니까?
   (한 개 이상 선택)
   ☐ 농구
   ☐ 야구/소프트볼
   ☐ 축구
   ☐ 미식축구
   ☐ 하키
   ☐ 크리켓
   ☐ 골프
   ☐ 배구
   ☐ 테니스
   ☐ 배드민턴
   ☐ 탁구
   ☑ 수영
   ☑ 자전거
   ☐ 스키/스노보드
   ☐ 아이스 스케이트

☑ 조깅
☑ 걷기
☐ 요가
☑ 하이킹/트레킹
☐ 낚시
☐ 헬스
☐ 태권도
☐ 운동 수업 수강하기
☑ 운동을 전혀 하지 않음

7. 귀하는 어떤 휴가나 출장을 다녀온 경험이 있습니까? (한 개 이상 선택)
   ☐ 국내 출장
   ☐ 해외 출장
   ☐ 집에서 보내는 휴가
   ☑ 국내여행
   ☑ 해외여행

들리지 않고 할 말이 생각나지 않을 때 필요한
Plan B expressions

Situation #1 머뭇거림의 시간이 필요한 경우

→ 에바에게 질문이 어렵다고 솔직하게 얘기한다.
→ 에바에게 생각할 시간이 필요하다고 얘기한다.

1 Oh, Ava. I haven't thought about it before. It's pretty tricky question.
2 Please give me some time to think about the question.

Situation #2 특정 단어가 입에서 맴도는 경우

→ "뭐더라…"라며 머뭇거림을 표현한다.
→ 확실하지 않지만 노력해 보겠다며 이해를 구한다.

1 Well, I can't think of the word.
2 It's really on the tip of my tongue.
3 I don't know how to call it, but I'll do my best, Ava. Please understand me.

Situation #3 진짜 '안' 들리는 경우

→ 못 알아들었다고 솔직하게 말한다.
→ 질문이 기억나지 않는다며 이해를 구한다.

1 I didn't catch that, Ava. Sorry!
2 I don't think I remember the question. But, I'll do my best. Please understand me.

Situation #4 질문 관련 경험 및 아이디어가 없을 경우

→ 관련 경험이 없다고 솔직하게 말한다.
→ 해당 주제에 대해 할 말이 별로 없지만 최선을 다하겠다고 말한다.

1 I don't have that experience. Sorry, Ava!
2 I've got nothing to tell you about that question, but I'll try to do my best. Please understand me.

Situation #5 장황하게 얘기하느라 시간 낭비를 많이 했을 경우

→ 시간이 없으니 이제 끝내겠다고 말한다.
→ 할 말은 많지만 여기까지 하겠다고 말한다.
→ '그래서, 결론은 ~/ 내가 하려던 말은 ~'으로 마무리 짓는다.

1 I don't have much time. Let me finish it. Sorry, Ava.
2 So much to tell you, but I think I need to wrap things up today.
3 Therefore, to conclude ~ / What I mean by that ~

IH 학습 플랜

30일 플랜

Day 1	Day 2	Day 3	Day 4	Day 5
기본 주제 Unit 1~4	선택 주제 Unit 1~2개	선택 주제 Unit 1~2개	선택 주제 Unit 1~2개	선택 주제 Unit 1~2개
Day 6	**Day 7**	**Day 8**	**Day 9**	**Day 10**
선택 주제 Unit 1~2개	선택 주제 Unit 1~2개	선택 주제 Unit 1~2개	선택 주제 Unit 1~2개	돌발 주제 Unit 1
Day 11	**Day 12**	**Day 13**	**Day 14**	**Day 15**
돌발 주제 Unit 2	돌발 주제 Unit 3	돌발 주제 Unit 4	돌발 주제 Unit 5	돌발 주제 Unit 6
Day 16	**Day 17**	**Day 18**	**Day 19**	**Day 20**
돌발 주제 Unit 7	돌발 주제 Unit 8	돌발 주제 Unit 9	롤플레이 Combo 1	롤플레이 Combo 2
Day 21	**Day 22**	**Day 23**	**Day 24**	**Day 25**
롤플레이 Combo 3	롤플레이 Unit 1	롤플레이 Unit 2	롤플레이 Unit 3	롤플레이 Unit 4
Day 26	**Day 27**	**Day 28**	**Day 29**	**Day 30**
롤플레이 Unit 5	롤플레이 Unit 6	롤플레이 Unit 7	실전모의고사	온라인 모의고사

AL 학습 플랜

15일 플랜

Day 1	Day 2	Day 3	Day 4	Day 5
기본 주제 Unit 1~4	선택 주제 Unit 2개	선택 주제 Unit 2개	선택 주제 Unit 2개	선택 주제 Unit 2개
Day 6	**Day 7**	**Day 8**	**Day 9**	**Day 1**
돌발 주제 Unit 1~2	돌발 주제 Unit 3~4	돌발 주제 Unit 5~6	돌발 주제 Unit 7~8	돌발 주제 Unit 9
Day 11	**Day 12**	**Day 13**	**Day 14**	**Day 15**
롤플레이 Combo 1~3	롤플레이 Unit 1~3	롤플레이 Unit 4~7	실전모의고사	온라인 모의고사

☑ **자신의 의견을 분명하게 표현하기**

OPIc에서는 의사소통 능력이 중요한 역할을 합니다. 따라서 논리적으로 답변을 전개하는 것이 중요합니다.

☑ **문법과 어휘력 개선하기**

OPIc에서는 문법과 어휘력이 중요한 역할을 합니다. 따라서 문법에서 특히 시제와 다양한 어휘를 학습하고, 일상생활에서 적극적으로 사용하는 것이 중요합니다.

☑ **질문에 맞게 자세하고 구체적으로 대답하기**

OPIc에서는 질문에 맞게 자세하고 구체적으로 대답하는 것이 중요합니다. 다양한 예시와 함께 구체적인 내용을 제시하면 대화를 풍부하게 발전시킬 수 있습니다.

☑ **여유 있게 대화하기**

OPIc에서는 대화의 흐름을 자연스럽게 유지하는 것이 중요합니다. 따라서 여유 있게 대화를 진행하고 에바의 질문에 대해 적극적으로 대응하는 것이 중요합니다.

기본·선택 주제

Unit 01 자기소개

거주지
- Unit 02 가족
- Unit 03 집안 내부(가족 포함)
- Unit 04 집안일 및 활동

여가 활동
- Unit 05 TV·리얼리티 쇼 시청하기
- Unit 06 공연, 콘서트 관람
- Unit 07 쇼핑
- Unit 08 공원 가기

취미, 관심사
- Unit 09 독서
- Unit 10 음악 감상

운동
- Unit 11 조깅, 수영, 자전거 타기

여행
- Unit 12 국내/해외여행

Unit 01 자기소개

OPIc(Oral Proficiency Interview – computer) 시험에서 자기소개는 고정적으로 1번 문제로 출제됩니다. 이는 응시자의 기본 정보를 평가자에게 전달하는 역할을 합니다. 일부 수험생들은 자기소개가 시험 점수에 반영되지 않는다고 생각해서 건너뛰는 경향이 있습니다. 하지만 자기소개를 통해 응시자는 평가자에게 좋은 인상을 줄 수 있고, 본격적으로 문제에 답변하기 전에 긴장을 풀 수 있는 워밍업이 될 수 있기 때문에 잘 준비해서 답변하는 것이 좋습니다.

기본주제	자기소개
이름	My name is ~. 제 이름은 ~입니다. I'm called ~. 저는 ~라고 불립니다.
직업	I work as ~. 저는 ~로 일하고 있습니다.
학력	I graduated from ~. 저는 ~를 졸업했습니다. I have a degree in ~. 저는 (전공 분야) 학위를 가지고 있습니다.
취미	In my free time, I like to ~. 저는 여가 시간에 ~하는 것을 좋아합니다. My hobbies include ~. 제 취미에는 ~가 포함됩니다.
개인적인 특징	I'm known for being ~. 저는 ~한 것으로 알려져 있습니다.
목표	My goal is to ~. 제 목표는 ~하는 것입니다. I hope to ~. 저는 ~하는 것을 희망합니다.
국적/고향	I'm from ~. 저는 ~ 출신입니다.
경험	I have experience in ~. 저는 ~에 경험이 있습니다. I've worked in ~. 저는 ~에서 일해 본 경험이 있습니다.
개인적인 관심사	I'm interested in ~. 저는 ~에 관심이 있습니다. I like to learn about ~. 저는 ~에 대해 배우는 것을 좋아합니다.

Intro 자기 소개

🎧 1_01_N1

Let's start the interview now. Tell me about yourself.
인터뷰를 시작하겠습니다. 자신에 대해 소개해 주세요.

Model Answer_IH ①
🎧 1_01_1

Hello! My name is Min-ji Kim. I'm currently a senior at Seoul National University, and I'm majoring in Business Administration. In my free time, I enjoy reading novels and hiking in the mountains. I'm known for being a hardworking and reliable person. My future goal is to join a major company like Samsung and contribute to its global growth. I'm from South Korea and have always been interested in global economics and business strategies. I've had internships at several local companies, where I gained experience in marketing and project management. I like to learn about different cultures and hope to work in an international environment someday.

안녕하세요! 제 이름은 김민지입니다. 현재 서울대학교에서 경영학을 전공하는 4학년입니다. 저는 여가 시간에 소설을 읽고 등산하는 것을 좋아합니다. 저는 근면하고 신뢰할 수 있는 사람으로 알려져 있습니다. 제 미래의 목표는 삼성과 같은 대기업에 입사하여 세계 경제 성장에 기여하는 것입니다. 저는 한국 출신이며 항상 세계 경제와 비즈니스 전략에 관심이 많았습니다. 저는 여러 지역 기업에서 인턴으로 근무하며 마케팅과 프로젝트 관리 경험을 쌓았습니다. 저는 여러 문화를 배우는 것을 좋아하며 언젠가 국제적인 환경에서 일하기를 희망합니다.

Words senior 4학년 Business Administration 경영학 hardworking 근면한 reliable 신뢰할 수 있는 major company 대기업 global economics 세계 경제

Model Answer_IH ②
🎧 1_01_2

Hello, my name is Kim Junsu. I'm a junior at my university, and I'm majoring in Computer Science. I'm from Busan, South Korea. My hobbies include playing the guitar and hiking. I'm known for being diligent and detail-oriented. I have experience in software development and I've worked on several projects during my time at my university. I'm interested in artificial intelligence and machine learning. My future goal is to work as a software engineer at a leading tech company. Thank you for giving me this opportunity to introduce myself.

안녕하세요, 제 이름은 김준수입니다. 저는 현재 대학에서 컴퓨터 공학을 전공하고 있는 3학년입니다. 저는 한국의 부산 출신입니다. 제 취미는 기타 연주와 등산입니다. 저는 성실하고 세심한 사람으로 알려져 있습니다. 저는 소프트웨어 개발 경험이 있으며, 학과 과정에서 여러 프로젝트를 수행했습니다. 저는 인공지능과 머신러닝에 관심이 있습니다. 제 미래의 목표는 선도적인 기술 회사에서 소프트웨어 엔지니어로 일하는 것입니다. 제 소개를 할 수 있는 기회를 주셔서 감사합니다.

Words junior 3학년 diligent 성실한 detail-oriented 세심한 artificial intelligence 인공지능 leading 선도적인 tech company 기술 회사

Model Answer_ AL ①

🎧 1_01_3

Hello. I'm Min-ji Kim, a recent graduate from Seoul National University with a degree in Business Administration. I work as a junior manager at Samsung Electronics. My hobbies include reading diverse literature and exploring mountain trails on weekends. I pride myself on being a dedicated and innovative thinker. My aspiration is to rise to a leadership position at Samsung, where I can influence positive changes. As a Korean, I have a keen interest in understanding global market trends and implementing effective business strategies. My professional journey includes internships and projects in marketing, so I am enhancing my skill set in strategic planning. I'm deeply fascinated by intercultural communication and aim to incorporate this perspective in my career.

안녕하세요, 저는 김민지이고, 서울대학교에서 경영학 학위를 받은 최근 졸업생입니다. 현재 삼성전자에서 초급 관리자로 일하고 있습니다. 제 취미는 다양한 문학을 읽는 것과 주말에 등산로를 탐험하는 것입니다. 저는 스스로가 헌신적이고 혁신적인 사고를 가진 사람이라고 자부합니다. 제 포부는 삼성 내에서 지도자 위치에 올라서 그곳에서 긍정적인 변화를 주도하는 것입니다. 한국 사람으로서 저는 세계 시장의 추세를 이해하고 효과적인 비즈니스 전략을 구현하는 데 큰 관심이 있습니다. 제 직업적인 여정에는 마케팅에서의 인턴십과 프로젝트가 있으며, 전략 기획 책정에 대한 다양한 능력을 향상시켰습니다. 저는 문화 간 소통에 깊은 매력을 느끼며, 이러한 관점을 제 경력에 통합하고자 합니다.

Words graduate 졸업생 | junior manager 초급 관리자 | literature 문학 | dedicated 헌신적인
leadership 지도자 | global market 세계 시장 | strategic planning 전략 계획 책정
skill set 다양한 능력 | intercultural communication 문화 간 소통

Model Answer_ AL ②

🎧 1_01_4

Hello, I'm called Kim Junsu. I'm a software engineer working at Samsung Electronics in Suwon. I graduated from Seoul National University with a degree in Computer Science. I'm a South Korean national, originally from Busan. In my free time, I like to explore new technologies and work on personal coding projects. I'm a dedicated and detail-oriented individual and always strive for excellence in my work. I have extensive experience in software development, having worked on numerous projects in different domains. I like to learn about the latest trends in technology, particularly in the fields of artificial intelligence and machine learning. My future goal is to lead a team of software engineers and contribute to groundbreaking technological advancements. I hope to make a significant impact in the tech industry. Thank you for your time.

안녕하세요, 저는 김준수라고 불립니다. 저는 수원에 있는 삼성전자에서 소프트웨어 엔지니어로 일하고 있습니다. 저는 컴퓨터 공학 학위를 가진 서울대학교 졸업생입니다. 저는 한국의 부산 출신입니다. 저는 여가 시간에 새로운 기술을 탐구하고 개인 코딩 프로젝트에 참여하는 것을 좋아합니다. 저는 성실하고 꼼꼼한 사람으로, 항상 업무에서 우수성을 추구합니다. 저는 소프트웨어 개발에서 광범위한 경험이 있으며, 다양한 분야의 수많은 프로젝트에서 일해 본 경험이 있습니다. 저는 기술의 최신 추세, 특히 인공 지능과 머신러닝에 대해 배우는 것을 좋아합니다. 제 미래의 목표는 소프트웨어 엔지니어 팀을 이끌고 혁신적인 기술 발전에 기여하는 것입니다. 저는 기술 산업에서 중요한 영향을 미치기를 희망합니다. 시간 내주셔서 감사합니다.

Words explore 탐구하다 | strive for ~을 추구하다 | extensive 광범위한 | numerous 수많은 | domain 분야, 영역
latest 최신의 | lead 이끌다 | contribute 기여하다 | groundbreaking 혁신적인
technological advancement 기술 발전 | significant 중요한

기본·선택 주제

Unit 01	자기소개

거주지

Unit 02	**가족**
Unit 03	집안 내부(가족 포함)
Unit 04	집안일 및 활동

여가 활동

Unit 05	TV·리얼리티 쇼 시청하기
Unit 06	공연, 콘서트 관람
Unit 07	쇼핑
Unit 08	공원 가기

취미, 관심사

Unit 09	독서
Unit 10	음악 감상

운동

Unit 11	조깅, 수영, 자전거 타기

여행

Unit 12	국내/해외여행

Unit 02 가족

🔍 기출문제 유형

■ 가족 묘사

> Can you tell me about your family? How many family members do you have? Can you tell me what you do with them?
> 당신의 가족에 대해 말해줄 수 있나요? 당신 가족에는 몇 명의 구성원이 있나요? 그들과 함께 무엇을 하는지 말해줄 수 있나요?

■ 가족구성원 중 특정인 묘사

> Tell me about your family. Then, pick the family member who you respect the most. Why do you respect that person so much?
> 당신의 가족에 대해 말해주시고, 가장 존경하는 가족 구성원 한 명을 선택해 주세요. 왜 그분을 그렇게 존경하나요?

■ 가족과 함께한 최근 활동

> Explain the details about something you recently did with your family.
> 최근에 가족과 함께 한 일에 대한 세부 사항을 설명해 주세요.

Combo 1 가족 묘사

🔊 1_02_C1

Can you tell me about your family? How many family members do you have? Can you tell me what you do with them?
당신의 가족에 대해 말해줄 수 있나요? 당신 가족에는 몇 명의 구성원이 있나요? 그들과 함께 무엇을 하는지 말해줄 수 있나요?

Useful expressions

- My parents are both... 제 부모님은 두분 다 …입니다.
- They always encourage me to do my best.
  그들은 제가 항상 최선을 다하도록 격려해 줍니다.
- ... is always there for me when I need him/her/them. …는 제가 필요할 때 항상 곁에 있어 줍니다.

Model Answer_IH

🔊 1_02_1

I'm happy to tell you about my family. I have a small family of four, including my parents, my older brother, and me. My parents are both teachers, and my brother is a student at a local university. My parents are both passionate about education, and they always encourage me to do my best in school. My brother is very supportive, and he is always there for me when I need him. We like to spend time together as a family. We often go out to eat at our favorite restaurants, watch movies at home, and play games together. We also like to go on family trips together. Last summer, we went to the beach for a week. I love my family very much. They are always there for me, and they make me feel loved and supported. I am so grateful for them.

제 가족에 대해 말하게 되어 기쁩니다. 저희는 부모님, 형 그리고 저를 포함해 네 명으로 구성된 작은 가족입니다. 부모님은 두 분 다 교사이고, 형(오빠)은 지방 대학에 다니고 있습니다. 부모님은 두 분 다 교육에 대해 매우 열정적이시고, 항상 학교에서 최선을 다하도록 저를 격려해 주십니다. 형(오빠)은 매우 힘이 되며, 제가 필요할 때 항상 곁에 있어 줍니다. 우리 가족은 함께 시간을 보내는 것을 좋아합니다. 좋아하는 식당에 밥을 먹으러 자주 가거나, 집에서 영화를 보고, 게임을 함께 합니다. 또한 함께 가족 여행을 가는 것도 좋아합니다. 지난 여름에는 일주일 동안 해변으로 여행을 갔었죠. 저는 제 가족을 매우 사랑합니다. 그들은 항상 제 곁에 있어 주고, 사랑과 지지를 받는다고 느끼게 해줍니다. 그들에게 정말 감사합니다.

Words passionate about education 교육에 열정적인 encourage 격려하다 supportive 지원하는, 지지하는
grateful 감사하는

Useful expressions

- I'd be delighted to share... 제가 …에 대해 공유하는 것을 기쁘게 생각합니다.
- We are a nuclear family of 숫자 members. 우리는 (숫자)명의 핵가족입니다.
- Our weekends are often filled with... 우리의 주말은 주로 …으로 가득합니다.
- It's these small moments that truly bring us closer as a family.
  바로 이런 작은 순간들이 우리 가족을 더욱 가깝게 만듭니다.

Model Answer_ AL

🎧 1_02_2

Certainly. I'd be delighted to share some information about my family. We are a nuclear family of five members, which includes my parents, my older sister, and my younger brother. My father is an entrepreneur who runs his own business while my mother is a dedicated teacher at a local school. I have a very strong bond with my siblings, and we share a lot in common. Our weekends are often filled with family activities. It is something like watching a newly released movie or exploring a local park. A unique tradition we have is our family dinner, where we all gather at the table, share our daily experiences, and discuss various topics. It's these small moments that truly bring us closer as a family.

물론이죠. 제 가족에 대한 정보를 공유하는 것을 기쁘게 생각합니다. 저희는 부모님, 누나, 그리고 남동생을 포함한 다섯 명의 핵가족입니다. 아버지는 개인 사업을 하시는 사업가이고, 어머니는 지역 학교에서 헌신적인 교사로 계십니다. 저는 형제자매와 매우 강한 유대감을 가지고 있으며, 공통점이 많습니다. 우리의 주말은 종종 가족 활동으로 채워집니다. 새로 나온 영화를 보거나 동네 공원을 탐험하는 것과 같은 일이지요. 우리 가족의 독특한 전통은 가족 저녁 식사인데, 모두가 식탁에 모여 일상의 경험을 나누고 다양한 주제에 대해 토론합니다. 바로 이런 작은 순간들이 우리 가족을 더욱 가깝게 만듭니다.

Words nuclear family 핵가족 entrepreneur 사업가 bond 유대 관계 sibling 형제, 자매
newly released 새로 개봉한 tradition 전통 discuss 토론하다 moments 순간

Combo 2 가족구성원 중 특정인 묘사

🎧 1_02_C2

> Tell me about your family. Then, pick the family member who you respect the most. Why do you respect that person so much?
> 당신의 가족에 대해 말해주시고, 가장 존경하는 가족 구성원 한 명을 선택해 주세요. 왜 그분을 그렇게 존경하나요?

Useful expressions

- I'd be happy to share about... …에 대해 기꺼이 이야기해 보겠습니다.
- We are a family of + 숫자. 우리 가족은 …명입니다.
- The person I respect the most in my family is... 제 가족 중에서 가장 존경하는 사람은 …입니다.
- Her dedication and hard work inspire me to... 그녀의 헌신과 노력은 제가 …하도록 영감을 줍니다.

Model Answer_ IH

🎧 1_02_3

Sure, I'd be happy to share about my family. We are a family of four: my parents, my younger brother, and me. My father is a businessman, and my mother is a school teacher. The person I respect the most in my family is my mother. She is not only a dedicated teacher but also a great mother. She manages her professional and personal life so well that it amazes me. Despite her busy schedule, she ensures that she spends quality time with us. Her dedication and hard work inspire me to be a better person.

> 물론이에요. 제 가족에 대해 이야기해 드리겠습니다. 우리 가족은 네 명입니다. 부모님, 남동생, 그리고 아버지는 사업가이고, 어머니는 교사입니다. 그러나 제 가족 중에서 가장 존경하는 사람은 어머니입니다. 그녀는 헌신적인 교사일 뿐만 아니라 훌륭한 어머니이기도 해요. 그녀는 직업적인 일과 개인적인 삶을 아주 잘 관리해서 놀라워요. 바쁜 일정에도 불구하고, 우리와 귀중한 시간을 보내려고 애씁니다. 어머니의 헌신과 노력이 제가 더 나은 사람이 되도록 영감을 줍니다.

Words younger brother 남동생   businessman 사업가   respect 존경하다   dedicated 헌신적인
professional and personal life 직업적인 일과 개인적인 삶   schedule 일정   inspire 영감을 주다

Useful expressions

- I'd love to provide some insights about... 제가 …에 대한 몇 가지 식견을 드리겠습니다.
- We are a family comprised of... 우리는 …로 구성된 가족입니다.
- Despite the merits of all my family members, 모든 가족 구성원들의 장점에도 불구하고,
- She is not just... but also... 그녀는 …뿐만 아니라 …이기도 합니다.

Model Answer_ AL

🎧 1_02_4

I'd absolutely love to provide some insights about my family. We are a close-knit family of four, comprised of my parents, my younger brother, and myself. My father is a respected businessman while my mother is a dedicated teacher at a local school. Despite the merits of all my family members, my mother is the one I admire the most. She is not just a teacher by profession but also a mentor in my life. Her ability to balance her career and family responsibilities, all while maintaining her composure, is truly commendable. Despite her hectic schedule, she always makes sure to set aside quality time for us. Her unwavering dedication and persistent efforts are what inspire me to strive for excellence.

> 제 가족에 대한 몇 가지 식견을 드리겠습니다. 우리는 부모님, 남동생, 그리고 저로 구성된 네 명의 친밀한 가족입니다. 아버지는 존경받는 사업가이시고 어머니는 지역 학교에서 헌신적인 교사로 계십니다. 가족 모두의 장점에도 불구하고, 제가 가장 존경하는 사람은 어머니입니다. 그녀는 직업이 교사일 뿐만 아니라 제 인생의 멘토이기도 합니다. 직업과 가족 책임을 균형 있게 관리하면서도 평정을 유지하는 어머니의 능력은 정말 칭찬할 만합니다. 바쁜 일정에도 불구하고, 그녀는 항상 우리를 위한 질 좋은 시간을 할애하시죠. 그녀의 변함없는 헌신과 꾸준한 노력은 제가 탁월함을 추구하도록 영감을 줍니다.

Words close-knit 유대가 긴밀한   comprised of ~로 구성된   merit 장점   admire 존경하다   profession 직업   mentor 멘토   balance 균형을 잡다   family responsibility 가정 책임   composure 평정, 차분함   commendable 칭찬받을 만한   hectic schedule 바쁜 일정   quality time 귀중한 시간   unwavering 변함없는   persistent effort 끊임없는 노력   strive for excellence 우수함을 추구하다

Combo 3 : 가족과 함께한 최근 활동

🎧 1_02_C3

Provide details about something you recently did with your family.
최근에 가족과 함께 한 일에 대한 세부 사항을 설명해 주세요.

Useful expressions

- Not long ago, my family and I made a trip to... 얼마 전에 가족과 함께 …로 여행을 다녀왔어요.
- We explored various... 우리는 다양한 …을 탐험했습니다.
- It was a memorable trip because... 그것은 기억에 남는 여행이었습니다. 왜냐하면 …

Model Answer_IH

🎧 1_02_5

Certainly! Not long ago, my family and I made a trip to Jeju Island. We had always wanted to visit Jeju, which is known for its beautiful landscape and cultural heritage. We explored various tourist spots like Manjanggul Cave and Seongsan Ilchulbong. We also enjoyed the local cuisine, especially the fresh seafood. It was a memorable trip because we not only spent quality time together but also learned more about Korean culture and history.

물론이에요! 얼마 전에 가족과 함께 제주도로 여행을 다녀왔어요. 우리는 늘 아름다운 풍경과 문화유산으로 유명한 제주를 방문하고 싶었어요. 만장굴과 성산일출봉 같은 다양한 관광지를 탐험했죠. 우리는 또한 신선한 해산물을 비롯해 현지 음식을 즐겼어요. 이 여행은 단순히 귀중한 시간을 함께 보낸 것뿐만 아니라 한국의 문화와 역사에 대해 더 많이 알게 되어 기억에 남는 여행이었어요.

Words Jeju Island 제주도 landscape 풍경 cultural heritage 문화유산 tourist spot 관광지 seafood 해산물

Useful expressions

- My family and I embarked on a journey to... 제 가족과 저는 …로 여행을 떠났습니다.
- We spent a few days exploring... 우리는 며칠 동안 …을 탐험했습니다.
- We indulged in... 우리는 …를 즐겼습니다.
- This trip was not just about... 이 여행은 단지 …이 아니었습니다.

Model Answer_ AL

🎧 1_02_6

Definitely. I'd be pleased to share. Recently, my family and I embarked on a journey to Jeju Island, a place we had been longing to visit due to its breathtaking landscape and rich cultural heritage. We spent a few days exploring various attractions such as Manjanggul Cave, which is known for its unique lava tubes, and Seongsan Ilchulbong, which is famous for its sunrise views. Additionally, we indulged in the local cuisine, particularly the fresh seafood, which was an absolute delight. This trip was not just about sightseeing; it also served as a wonderful opportunity to learn about the local culture and history, making it a memorable experience.

당연히요. 기꺼이 말씀드리겠습니다. 최근에 가족과 함께 제주도로 여행을 떠났는데, 그곳은 아름다운 풍경과 풍부한 문화유산으로 유명하여 우리가 방문하고 싶었던 곳이었습니다. 우리는 며칠 동안 다양한 명소를 탐험했는데, 중에는 독특한 용암 동굴로 알려진 만장굴과 일출로 유명한 성산일출봉도 포함되어 있었어요. 게다가, 신선한 해산물을 비롯한 현지 음식을 즐겼는데, 그것은 정말로 즐거웠습니다. 이 여행은 단지 관광만 하는 것이 아니었어요. 현지 문화와 역사를 배울 수 있는 훌륭한 기회로, 기억에 남는 경험이었어요.

Words embark on ~을 시작하다, ~에 나서다 long to do ~하고 싶은 생각이 간절하다 breathtaking (숨막힐 정도로) 아름다운 attraction 명소 lava tube 용암 동굴 sunrise 일출 sightseeing 관광

기본·선택 주제

Unit 01	자기소개

거주지

Unit 02	가족
Unit 03	**집안 내부(가족 포함)**
Unit 04	집안일 및 활동

여가 활동

Unit 05	TV·리얼리티 쇼 시청하기
Unit 06	공연, 콘서트 관람
Unit 07	쇼핑
Unit 08	공원 가기

취미, 관심사

Unit 09	독서
Unit 10	음악 감상

운동

Unit 11	조깅, 수영, 자전거 타기

여행

Unit 12	국내/해외여행

Unit 03 집안 내부(가족 포함)

🔍 기출문제 유형

■ 집 묘사

> Can you tell me about your house? Please give me a detailed description of it.
> 당신의 집에 관해 이야기해 주시겠습니까? 그것에 대해 자세히 설명해 주세요.

■ 가족 관련 기억에 남는 경험

> Tell me about the most memorable event that you experienced with your family or a roommate.
> 가족 또는 룸메이트와 경험한 가장 기억에 남는 일에 관해 이야기해 주세요.

■ 최근에 집에 준 변화

> What changes have you made in your current home? Tell me about some changes that you have made in your current home.
> 현재 거주 중인 집에 어떤 변화를 주었나요? 최근에 집에 준 변화에 대해 이야기해 주세요.

Combo 1 집 묘사

🎧 1_03_C1

Can you tell me about your house? Please give me a detailed description of it.
당신의 집에 관해 이야기해 주시겠습니까? 그것에 대해 자세히 설명해 주세요.

Useful expressions

- My house is a small two-story home located in... 저희 집은 …에 위치한 작은 이층집입니다.
- The living room is furnished with... 거실에는 …이 비치되어 있습니다.

Model Answer_IH ①

🎧 1_03_1

My house is a cozy place located in a quiet neighborhood. It's a two-story building with a small garden in the front. The living room is furnished with comfortable sofas and a TV, creating a relaxing atmosphere. The kitchen is modern and well-equipped, making it easy to prepare meals. Upstairs, there are three bedrooms, each with its own unique style. The master bedroom has a large window that brings in plenty of natural light. Overall, my house is a comfortable and welcoming space where I enjoy spending time with friends and family.

저희 집은 조용한 동네에 위치한 아늑한 곳입니다. 앞에 작은 정원이 있는 2층 건물입니다. 거실은 편안한 소파와 TV가 비치되어 있어 편안한 분위기를 조성합니다. 부엌은 현대적이고 잘 갖추어져 있어 식사를 준비하기 쉽습니다. 위층에는 각기 다른 스타일의 세 개의 침실이 있습니다. 주 침실은 자연광이 많이 들어오는 큰 창문이 있습니다. 전반적으로 저희 집은 친구와 가족과 함께 시간을 보내기 좋은 편안하고 따뜻한 공간입니다.

Model Answer_IH ②

🎧 1_03_2

My house is a small two-story home located in a quiet neighborhood. It has a small garden in the front, and looking out of the windows, you can enjoy the greenery. The living room is furnished with comfy sofas and a TV, making it perfect for spending time with family. While the kitchen is modest, it is well-equipped, making meal preparation easy. Upstairs, there are three bedrooms, and my room, in particular, is bright with plenty of sunlight. Overall, my home is a cozy and happy space.

저희 집은 조용한 동네에 위치한 작은 이층집입니다. 집 앞에 작은 정원이 있고, 창문 밖을 내다보면 녹색 풍경을 즐길 수 있습니다. 거실에는 편안한 소파와 TV가 비치되어 있어서 가족과 시간을 보내기에 완벽합니다. 부엌은 소박하지만 잘 갖춰져 있어서 식사 준비를 쉽게 할 수 있어요. 위층에는 침실이 세 개 있고, 특히 제 방은 햇빛이 잘 들어와서 밝아요. 전반적으로, 저희 집은 아늑하고 행복한 공간입니다.

Words cozy 편안한, 아늑한 neighborhood 동네, 주변 지역 furnish (가구를) 비치하다 relaxing 편한 atmosphere 분위기 well-equipped 잘 갖추어진 welcoming 따뜻한 modest 수수한, 보통의 preparation 준비

Useful expressions

- This apartment offers... 이 아파트는 …을 제공합니다.
- The residence is positioned on... 주거지는 …에 위치하고 있습니다.
- The kitchen is equipped with... 주방은 …로 갖추어져 있습니다.

Model Answer_ AL

🎧 1_03_3

My residence is an apartment situated in the heart of Seoul. This apartment offers a modern and stylish design, providing the joy of living in the center of the city. Positioned on a high floor, the apartment allows for the enjoyment of Seoul's beautiful cityscape. The living room is filled with comfortable furniture, and large windows allow the vibrant energy of Seoul's downtown to be admired. The kitchen is equipped with the latest facilities, making meal preparation a breeze. The bedrooms are designed to create a modern and comfortable atmosphere, providing a space for relaxation. This apartment is a perfect place to enjoy urban living.

제 거주지는 서울 도심에 위치한 아파트입니다. 이 아파트는 현대적이고 세련된 디자인으로 도시의 중심에서 생활하는 즐거움을 선사합니다. 아파트가 높은 층에 자리하고 있어 서울의 아름다운 경관을 감상할 수 있습니다. 거실은 안락한 가구로 가득하며, 큰 창문을 통해 서울의 활기찬 도시 풍경을 감상할 수 있습니다. 주방은 최신 시설이 갖춰져 있어 식사 준비가 손쉽습니다. 침실은 현대적이고 편안한 분위기를 조성하여, 휴식 공간을 제공합니다. 이 아파트는 도시 생활을 즐기기에 완벽한 공간입니다.

Words situated ~에 위치해 있는   modern 현대적인   cityscape 도시 경관   vibrant 활기찬
latest facilities 최첨단 시설   make ~ a breeze ~을 용이하게 하다   relaxation 휴식
urban living 도시 생활

Combo 2 가족 관련 기억에 남는 경험

🎧 1_03_C2

> Tell me about the most memorable event that you experienced with your family or a roommate.
> 가족 또는 룸메이트와 경험한 가장 기억에 남는 일에 관해 이야기해 주세요.

Useful expressions

- We packed... and off we went. 우리는 …을 준비하고 출발했습니다.
- It was thrilling and fun, making us all ... 그것은 아주 신나고 재미있었으며, 우리 모두를 …하게 만들었습니다.
- That remains one of the most memorable experiences of my life.
  그것은 제 인생에서 가장 기억에 남는 경험 중 하나입니다.

Model Answer_IH

🎧 1_03_4

One sunny day, my family and I decided to take a break from our usual routine and go camping in Gapyeong. Gapyeong, known for its beautiful scenery and clear water, is popular for its water sports. We packed our camping gear, some food, and drinks, and off we went. Once we arrived, we found a nice campsite near a river. We spent the day doing various activities. Instead of fishing, we decided to try out some water sports like jet skiing and paddle boarding. It was thrilling and fun, making us all laugh and cheer. When evening came, we gathered around the campfire. We grilled meat, shared stories, and enjoyed the peaceful night under the stars. It was a simple trip, but it brought us so much joy. That camping trip in Gapyeong remains one of the most memorable experiences of my life.

어느 맑은 날, 우리 가족은 평소의 일상에서 벗어나 가평으로 캠핑을 가기로 결정했습니다. 가평은 아름다운 풍경과 물이 맑기로 유명하며, 수상 스포츠로 인기가 많습니다. 우리는 캠핑 장비와 음식, 음료를 준비하고 출발했습니다. 도착하자마자 우리는 강 근처에 좋은 캠핑장을 찾았습니다. 우리는 여러 가지 활동을 하며 하루를 보냈습니다. 낚시 대신에 우리는 제트 스키와 패들 보딩 같은 수상 스포츠를 즐겼습니다. 그것은 아주 신나고 재미있었으며, 우리 모두를 웃고 환호하게 만들었습니다. 저녁이 되자, 우리는 모닥불 주위에 모였습니다. 우리는 고기를 구워 먹고 이야기를 나누며 별이 빛나는 평화로운 밤을 즐겼습니다. 소박한 여행이었지만, 우리에게 많은 기쁨을 주었습니다. 가평에서의 그 캠핑 여행은 제 인생에서 가장 기억에 남는 경험 중 하나입니다.

Words scenery 풍경 gear 장비 campsite 야영지 thrilling 아주 신나는 grill 굽다

Useful expressions

- We packed a picnic basket full of... and set off. 우리는 …로 가득한 소풍 바구니를 준비하고 출발했습니다.
- Once we arrived at ~, we found... ~에 도착하자마자, 우리는 …을 찾았습니다.

Model Answer_ AL

🎧 1_03_5

On a beautiful sunny day, my family and I decided to break our usual routine and head to Dumulmeori for a day outdoors. Dumulmeori, where the North Han River and South Han River meet, is famous for its picturesque landscapes and is a popular spot for leisure activities such as picnics and photography. We packed a picnic basket full of our favorite snacks and set off. Once we arrived at Dumulmeori, we found a perfect spot with a breathtaking view of the river. We spent the day taking photographs, walking along the river, and simply soaking in the serene beauty of the surroundings. As the evening approached, we started our picnic. The aroma of our favorite snacks filled the air, adding to the perfect ambience. After we finished eating, we spent the rest of the evening sharing stories, reminiscing about old memories, and simply enjoying each other's company under the beautiful night sky. The joy and laughter that day were so infectious that it still brings a smile to my face every time I think about it. That day at Dumulmeori remains one of the most memorable days of my life.

아름다운 맑은 날, 우리 가족은 일상에서 벗어나 두물머리로 나들이를 가기로 결정했습니다. 북한강과 남한강이 만나는 두물머리는 그림 같은 풍경으로 유명하고, 소풍과 사진 촬영 등의 여가 활동 장소로 인기가 많습니다. 우리는 가장 좋아하는 간식들을 가득 담은 소풍 바구니를 가지고 출발했습니다. 두물머리에 도착하자마자, 우리는 숨이 멎는 듯한 아름다운 강의 경치가 보이는 완벽한 장소를 찾았습니다. 우리는 사진을 찍고, 강을 따라 걷고, 주변의 평온한 아름다움에 흠뻑 취해 하루를 보냈습니다. 저녁이 다가오자, 우리는 소풍을 시작했습니다. 우리가 가장 좋아하는 간식 냄새가 공기를 가득 채우며 완벽한 분위기를 더했습니다. 식사를 마친 후, 우리는 이야기를 나누고, 오랜 추억에 잠기고, 아름다운 밤하늘 아래 서로 함께 있음을 즐기며 나머지 저녁 시간을 보냈습니다. 그날의 기쁨과 웃음은 너무나 전염성이 있어서 매번 생각할 때마다 미소를 띄게 합니다. 두물머리에서의 그날은 제 인생에서 가장 기억에 남는 날 중 하루입니다.

Words
break one's usual routine 일상에서 벗어나다   picturesque landscape 그림 같은 풍경
set off 출발하다   breathtaking view 숨이 멎을 정도로 아름다운 전망   soak in ~에 담그다
serene 평온한   reminisce 추억에 잠기다   infectious 전염성의

Combo 3 최근에 집에 준 변화

🎧 1_03_C3

> What changes have you made in your current home? Tell me about some changes that you have made in your current home.
> 현재 거주 중인 집에 어떤 변화를 주었나요? 최근에 집에 준 변화에 대해 이야기해 주세요.

Useful expressions

- I've made several changes in my current home to... 저는 …하도록 현재 집에 몇 가지 변화를 주었습니다.
- Firstly, I focused on... 먼저, 저는 …에 초점을 맞추었습니다.
- Secondly, I rearranged... 둘째로, 저는 …를 재배치했습니다.
- Lastly, I felt the need to... 마지막으로, 저는 …할 필요성을 느꼈습니다.

Model Answer_IH

🎧 1_03_6

I've made several changes in my current home to make it more comfortable and suitable to my taste. Firstly, I focused on the lighting in my living room. I replaced the old bulbs with LED lights that are more energy-efficient and provide a warmer and more homey atmosphere. Secondly, I rearranged the furniture. I moved the sofa and the TV to different spots to create a more open and spacious feel and to get a better view from the sofa. I also added some indoor plants to bring in some greenery, add a touch of nature, and improve the air quality. Lastly, I felt the need to change the color of the walls. I painted them with a lighter color to make the rooms look bigger and brighter. This also helped in enhancing the overall aesthetic of the rooms. These changes, although they might seem small, have greatly improved the comfort and atmosphere of my home.

저는 현재 집을 더욱 편안하고 제 취향에 맞도록 몇 가지 변화를 주었습니다. 먼저, 거실의 조명에 초점을 맞추었습니다. 저는 오래된 전구를 좀 더 에너지 효율이 좋고 따뜻하고 제집 같은 분위기를 제공하는 LED 조명으로 교체했습니다. 둘째로, 가구를 재배치했습니다. 저는 더 개방적이고 넓은 느낌을 주고 소파에서 더 잘 보이도록 하기 위해 소파와 텔레비전을 다른 곳으로 옮겼습니다. 또한, 저는 실내 식물을 몇 가지 추가하여 푸른 느낌과 자연의 감성을 더하고, 공기 질을 개선하였습니다. 마지막으로, 저는 벽의 컬러를 바꿀 필요성을 느꼈습니다. 저는 벽의 컬러를 밝은 색으로 칠하여 방을 더 크고 밝게 보이게 했습니다. 이것은 또한 방의 전체적인 미적 가치를 향상하는 데 도움이 되었습니다. 이런 변화들은 비록 작아 보일지라도, 저희 집의 편안함과 분위기를 크게 개선시켰습니다.

Words suitable 적합한 lighting 조명 energy-efficient 에너지 효율적인 homey atmosphere 제집 같은 분위기 spacious 넓은 indoor plant 실내 식물 greenery 식물의 푸른색 enhance 향상시키다 aesthetic 미적 가치

Useful expressions

- In an effort to personalize and improve... ···을 개인의 필요에 맞추고 개선하기 위한 노력으로
- In addition to the IKEA furniture, I used... IKEA 가구 외에도, 저는 ···을 사용했습니다.
- By combining these new and used items, I was able to...
  이렇게 새로운 물건과 중고품을 조합함으로써, 저는 ···할 수 있었습니다

Model Answer_AL

🎧 1_03_7

In an effort to personalize and improve my current home, I undertook a few do-it-yourself projects. I visited IKEA, a popular furniture store, and purchased a variety of items. The process of assembling the furniture myself was quite an adventure and gave me a sense of satisfaction. In addition to the IKEA furniture, I used an online second-hand market application called "Danggeun Market" to find items that people were giving away or selling at a low price. This not only allowed me to save money, but also to recycle and reuse items, contributing to environmental sustainability. I was able to acquire unique items that added a new atmosphere to my home. By combining these new and used items, I was able to create a fresh and unique interior that reflects my personal style and taste. These changes have not only made my home more comfortable and aesthetically pleasing, but also more environmentally friendly and economical.

현재 집을 개인의 필요에 맞추고 개선하기 위해, 저는 몇 가지 DIY 프로젝트를 진행했습니다. 저는 유명한 가구점인 IKEA를 방문해 다양한 품목을 구입했습니다. 가구를 직접 조립하는 과정은 대단한 모험이었고, 제게 만족감을 주었습니다. IKEA 가구 외에도, 저는 '당근 마켓'이라는 온라인 중고 시장 애플리케이션을 이용하여, 사람들이 거저 주거나 저렴한 가격에 판매하는 물건을 찾았습니다. 이는 제가 돈을 절약할 수 있게 해주었을 뿐만 아니라, 물건을 재활용하고 재사용하여 환경 지속성에 기여할 수 있게 해주었습니다. 저는 집에 새로운 분위기를 더하는 독특한 물건들을 획득할 수 있었습니다. 이렇게 새로운 물건과 중고품을 조합함으로써, 저는 제 개인적인 스타일과 취향을 반영하는 신선하고 독특한 인테리어를 만들 수 있었습니다. 이러한 변화들은 집을 더욱 편안하고 미적으로 매력적으로 만들었을 뿐만 아니라, 더 환경 친화적이고 경제적으로 만들었습니다.

Words personalize 개인의 필요에 맞추다   do-it-yourself project DIY 프로젝트   assemble 조립하다
sense of satisfaction 만족감   second-hand market 중고 시장   give away 거저 주다
recycle and reuse 재활용하고 재사용하다   environmental sustainability 환경 지속성
acquire 획득하다   aesthetically pleasing 미적으로 매력적인   environmentally friendly 환경 친화적인
economical 경제적인

기본·선택 주제

Unit 01   자기소개

거주지
Unit 02   가족
Unit 03   집안 내부(가족 포함)
Unit 04   집안일 및 활동

여가 활동
Unit 05   TV·리얼리티 쇼 시청하기
Unit 06   공연, 콘서트 관람
Unit 07   쇼핑
Unit 08   공원 가기

취미, 관심사
Unit 09   독서
Unit 10   음악 감상

운동
Unit 11   조깅, 수영, 자전거 타기

여행
Unit 12   국내/해외여행

Unit 04 집안일 및 활동

🔍 기출문제 유형

■ 집에서의 일상

> What do you usually do at home? Tell me about your weekdays and weekends.
> 보통 집에서 무엇을 하나요? 평일과 주말에 대해 이야기해 주세요.

■ 과거에 집에서 맡은 역할

> As a child, what chores did you do at home? What responsibilities did you have?
> 어릴 적에, 집에서 어떤 일을 맡았나요? 어떤 책임이 있었나요?

■ 집에서 기억에 남는 일

> Tell me about the most memorable event at your home. When did it happen? What happened? Tell me about it in detail.
> 집에서 가장 기억에 남는 일에 대해 이야기해 주세요. 언제 그 일이 일어났나요? 무슨 일이 있었나요? 자세히 말해 주세요.

Combo 1 집에서의 일상

🎧 1_04_C1

What do you usually do at home? Tell me about your weekdays and weekends.
보통 집에서 무엇을 하나요? 당신의 평일과 주말에 대해 이야기해 주세요.

Useful expressions

- On weekday, I usually unwind by... 평일에, 저는 주로 …하며 긴장을 풉니다.
- After dinner, I often spend time with... 저녁 식사 후에는 종종 …와 함께 시간을 보냅니다.
- Saturday mornings are usually reserved for... 토요일 오전은 주로 …하며 시간을 보냅니다.
- Sundays are more laid-back; they are when I...
  일요일은 더 여유롭습니다. 그때가 바로 제가 …하는 시간입니다.

Model Answer_IH

🎧 1_04_1

On weekdays, after returning from work, I usually unwind by watching the news or reading a book. I also enjoy cooking dinner as it helps me relax and experiment with different recipes. After dinner, I often spend time with my family or catch up on some personal projects. On weekends, my schedule is more flexible. Saturday mornings are usually reserved for cleaning and grocery shopping. In the afternoon, I might meet some friends for coffee or visit a local museum or exhibition. Sundays are more laid-back; they are when I indulge in hobbies like gardening and playing the guitar.

평일에 일을 마치고 집에 돌아온 후, 주로 뉴스를 보거나 책을 읽으면서 긴장을 풉니다. 저는 저녁 식사를 준비하는 것도 좋아하는데, 이것이 저를 편안하게 해주며 다양한 레시피로 실험할 수 있게 합니다. 저녁 식사 후에는 종종 가족과 시간을 보내거나 개인적인 일을 봅니다. 주말에는 일정이 더 유연합니다. 토요일 오전은 주로 청소와 장보기를 하며 시간을 보냅니다. 오후에는 친구들과 커피를 마시러 가거나 현지 박물관이나 전시회를 방문하기도 합니다. 일요일은 더 여유롭습니다. 그때가 바로 제가 정원 가꾸기나 기타 연주와 같은 취미 생활을 즐기는 시간입니다.

Words unwind 휴식을 취하다, 긴장을 풀다 catch up on ~를 만회하다 flexible 유연한 reserved for ~을 위해 마련된 laid-back 여유로운

Useful expressions

- My daily routine varies significantly between ... 제 일상생활은 …사이에서 상당히 다릅니다.
- My primary focus is on ... 제 주된 관심사는 …입니다.
- I also allocate time for... 저는 …에도 시간을 할애합니다.
- In addition to academics, ...is an integral part of my routine.
  학업 외에도, …은 제 일상의 중요한 부분입니다.

Model Answer_ AL

🎧 1_04_2

My daily routine varies significantly between weekdays and weekends due to my academic commitments and personal interests. On weekdays after returning from my university, my primary focus is on completing my assignments and studying for upcoming exams in order to maintain a good academic standing. I also allocate time for self-study, where I delve into topics that pique my interest beyond classroom learning, such as artificial intelligence and global economics. In addition to academics, fitness is an integral part of my routine, so you'll find me exercising at home or going for a jog around the neighborhood in the evening before dinner. When it comes to weekends, they are more leisure oriented yet productive. I attend special classes or workshops on Saturdays to learn new skills or hobbies, such as photography or coding. Sundays are for relaxation and recharging; I indulge in watching my favorite Korean dramas, reading novels, and playing video games.

학업 의무와 개인적인 관심사로 인해 평일과 주말의 제 일상은 상당히 다릅니다. 평일에는 학교에서 돌아온 후 과제를 끝내고 다가오는 시험을 위해 공부해서 좋은 학업 성적을 유지하는 데 집중합니다. 또한 저는 독학 시간을 할애하여 인공 지능이나 세계 경제와 같이 수업 내용 이상으로 제 관심을 끄는 주제를 탐구합니다. 학업 외에도 건강은 제 일상의 중요한 부분이므로 저녁 식사 전에 집에서 운동하거나 동네에서 조깅하는 제 모습을 볼 수 있습니다. 주말에 대해서 말하자면, 더욱 여가 중심적이지만 생산적입니다. 토요일에는 사진 촬영이나 코딩과 같은 새로운 기술이나 취미를 배우기 위해 특별한 클래스나 워크숍에 참석합니다. 일요일은 휴식과 충전을 위한 날입니다. 제가 좋아하는 한국 드라마를 보거나 소설을 읽거나 비디오 게임을 하는 것을 맘껏 즐깁니다.

Words academic commitment 학업 의무 personal interest 개인적인 관심사 assignment 과제
self-study 독학 delve into ~를 파고들다 pique somebody's interest ~의 호기심을 자극하다
integral 필수적인 when it comes to ~에 관해서는 recharge 재충전하다 indulge in ~에 탐닉하다

Combo 2 과거에 집에서 맡은 역할

🎧 1_04_C2

As a child, what chores did you do at home? What responsibilities did you have?
어릴 적에, 집에서 어떤 일을 맡았나요? 어떤 책임이 있었나요?

Useful expressions

- I was in charge of... 저는 …을 담당했습니다.
- On weekends, I assisted my parents with... 주말에는 부모님을 도와 …를 했습니다.

Model Answer_IH

🎧 1_04_3

As a child, I had a few chores that were my responsibility. I was in charge of keeping my room tidy, which included making my bed and organizing my study area. Additionally, I helped with the dishes after dinner and took out the trash every evening. On weekends, I assisted my parents with grocery shopping and sometimes helped cook. These chores not only taught me the importance of cleanliness but also instilled a sense of responsibility in me from an early age.

어릴 때 저는 몇 가지 집안일을 책임졌습니다. 제 방을 깔끔하게 유지하는 일을 맡았고, 이는 침대를 정리하고 학습 공간을 정돈하는 것을 포함했습니다. 또한 저는 저녁 식사 후에 설거지를 돕고 매일 저녁에 쓰레기를 내다 놓았습니다. 주말에는 부모님을 도와 장을 봤고 때로는 요리를 도왔습니다. 이런 집안일들은 저에게 청결의 중요성을 가르쳐 주었을 뿐만 아니라 어린 시절부터 책임감을 심어 주었습니다.

Words chores 집안일 tidy 깔끔한 the dishes 식기 take out trash 쓰레기를 버리다 grocery shopping 장보기 instill (관념 등을) 주입하다

Useful expressions

- My responsibilities primarily revolved around... 제 책임은 주로 … 를 중심으로 돌아갔습니다.
- ... was another chore that fell under my purview. …는 제가 책임이 있는 다른 집안일이었습니다.
- On weekends, these responsibilities expanded to include...
  주말에는 이런 책임들이 …을 하는 것으로 확장되었습니다.
- These tasks fostered not only... but also... 이런 일들은 …뿐만 아니라 …도 발전시켰습니다.

Model Answer_ AL

🎧 1_04_4

Growing up in Korea instilled in me a strong sense of duty toward household chores from an early age. My responsibilities primarily revolved around maintaining cleanliness within personal spaces; this entailed tasks like ensuring my room was always tidy by organizing books on shelves and making sure my clothes were properly put away after doing the laundry. Additionally, post-dinner dishwashing was another chore that fell under my purview along with taking out the trash regularly. On weekends, these responsibilities expanded to include helping my parents with grocery shopping at local markets and occasionally assisting them in preparing family meals. These tasks not only fostered self-discipline but also imparted valuable life skills such as time management and organization.

한국에서 자라면서 어린 시절부터 집안일에 대한 강한 의무감이 심어졌습니다. 제 책임은 주로 개인 공간 내에서 청결을 유지하는 것을 중심으로 돌아갔습니다, 이는 책장에 있는 책을 정리하고, 세탁 후 옷을 잘 정리해서 방이 항상 깨끗하게 하는 일 등을 수반했습니다. 또한 저녁 식사 후의 설거지와 정기적으로 쓰레기를 내다 놓는 것도 제 권한의 또 다른 집안일이었습니다. 주말에는 이런 일들이 지역 시장에서 부모님을 도와 장을 보고 가끔 가족 식사 준비를 돕는 것으로 확장되었습니다. 이런 일들은 자기 훈련뿐만 아니라 시간 관리와 정리와 같은 소중한 생활 기술도 전수하였습니다.

Words   cleanliness 청결   sense of duty 의무감, 사명감   revolve around ~을 중심으로 다루다
entail 수반하다   put away 치우다, 정리하다   dishwashing 설거지   purview 범위, 권한
regularly 정기적으로   expand to include ~을 포함하도록 확장되다   self-discipline 자기 훈련
impart 전하다

Combo 3 집에서 기억에 남는 일

🎧 1_04_C3

Tell me about the most memorable event at your home. When did it happen? What happened? Tell me about it in detail.
집에서 가장 기억에 남는 일에 대해 이야기해 주세요. 언제 그 일이 일어났나요? 무슨 일이 있었나요? 자세히 말해 주세요.

Useful expressions

- The most memorable event at my home was when... 집에서 가장 기억에 남는 일은 …했을 때입니다.
- Relatives from all over the country came to... 전국에서 친척들이 …로 왔습니다.
- It was a day filled with... …로 가득찬 날이었습니다.

Model Answer_IH

🎧 1_04_5

The most memorable event at my home was when my family hosted a big reunion for Chuseok, Korean Thanksgiving, last year. Relatives from all over the country came to our house. My mother cooked a variety of traditional Korean dishes. We shared stories, played traditional games, and paid respect to our ancestors. It was a day filled with laughter and warmth and reminded us of the importance of family.

저희 집에서 가장 기억에 남는 일은 작년에 우리 가족이 한국의 추수감사절인 추석에 큰 모임을 주최했을 때입니다. 전국에서 친척들이 저희 집으로 왔습니다. 저희 엄마는 다양한 한국 전통 음식을 요리했습니다. 우리는 이야기를 나누었고, 전통 놀이를 했으며, 조상에게 경의를 표했습니다. 웃음과 따뜻함으로 가득 찬 날이었고, 가족의 중요성을 다시 한번 상기시켜 주었습니다.

Words memorable 기억에 남는 host 주최하다 reunion 모임, 재결합 relative 친척
all over the country 전국에서 share story 얘기를 나누다 pay respect to ~에 경의를 표하다
ancestor 조상 remind 상기시키다

Useful expressions

- One of the most unforgettable events took place during...
  가장 잊을 수 없는 일 중 하나는 …동안 일어났습니다.
- It was the day we... 그날은 우리가 …한 날이었습니다.
- I had meticulously planned... 저는 세심하게 …을 계획했습니다.
- The moment ... was forever etched in my memory. … 순간은 영원히 제 기억에 남았습니다.
- That day was extraordinary because... 그날은 … 때문에 특별했습니다.

Model Answer_ AL

🎧 1_04_6

One of the most unforgettable events at my home took place during my senior year in high school. It was the day we celebrated my mother's milestone 50th birthday. My siblings and I had meticulously planned a surprise party to honor this special occasion. We covertly invited our relatives and transformed the living room into a festive venue with balloons, streamers, and a homemade banner. The moment my mother walked through the door, her face illuminated with surprise and joy, was forever etched in my memory. We spent the rest of the evening indulging in her favorite dishes, sharing heartfelt stories, and capturing these precious moments with photographs. That day was extraordinary because it allowed us to express our love and appreciation for our mother.

저희 집에서 가장 잊을 수 없는 일 중 하나는 고등학교 3학년 때 일어났습니다. 그날은 어머니의 중요한 50번째 생일을 축하하는 날이었습니다. 형제자매와 저는 이 특별한 날을 기념하기 위해 깜짝 파티를 세심하게 계획했습니다. 친척들을 몰래 초대하고 풍선, 장식용 색 테이프, 손수 만든 현수막으로 거실을 축제의 장으로 꾸몄습니다. 어머니가 문을 열고 걸어 오시는 순간, 놀라움과 기쁨으로 가득 찬 어머니의 얼굴이 영원히 제 기억에 남았습니다. 우리는 어머니가 가장 좋아하는 음식을 마음껏 먹으며 이야기를 나누고, 소중한 순간들을 사진으로 남겼습니다. 그날은 어머니에 대한 사랑과 감사를 표현할 수 있어서 특별했습니다.

Words unforgettable 잊을 수 없는   milestone 획기적인 일, 이정표   meticulously 세심하게
covertly 비밀리에, 은밀히   festive 축제의   etch 뚜렷이 새기다   indulge in ~에 탐닉하다
heartfelt 진심 어린   capture 포착하다   extraordinary 특별한

기본·선택 주제

Unit 01   자기소개

거주지
Unit 02   가족
Unit 03   집안 내부(가족 포함)
Unit 04   집안일 및 활동

여가 활동
Unit 05   TV·리얼리티 쇼 시청하기
Unit 06   공연, 콘서트 관람
Unit 07   쇼핑
Unit 08   공원 가기

취미, 관심사
Unit 09   독서
Unit 10   음악 감상

운동
Unit 11   조깅, 수영, 자전거 타기

여행
Unit 12   국내/해외여행

Unit 05 TV·리얼리티 쇼 시청하기

🔍 기출문제 유형

■ **선호사항 밝히기**

> You indicated in the survey that you like reality shows and TV programs. What kinds of programs or shows do you usually like to watch?
> 설문조사에서 당신이 리얼리티 쇼와 TV 프로그램을 좋아한다고 표시했습니다. 보통 어떤 종류의 프로그램이나 TV 쇼를 좋아하시나요?

■ **좋아하는 연예인**

> Pick one of your favorite reality shows. Tell me about your favorite entertainer on the show. What role does he or she have on the show?
> 당신이 가장 좋아하는 리얼리티 쇼 하나를 선택해 주세요. 그 쇼에서 가장 좋아하는 연예인에 대해 말해 주세요. 그 사람은 쇼에서 어떤 역할을 맡고 있나요?

■ **가장 기억에 남는 프로그램**

> Let's talk about an interesting and memorable TV show. What kind of show is it? Who is on the show? Why is it so memorable to you? Tell me all the things you can remember about this memorable show in as much detail as possible.
> 흥미롭고 기억에 남는 TV 쇼에 대해 이야기해 봅시다. 그것은 어떤 종류의 쇼인가요? 누가 출연하나요? 왜 그것이 그렇게 기억에 남나요? 기억에 남는 쇼에 대해 가능한 한 자세히 모든 것을 말해 주세요.

Combo 1 선호사항 밝히기

🎧 1_05_C1

> You indicated in the survey that you like reality shows and TV programs. What kinds of programs or shows do you usually like to watch?
> 설문조사에서 당신이 리얼리티 쇼와 TV 프로그램을 좋아한다고 표시했습니다. 보통 어떤 종류의 프로그램이나 쇼를 좋아하시나요?

Useful expressions

- I'm a big fan of... 저는 …의 열혈 팬입니다.
- It's amazing to see... …를 보는 것은 놀랍습니다.
- These shows not only provide... but also inspire me to...
  이런 쇼들은 …을 제공할 뿐만 아니라, 제가 …하도록 영감을 줍니다.

Model Answer _ IH

🎧 1_05_1

I'm a big fan of reality and cooking shows. I find them both entertaining and informative. My favorite reality show is 'Running Man', a popular Korean variety show. It's full of fun challenges and humorous moments that never fail to make me laugh. As for cooking shows, I enjoy 'MasterChef Korea'. It's amazing to see ordinary people creating extraordinary dishes under pressure. These shows not only provide entertainment but also inspire me to try new recipes at home.

저는 리얼리티 쇼와 요리 프로그램의 열혈 팬입니다. 이들은 재미있을 뿐만 아니라 유익하기도 합니다. 제가 가장 좋아하는 리얼리티 쇼는 한국의 인기 있는 버라이어티 쇼인 '런닝맨'입니다. 이 프로그램은 재미있는 도전과 유머러스한 순간들로 가득해서 저를 항상 웃게 합니다. 요리 프로그램에 대해서는 '마스터셰프 코리아'를 좋아합니다. 평범한 사람들이 압박 속에서 훌륭한 요리를 만드는 것을 보는 것은 놀랍습니다. 이런 쇼들은 오락을 제공할 뿐만 아니라 집에서 새로운 레시피를 시도하도록 저에게 영감을 줍니다.

Words reality shows 리얼리티 쇼   entertaining 재미있는   informative 유익한   challenge 도전
humorous 유머러스한   extraordinary 놀라운, 훌륭한

Useful expressions

- I have a particular fondness for... 저는 특별히 …을 좋아합니다.
- This program, with its unique concept involving..., never fails to...
  이 프로그램은 …를 포함하는 독특한 주제로 항상 …하게 합니다.
- When it comes to..., I am particularly captivated by... …에 대해 말하자면, 저는 특히 …에 매료됩니다.
- These programs serve not just as a source of... but also stimulate...
  이런 프로그램들은 단지 …의 원천으로서 역할하는 것뿐만 아니라 …를 자극합니다.

Model Answer_ AL

🎧 1_05_2

I have a particular fondness for reality shows as well as cooking programs. I find them an intriguing blend of entertainment and information provision that keeps me engaged and enlightened simultaneously. One of my all-time favorite reality TV shows is the widely acclaimed Korean variety show 'Running Man'. This program, with its unique concept involving exciting challenges, coupled with the hilarious interactions among the cast members, never fails to tickle my funny bone. When it comes to cooking programs, I am particularly captivated by 'MasterChef Korea', where everyday individuals transform into extraordinary chefs under intense pressure and time constraints. The creativity they display in crafting delectable dishes from scratch is truly awe-inspiring. These programs serve not just as a source of amusement but also stimulate my culinary curiosity and encourage me to experiment with diverse recipes at home.

저는 요리 프로그램뿐만 아니라 리얼리티 쇼를 특히 좋아합니다. 그것들은 오락과 정보 제공이라는 흥미로운 조합으로 제 마음을 사로잡고 동시에 깨달음을 준다고 생각합니다. 저의 최애 리얼리티 쇼 중 하나는 널리 인정받은 한국의 버라이어티 쇼 '런닝맨'입니다. 흥미진진한 도전이라는 독특한 주제와 출연자들 간의 재미있는 상호작용과 결합하여 항상 저를 웃게 합니다. 요리 프로그램에 대해 말하자면, 저는 평범한 사람들이 심한 압박과 시간 제약 속에서 뛰어난 요리사로 변모하는 '마스터셰프 코리아'에 특별히 매료됩니다. 맨 처음부터 아주 맛있는 요리를 만들면서 그들이 보여주는 창의성은 정말 경탄할 만합니다. 이런 프로그램들은 단순히 재미의 원천이 아니라 저의 요리 호기심을 자극하여 집에서 다양한 레시피로 실험하도록 격려합니다.

Words provision 공급 intriguing blend 흥미로운 조합 enlightened 깨우친, 개화된 simultaneously 동시에 widely acclaimed 널리 인정 받은 unique concept 독특한 주제 tickle one's funny bone ~를 웃게 만들다 delectable 아주 맛있는 from scratch 맨 처음부터 awe-inspiring 경외심을 불러일으키는 stimulate 자극하다 culinary 요리의 curiosity 호기심

Combo 2 좋아하는 연예인

> Pick one of your favorite reality shows. Tell me about your favorite entertainer on the show. What role does he or she have on the show?
>
> 당신이 가장 좋아하는 리얼리티 쇼 하나를 선택해 주세요. 그 쇼에서 가장 좋아하는 연예인에 대해 말해 주세요. 그 사람은 쇼에서 어떤 역할을 맡고 있나요?

Useful expressions

- One of my favorite reality show is... 제가 가장 좋아하는 리얼리티 쇼 중 하나는 …입니다.
- He's known as... 그는 …(칭호)로 알려져 있습니다.
- His role involves... 그의 역할은 …을 포함합니다.
- He's also known for... 또한 그는 …(유명한 이유)로 알려져 있습니다.
- I admire him not only for... but also for... 저는 그를 …뿐만 아니라 …때문에도 존경합니다.

Model Answer_IH

One of my favorite reality shows is 'Running Man', and my favorite entertainer in the show is Yoo Jae-suk. He's known as the main host of the program. His role involves leading various games and missions and making sure everyone stays engaged. He's also known for his wit and humor, which adds a lot of fun to the show. Moreover, he often helps other members when they're in difficult situations, which shows his caring personality. I admire him not only for his entertaining skills but also for his leadership and kindness.

제가 가장 좋아하는 리얼리티 쇼 중 하나는 '런닝맨'이고, 그 쇼에서 가장 좋아하는 연예인은 유재석입니다. 그는 프로그램의 주요 진행자로 알려져 있습니다. 그의 역할은 다양한 게임과 미션을 이끄는 것이며, 모든 사람들이 참여하도록 하는 것입니다. 또한 그는 재치와 유머로 유명하고, 이는 쇼에 많은 재미를 더해줍니다. 게다가, 어려운 상황에 처한 다른 멤버들을 자주 돕는데, 이러한 점은 그의 배려심을 보여줍니다. 저는 그를 즐겁게 해주는 기술 때문만 아니라 리더십과 친절함 때문에도 존경합니다.

Words main host 주요 진행자 involve 수반하다, 포함하다 make sure 확실하게 하다 engage 몰두시키다, 종사시키다 wit 재치 caring 배려하는 kindness 친절함

Useful expressions

- My all-time favorite show has to be... 제가 가장 좋아하는 쇼는 …임에 틀림없습니다.
- On this show, ...stands out. 이 쇼에서, …이 눈에 띕니다.
- His role is pivotal as... 그의 역할은 …때문에, 중추적입니다.
- Known for..., he never fails to... …로 유명한 그는 항상 …합니다.
- I find him inspiring for his ability to... …하는 그의 능력은 고무적입니다.

Model Answer_AL

🎧 1_05_4

My all-time favorite reality show has to be 'Running Man', a popular Korean variety program that combines elements of comedy with physical challenges. On this show, one entertainer who stands out to me is Yoo Jae-suk, the main host. His role is pivotal as he leads the team through various games and missions and ensures that everyone stays engaged and entertained. Known for his wit and humor, Yoo Jae-suk never fails to inject a sense of fun into every situation. His abilities to think on his feet and to make spontaneous jokes add an extra layer of entertainment to the show. Furthermore, his caring personality often shines through as he assists other members during difficult challenges, demonstrating not only leadership but also compassion. I find him inspiring for his ability to entertain while showing kindness and leadership.

> 제가 가장 좋아하는 리얼리티 쇼는 '런닝맨'이라고 해야 할 것 같습니다. 이것은 코미디와 신체적 도전을 결합한 인기 있는 한국 버라이어티 프로그램입니다. 이 쇼에서 제게 눈에 띄는 연예인 중 한 명은 주요 진행자인 유재석입니다. 그의 역할은 중심축이 되는 것인데, 그가 다양한 게임과 미션을 통해 팀을 이끌고 모두가 참여하고 즐겁게 만들기 때문입니다. 재치와 유머로 유명한 유재석은 모든 상황에 항상 유머감각을 더합니다. 빠르게 반응하고 즉흥적인 농담을 만드는 그의 능력은 쇼에 추가적인 오락성을 가미합니다. 게다가, 어려운 도전 과제를 하는 중에 다른 멤버들을 도울 때 그의 배려심이 자주 빛나는데, 이것은 리더십과 연민을 보여줍니다. 친절함과 리더십을 보여주면서 동시에 즐겁게 해주는 그의 능력은 고무적입니다.

Words **all-time favorite** 최애의   **physical challenge** 육체적 도전   **stand out** 눈에 띄다   **pivotal** 중심이 되는
think on one's feet 결정이나 반응이 빠르다   **spontaneous** 즉흥적인   **shine through** 빛을 발하다
compassion 연민, 동정

Combo 3 가장 기억에 남는 프로그램

🎧 1_05_C3

Let's talk about an interesting and memorable TV show. What kind of show is it? Who is on the show? Why is it so memorable to you? Tell me all the things you can remember about this memorable show in as much detail as possible.
흥미롭고 기억에 남는 TV 쇼에 대해 이야기해 봅시다. 그것은 어떤 종류의 쇼인가요? 누가 출연하나요? 왜 그것이 그렇게 기억에 남나요? 기억에 남는 쇼에 대해 가능한 한 자세히 모든 것을 말해 주세요.

Useful expressions

- One of the most memorable reality TV show I've watched is...
  제가 본 가장 기억에 남는 리얼리티 TV 쇼 중 하나는 …입니다.
- The show features... 그 쇼는 …을 특징으로 합니다.
- What made it so memorable was... 그것을 기억에 남게 한 것은 …이었습니다.
- I remember an episode where... …하는 에피소드를 기억합니다.
- This show has left a deep impression on me because... 이 쇼는 … 때문에 인상 깊었습니다.

Model Answer_IH

🎧 1_05_5

One of the most memorable reality TV shows I've watched is 'Running Man', a popular Korean variety show. The show features a fixed cast, including Yoo Jae-suk, Kim Jong-kook, and Ha Dong-hoon. Each week, they compete in various games and missions to win a race. What makes it so memorable is the unique blend of comedy and action-packed games. I remember an episode where they had a citywide treasure hunt that was both hilarious and thrilling. The chemistry between the members was also very entertaining to watch as they teased one another but also helped out when needed. This show has left a deep impression on me because it's full of laughter, excitement, and heartwarming moments.

제가 본 가장 기억에 남는 리얼리티 TV 쇼 중 하나는 한국의 인기 있는 버라이어티 쇼인 '런닝맨'입니다. 이 쇼에는 유재석, 김종국, 하동훈 등 고정 캐스트가 출연합니다. 매주 그들은 여러 게임과 미션에서 이기기 위해 겨룹니다. 이 쇼를 인상 깊게 하는 것은 코미디와 액션으로 가득찬 게임의 독특한 조합입니다. 도시 전체에서 보물 찾기를 했던 웃기고 스릴 넘치는 에피소드를 기억합니다. 서로 놀리지만 필요할 때 돕기 때문에 멤버들 간의 케미를 지켜보는 것도 매우 재미있었습니다. 웃음과 흥분 그리고 따뜻한 순간으로 가득찬 이 쇼는 인상 깊었습니다.

Words memorable 기억에 남는   fixed cast 고정 출연진   citywide 전 도시의   treasure hunt 보물 찾기   win a race 경기(경주)에서 이기다   heartwarming 마음을 따뜻하게 하는

Useful expressions

- The TV show that has left an indelible mark on me is...
  저에게 지울 수 없는 인상을 남긴 TV 쇼는 …입니다.
- The main cast includes well-known entertainers like..., who bring their unique personalities to the table. 주요 출연진은 …와 같은 유명 연예인들을 포함하며, 그들만의 독특한 개성을 보여줍니다.
- Each episode revolves around a series of... designed to...
  각 에피소드는 …하도록 고안된 일련의 …을 중심으로 다룹니다.

Model Answer_ AL

🎧 1_05_6

The TV show that has left an indelible mark on me is 'Running Man', a Korean variety show that combines elements of comedy, action, and drama. The main cast includes well-known entertainers like Yoo Jae-suk, Kim Jong-kook, and Ha Dong-hoon, who bring their unique personalities to the table. Each episode revolves around a series of games and missions designed to test their physical abilities and quick thinking. What makes this show memorable is its perfect blend of humor, suspense, and camaraderie among the members. I distinctly remember one episode where they embarked on a citywide treasure hunt filled with unexpected twists and hilarious moments. Their chemistry was palpable as they bickered in jest but also supported one another during challenging tasks. This show encapsulates the essence of entertainment by delivering laughter, thrills, and touching moments in every episode.

저에게 지울 수 없는 인상을 남긴 TV 쇼는 코미디와 액션 그리고 드라마 요소를 결합한 한국의 버라이어티 쇼인 '러닝맨'입니다. 주요 출연진은 유재석과 김종국 그리고 하동훈 같은 잘 알려진 연예인들로 이루어져 있으며, 그들 각각의 독특한 개성을 보여줍니다. 각 에피소드는 그들의 신체 능력과 빠른 사고력을 시험하도록 고안된 일련의 게임과 미션을 중심으로 다룹니다. 이 쇼가 기억에 남도록 하는 것은 멤버들 사이의 유머와 긴장감 및 동지애의 완벽한 조합입니다. 도시 전체에서 보물찾기를 하고 예상치 못한 반전과 웃긴 순간으로 가득 찼던 한 에피소드를 확실히 기억합니다. 그들이 힘든 임무를 수행하는 동안 장난삼아 다투면서도 서로를 지지할 때 그들의 케미는 뚜렷해졌습니다. 이 쇼는 모든 에피소드에서 웃음과 스릴 그리고 감동적인 순간을 전달함으로써 오락의 본질을 요약합니다.

Words indelible 잊을 수 없는, 지워지지 않는 camaraderie 동지애 hilarious 아주 우스운 palpable 뚜렷한, 감지할 수 있는 bicker (사소한 일로) 다투다 in jest 농담으로 encapsulate 요약하다, 압축하다

기본·선택 주제

Unit 01 자기소개

거주지
Unit 02 가족
Unit 03 집안 내부(가족 포함)
Unit 04 집안일 및 활동

여가 활동
Unit 05 TV·리얼리티 쇼 시청하기
Unit 06 공연, 콘서트 관람
Unit 07 쇼핑
Unit 08 공원 가기

취미, 관심사
Unit 09 독서
Unit 10 음악 감상

운동
Unit 11 조깅, 수영, 자전거 타기

여행
Unit 12 국내/해외여행

Unit 06 공연, 콘서트 관람

🔍 기출문제 유형

■ 공연 가기 전후의 습관

> Could you share your usual routine before and after attending a movie, performance, or concert? What activities are typically involved?
> 영화나 공연, 콘서트에 가기 전과 후에 당신의 일상에 대해 이야기해 주시겠어요? 주로 어떤 활동들이 포함되어 있나요?

■ 공연 장소에 관한 경험

> Can you describe the theater you frequent? What are its features? What stands out the most at that venue? Please provide as much detail as possible.
> 자주 가는 극장에 대해 설명해 주실 수 있나요? 그곳의 특징은 무엇인가요? 그 장소에서 가장 인상적인 것은 무엇인가요? 가능한 한 자세히 설명해 주세요.

■ 가장 기억에 남는 공연

> When did you have a particularly memorable experience at a concert? What activities did you engage in, and why was it unforgettable for you?
> 콘서트에서 특히 기억에 남는 경험을 한 것은 언제인가요? 어떤 활동을 했었고, 왜 그것이 기억에 남나요?

Combo 1 공연 가기 전후의 습관

🎧 1_06_C1

> Could you share your usual routine before and after attending a movie, performance, or concert? What activities are typically involved?
> 영화나 공연, 콘서트에 가기 전과 후에 당신의 일상에 대해 이야기해 주시겠어요? 주로 어떤 활동들이 포함되어 있나요?

Useful expressions

- Before going to a movie or a concert, I usually... 영화나 콘서트에 가기 전에, 저는 보통 …
- If I'm going with friends, we often... 친구들과 가는 경우, 우리는 종종 …
- After the event, we usually... 행사 후에는, 우리는 보통 …
- It's always fun to... …하는 것은 항상 재미있습니다.

Model Answer _ IH

🎧 1_06_1

Before going to a movie or a concert, I usually check the schedule and venue details online. I also make sure to have a meal so that I'm not distracted by hunger during the event. If I'm going with friends, we often meet ahead of time to catch up and to discuss our expectations. After the event, we usually grab a cup of coffee or a late-night snack and share our thoughts about what we just experienced. It's always fun to hear different perspectives and to discuss the highlights.

영화나 콘서트에 가기 전에, 저는 주로 온라인으로 일정과 장소 세부 사항을 확인합니다. 또한 도중에 배고픔에 방해받지 않기 위해 식사를 합니다. 친구들과 가는 경우, 우리는 종종 미리 만나서 얘기를 나누고 기대하는 것에 관하여 의견을 나눕니다. 일정 후에는 보통 커피 한 잔을 하거나 야식을 먹으면서 방금 경험한 것에 대한 우리의 생각을 공유합니다. 다른 관점을 듣고 가장 인상적인 부분을 논의하는 것은 항상 재미있습니다.

Words check the schedule 일정을 확인하다 venue detail 장소 세부 사항 be distracted 주의를 빼앗기다, 딴생각을 하다 ahead of time 미리, 시간 전에 perspective 관점 highlight 가장 흥미로운 부분

Useful expressions

- Prior to attending a movie or a concert, my routine typically involves...
  영화나 콘서트에 참석하기 전에, 저의 일상은 보통 …을 포함합니다.
- I make sure to check ... 저는 …을 꼭 확인하도록 합니다.
- Upon the event's conclusion, we usually... 이벤트가 끝난 후에는, 우리는 보통 …

Model Answer_ AL

🎧 1_06_2

Prior to attending a movie or a concert, my routine typically involves a series of meticulous preparations. I make sure to check the schedule and venue details online meticulously, and I also arrange my transportation in advance. I also have a habit of having a meal before the event to avoid any distractions during the performance. If I'm attending with friends, we often convene beforehand to socialize and to discuss our anticipations for the event. Upon the event's conclusion, we usually indulge in a post-event ritual of grabbing a late-night snack or a cup of coffee. During this time, we share our impressions and analysis of the event, which I find incredibly enriching as it allows us to exchange different viewpoints and to discuss the event's highlights.

영화나 콘서트에 참석하기 전에, 저의 일상은 보통 일련의 꼼꼼한 준비 과정을 포함합니다. 저는 일정과 장소 세부 사항을 온라인으로 철저히 확인하고, 또한 미리 교통편을 마련합니다. 저는 또한 공연 중에 어떤 방해도 받지 않기 위해 일정 전에 식사하는 습관이 있습니다. 친구들과 함께 참석하는 경우, 우리는 종종 미리 만나서 어울리고 행사에 대한 기대를 논의합니다. 행사가 끝난 후에는, 우리는 보통 야식이나 커피 한 잔을 즐기면서 행사 후 의식을 가집니다. 이때, 우리는 행사에 대한 인상과 분석을 공유하는데, 이것은 다른 관점을 교환하고 행사의 가장 인상적인 부분을 논의할 수 있게 해주어 매우 풍요롭다고 느낍니다.

Words meticulous 꼼꼼한, 세심한 distraction 집중을 방해하는 것 convene 모이다 beforehand 사전에, 미리 ritual 의식, 절차 incredibly 믿을 수 없을 정도로

Combo 2 공연 장소에 관한 경험

🎧 1_06_C2

> Can you describe the theater you frequent? What are its features? What stands out the most at that venue? Please provide as much detail as possible.
> 자주 가는 극장에 대해 설명해 주실 수 있나요? 그곳의 특징은 무엇인가요? 그 장소에서 가장 인상적인 것은 무엇인가요? 가능한 한 자세히 설명해 주세요.

Useful expressions

- The place I often go to is... 제가 종종 방문하는 장소는 …입니다.
- What stands out the most for me is... 저한테 가장 눈에 띄는 부분은 …입니다.
- The venue provides a great atmosphere for... 그 장소는 …를 위한 훌륭한 분위기를 제공합니다.

Model Answer_IH

🎧 1_06_3

The theater I often go to is the CGV in Yeouido. What sets this theater apart is its spaciousness and modern design. The seats are comfortable and offer enough legroom, and the screen is large, which provides a great viewing experience. The sound system is also top-notch, making every movie feel immersive. What stands out the most for me is the IMAX hall, which offers an unparalleled movie experience. The staff members are always courteous and helpful. Overall, the venue provides a great atmosphere for enjoying movies.

제가 자주 가는 극장은 여의도 CGV입니다. 이 극장을 눈에 띄게 하는 것은 널찍한 공간과 현대적인 디자인입니다. 좌석은 편안하고 다리 뻗을 공간을 충분히 제공하며, 화면은 크기 때문에 훌륭한 관람 경험을 제공합니다. 음향 시스템 또한 최고 수준으로, 모든 영화를 몰입감 있게 만듭니다. 제게 가장 인상적인 것은 IMAX 홀로, 전례 없는 영화 경험을 제공합니다. 직원들은 항상 친절하고 도움이 됩니다. 전반적으로, 이 장소는 영화를 즐기기에 훌륭한 분위기를 제공합니다.

Words set apart 눈에 띄게 하다 spaciousness 널찍함 legroom 다리를 뻗을 수 있는 공간 top-notch 최고의 immersive 몰입감 있는 unparalleled 견줄 데 없는, 전례 없는 courteous 정중한, 친절한

Useful expressions

- ... is distinguished by A and B. ···은 A와 B가 특징입니다.
- ... provides an excellent experience. ···는 훌륭한 경험을 선사합니다.

Model Answer_ AL

🎧 1_06_4

The theater I frequent is the CGV in Yeouido, which is distinguished by its expansive and contemporary design. The auditoriums are designed with ample space between rows, ensuring that each comfortable seat offers generous legroom. The gigantic screens provide an excellent viewing experience, which is further enhanced by a state-of-the-art sound system that brings every scene to life. However, what sets this venue apart for me is the IMAX hall, which provides an unrivaled cinematic experience with its larger-than-life screen and immersive audio technology. The theater's staff members are consistently professional and courteous and contribute to the overall pleasant atmosphere of the venue. The theater's commitment to providing an exceptional movie-going experience is evident in every aspect of its operation.

제가 자주 가는 극장은 여의도 CGV로, 이곳은 널찍하고 현대적인 디자인이 특징입니다. 관람석은 다리를 뻗을 수 있는 공간이 넉넉하도록 줄 사이 간격이 넓게 설계되었습니다. 거대한 스크린은 훌륭한 관람 경험을 제공하며, 모든 장면을 생생하게 만드는 최첨단 음향 시스템으로 인해 이는 한층 더 강화됩니다. 그러나 이 장소가 저한테 특별한 것은 실물보다 크게 보여주는 화면과 몰입형 오디오 기술로 독보적인 영화 관람 경험을 제공하는 IMAX 홀 때문입니다. 극장의 직원들은 늘 전문적이고 친절하며, 전반적으로 쾌적한 분위기에 기여합니다. 극장 운영의 모든 측면에서 뛰어난 영화 경험을 제공하려는 그들의 헌신이 드러납니다.

Words expansive and contemporary design 널찍하고 현대적인 디자인 auditorium 관람석 state-of-the-art sound system 최첨단 음향 시스템 unrivaled cinematic experience 비교할 수 없는 영화 경험 professional and courteous 전문적이고 친절한 exceptional 특출난, 우수한 movie-going experience 영화 관람 경험

Combo 3 가장 기억에 남는 공연

🎧 1_06_C3

> When did you have a particularly memorable experience at a concert? What activities did you engage in, and why was it unforgettable for you?
> 콘서트에서 특히 기억에 남는 경험을 한 것은 언제인가요? 어떤 활동을 했었고, 왜 그것이 기억에 남나요?

Useful expressions

- The atmosphere was... 분위기는 …이었습니다.
- The highlight for me was... 저에게 가장 인상적이었던 부분은 …이었습니다.
- This experience was unforgettable because... 이 경험은 …때문에 잊을 수 없었습니다.

Model Answer_ IH

🎧 1_06_5

A few years ago, I attended a BTS concert here in Seoul. The atmosphere was incredible, with fans from all over the world. The concert was unforgettable because of their amazing performance and the feeling of unity among the fans. The highlight for me was when they performed 'Spring Day.' I remember everyone singing along and waving their light sticks. I also engaged in fan activities like banner projects. We held up banners during a song to show our support. This experience was unforgettable because it made me feel like a part of the global community.

몇 년 전, 저는 서울에서 BTS 콘서트에 참석했습니다. 전세계에서 온 팬들로 인해 분위기는 정말 놀라웠습니다. 그들의 놀라운 공연과 팬들 사이의 화합 때문에 이 콘서트는 잊을 수 없었습니다. 저에게 가장 인상적이었던 부분은 그들이 '봄날'을 공연했을 때였습니다. 모두가 함께 노래를 부르고 응원봉을 흔들었던 것이 기억납니다. 또한, 배너 프로젝트와 같은 팬 활동에도 참여했습니다. 우리는 노래 동안 배너를 들어 우리의 지지를 보여주었습니다. 이 경험은 저를 세계적인 공동체의 일부로 느끼게 해주어 잊을 수 없었습니다.

Words atmosphere 분위기 incredible 믿을 수 없는 unforgettable 잊을 수 없는 performance 공연 unity 단합 banner 플래카드, 현수막 global community 세계적인 공동체

Useful expressions

- I had the privilege of... 저는 …할 특권을 얻었습니다.
- What set... apart was... …을 특별하게 만든 것은 …이었습니다.
- The most poignant moment for me was... 저에게 가장 감동적이었던 순간은 …이었습니다.
- This concert was not just... but... 이 콘서트는 단순히 …가 아니라, …이었습니다.

Model Answer_ AL

🎧 1_06_6

Three years ago, I had the privilege of attending a BTS concert in Seoul. The concert was a melting pot of diverse cultures, with fans traveling from across the globe. What set this concert apart was not just the stellar performances by BTS but also the camaraderie and unity among the fans. The most poignant moment for me was when they performed 'Spring Day'. The entire arena resonated with the fans singing in unison, creating a surreal atmosphere. I also participated in fan activities such as fan chants and banner projects, where we held up banners in sync with the lyrics. This sense of community was further amplified when we engaged in meaningful discussions about the lyrics and their interpretations. This concert was not just a musical extravaganza but a cultural exchange that made it an unforgettable experience.

3년 전, 저는 서울에서 BTS 콘서트에 참석하는 영예를 누렸습니다. 이 콘서트에는 전세계에서 팬들이 모여들어, 다양한 문화가 뒤섞여 있었습니다. 이 콘서트를 특별하게 만든 것은 BTS의 뛰어난 공연뿐만 아니라, 팬들 사이의 우정과 단합감이었습니다. 가장 감동적이었던 순간은 그들이 '봄날'을 공연했을 때였습니다. 무대 전체가 팬들이 일제히 노래하는 것으로 울려 퍼지며, 초현실적인 분위기를 만들었습니다. 저는 같이 노래 부르는 것과 배너 프로젝트와 같은 팬 활동에도 참여했는데, 우리는 가사에 맞춰 배너를 들었습니다. 가사와 그 해석에 대한 의미 있는 토론을 나눌 때, 이 공동체 의식은 더욱 강화되었습니다. 그 콘서트는 단순히 음악의 축제가 아니라 문화 교류였고, 그것이 바로 이 경험을 잊을 수 없게 만들었습니다.

Words privilege 특권, 영광 melting pot 용광로, 도가니, 융합 stellar 뛰어난 camaraderie 우정, 동지애 poignant 감동적인, 가슴 저미는 arena 공연장, 무대 resonate 울려 퍼지다 in unison 일제히, 합심하여 surreal 비현실적인, 꿈 같은 fan chant 팬들이 단체로 노래 부르는 것, 떼창 in sync 동시에 이뤄지는, 조화를 이루는 amplify 증폭시키다 extravaganza 화려한 쇼 cultural exchange 문화 교류

기본·선택 주제

Unit 01	자기소개	

거주지

Unit 02	가족
Unit 03	집안 내부(가족 포함)
Unit 04	집안일 및 활동

여가 활동

Unit 05	TV·리얼리티 쇼 시청하기
Unit 06	공연, 콘서트 관람
Unit 07	**쇼핑**
Unit 08	공원 가기

취미, 관심사

Unit 09	독서
Unit 10	음악 감상

운동

Unit 11	조깅, 수영, 자전거 타기

여행

Unit 12	국내/해외여행

Unit 07 쇼핑

기출문제 유형

■ 쇼핑 습관

You said in the survey that you like shopping. Can you tell me why you like shopping? Who do you usually go shopping with? Where is your favorite place to shop?

당신은 설문조사에서 쇼핑을 좋아한다고 했습니다. 왜 쇼핑을 좋아하는지 말해 줄 수 있나요? 주로 누구와 함께 쇼핑하나요? 가장 좋아하는 쇼핑 장소는 어디인가요?

■ 최근 쇼핑 경험

When was the last time you went shopping? Can you tell me when and where it was, who was with you, and what you did while shopping?

가장 최근에 언제 쇼핑을 했나요? 그때 언제, 어디서, 누구와 함께 했는지 그리고 쇼핑하면서 무엇을 했는지 말해 줄 수 있나요?

■ 기억에 남는 쇼핑 경험

Do you have a memorable shopping experience? Please tell me the details, such as when it was, who was with you, where it happened, and what happened that day. What items did you want to buy that day?

가장 기억에 남는 쇼핑 경험이 있나요? 언제였는지, 누구와 함께 있었는지, 어디에서 어떤 일이 있었는지, 그날 어떤 일이 있었는지 등을 상세하게 말해 주세요. 그날 구매하려던 상품들은 무엇이었나요?

Combo 1 쇼핑 습관

You said in the survey that you like shopping. Can you tell me why you like shopping? Who do you usually go shopping with? Where is your favorite place to shop?
당신은 설문조사에서 쇼핑을 좋아한다고 했습니다. 왜 쇼핑을 좋아하는지 말해 줄 수 있나요? 주로 누구와 함께 쇼핑하나요? 가장 좋아하는 쇼핑 장소는 어디인가요?

Useful expressions

- I enjoy shopping because... ···때문에 쇼핑을 좋아합니다.
- Usually, I go shopping with... 보통, 저는 ···와 쇼핑을 갑니다.
- My favorite place to go shop is... 제가 가장 좋아하는 쇼핑 장소는 ···입니다.
- Whether it's..., I can find them all there. 그것이 ···이든지 간에, 저는 그것들을 모두 거기에서 찾을 수 있어요.

Model Answer_IH

I enjoy shopping because it helps me relax, and I love the thrill of finding good deals. Usually, I go shopping with my friends as we share similar tastes. My favorite place to shop is the COEX Mall in Seoul. It's a large complex with a variety of stores that cater to my needs. Whether it's clothing, electronics, or books, I can find them all there. There are also many restaurants and cafés where we can take a break when we're tired. The vibrant atmosphere and the wide range of options make every shopping trip an exciting adventure.

저는 쇼핑을 통해 긴장을 풀고 괜찮은 가격의 물건을 찾는 짜릿함을 느끼기 때문에 쇼핑을 좋아합니다. 주로 저는 친구들과 함께 쇼핑하는데, 서로 비슷한 취향을 가졌기 때문입니다. 제가 가장 좋아하는 쇼핑 장소는 서울의 COEX Mall입니다. 이곳은 다양한 상점이 모여 있는 큰 복합시설로, 제가 필요한 것을 충족시킵니다. 의류부터 전자제품, 서적까지 모두 여기에서 찾아볼 수 있습니다. 또한 피곤할 때 휴식을 취할 수 있는 많은 식당과 카페도 있습니다. 활기찬 분위기와 넓은 선택의 폭이 모든 쇼핑 여정을 흥미진진한 모험으로 만듭니다.

Words relax 휴식을 취하다   thrill 짜릿함   good deal 괜찮은 가격의 물건   cater to ~를 충족시키다   vibrant atmosphere 활기찬 분위기

Useful expressions

- Shopping is an activity that not only... but also... 쇼핑은 …뿐만 아니라 …도 하는 활동입니다.
- I usually embark on shopping with... 보통 …와 함께 쇼핑을 시작합니다.
- My ultimate shopping destination is... 제 최고의 쇼핑 목적지는 …입니다.
- The dynamic ambiance coupled with the wide spectrum of choices turns every visit into...
  활력 넘치는 분위기와 넓은 선택의 폭이 모든 방문을 …로 만듭니다.

Model Answer_ AL

🎧 1_07_2

Shopping is an activity that not only provides me with relaxation but also offers the excitement of discovering great bargains and unique items which align perfectly with my interests and needs. I usually embark on these shopping adventures with my close friends, as we have a mutual understanding of each other's preferences and styles. My ultimate shopping destination is the COEX Mall, located in the heart of Seoul. This extensive shopping complex houses a multitude of stores offering an array of products ranging from fashionable apparel to cutting-edge electronics and intriguing books. Furthermore, it is complemented by an assortment of eateries and cafés where we can rejuvenate ourselves amidst our shopping spree. The dynamic ambiance coupled with the wide spectrum of choices turns every visit into an exhilarating expedition.

쇼핑은 저에게 휴식을 제공할 뿐만 아니라 좋은 할인 상품이나 독특한 상품을 발견하는 즐거움을 주며, 이는 저의 관심과 필요에 완벽히 부합합니다. 저는 보통 친한 친구들과 함께 이런 쇼핑 모험을 시작하는데, 우리는 서로의 취향과 스타일에 대해 상호 이해가 있기 때문입니다. 저의 최고의 쇼핑 목적지는 서울 중심부에 위치한 COEX Mall입니다. 이 대규모 쇼핑 단지에는 패션 의류부터 최첨단 전자제품, 흥미로운 서적까지 다양한 제품을 제공하는 수많은 상점들이 입점해 있습니다. 더욱이, 많은 식당과 카페가 있어서 우리는 쇼핑 중에 에너지를 회복할 수 있습니다. 활기찬 분위기와 넓은 선택의 폭이 모든 방문을 즐거운 탐사 여정으로 만듭니다.

Words relaxation 휴식 excitement 설레임 bargains 할인 상품 align with ~에 맞추어 조정하다
mutual understanding 상호 이해 extensive shopping complex 대규모 쇼핑 단지
a multitude of 다수의 an assortment of 여러 가지의 rejuvenate 원기를 회복하다
dynamic ambiance 활기찬 분위기 exhilarating 즐거운, 신나는 expedition 탐험, 여정

Combo 2 최근 쇼핑 경험

🎧 1_07_C2

When was the last time you went shopping? Can you tell me when and where it was, who was with you, and what you did while shopping?
가장 최근에 언제 쇼핑을 했나요? 그때 언제, 어디서, 누구와 함께 했는지 그리고 쇼핑하면서 무엇을 했는지 말해 줄 수 있나요?

Useful expressions

- The last time I went shopping was... 제가 가장 최근에 쇼핑한 것은 …이었습니다.
- We started our day by... 우리는 …하면서 하루를 시작했습니다.
- After shopping for clothes, we visited... 옷을 쇼핑한 후, 우리는 …를 방문했습니다.
- Finally, we ended our shopping trip by... 마침내, 우리는 …로 쇼핑 나들이를 마쳤습니다.

Model Answer_IH

🎧 1_07_3

The last time I went shopping was about a month ago. It was a Saturday, and I went to the Lotte Department Store in Myeongdong with my best friend. We started our day by browsing through different clothing stores. We tried on various outfits and gave each other feedback. After shopping for clothes, we visited the cosmetics section, where we tested different products and bought a few items that caught our eye. Finally, we ended our shopping trip by having dinner at a restaurant in the department store.

가장 최근에 쇼핑을 한 것은 약 한 달 전이었습니다. 토요일이었고, 저는 가장 친한 친구와 명동에 있는 롯데 백화점에 갔습니다. 우리는 여러 옷 가게들을 여기저기 둘러보면서 하루를 시작했습니다. 우리는 다양한 옷을 입어보고 서로 피드백을 줬습니다. 옷을 쇼핑한 후, 우리는 화장품 코너를 방문했고, 그곳에서 여러 제품들을 테스트했고 눈에 띄는 물건을 몇 개 구매했습니다. 마지막으로, 우리는 백화점 안에 있는 식당에서 저녁을 먹는 것으로 쇼핑 나들이를 마쳤습니다.

Words browse 둘러보다   outfit 옷   cosmetics section 화장품 코너   catch one's eye 눈길을 끌다

Useful expressions

- My most recent shopping experience took place at... 제 가장 최근의 쇼핑 경험은 …에서 일어났습니다.
- Accompanied by..., we embarked on delightful retail journey together.
  …와 함께, 우리는 함께 즐거운 상점 여행을 시작했습니다.
- Following..., we ventured into... … 후에, 우리는 …로 모험하였습니다.
- We concluded this memorable shopping trip by rewarding ourselves with...
  우리는 …로 스스로에게 보상하며 기억에 남는 쇼핑 여정을 마쳤습니다.

Model Answer_AL 1_07_4

My most recent shopping experience took place roughly a month ago at the bustling Lotte Department Store located in Myeongdong, one of Seoul's major shopping districts. Accompanied by my closest friend, who shares similar fashion sensibilities as me, we embarked on this delightful retail journey together by exploring various high-end fashion boutiques. And we also tried on assorted outfits that appealed to us while providing constructive criticism to each other regarding fit and style preferences. So it was a more fun and interactive experience for us both. Following our clothing hunt, we ventured into the cosmetics section, where we indulged in testing a wide range of beauty products and eventually purchased some items that truly resonated with our personal tastes. We concluded this memorable shopping trip by rewarding ourselves with a sumptuous dinner at a renowned restaurant situated within the department store.

제 가장 최근의 쇼핑 경험은 대략 한 달 전, 서울의 주요 쇼핑 지구 중 하나인 명동에 위치한 북적거리는 롯데백화점에서 있었습니다. 저와 비슷한 패션 감각을 공유하는 가장 친한 친구와 함께, 우리는 고급 패션 부티크를 탐색하며 즐거운 상점 여행을 시작했습니다. 그리고 우리는 관심 가는 여러 가지 옷들도 입어보며 착용감이나 취향에 대해 서로 건설적인 피드백을 주고 받았습니다. 그래서 더욱 재미있고 상호적인 경험이 되었습니다. 옷 찾기를 마친 후, 우리는 화장품 코너로 모험을 계속하며 다양한 뷰티 제품들을 시도해 보고 결국은 개인적인 취향에 딱 맞는 몇 가지 품목들을 구매하였습니다. 우리는 백화점 내의 유명 식당에서 호화로운 저녁식사를 하는 것으로 이 기억에 남는 쇼핑 여정을 마쳤습니다.

Words bustling 북적거리는   shopping district 상점가   accompany 동반하다
high-end fashion boutique 고급 패션 부티크   assorted 여러 가지의   appeal 관심을 끌다
constructive criticism 건설적인 비판   resonate with one's personal tastes 개인적인 취향과 맞다
sumptuous 호화로운

Combo 3 기억에 남는 쇼핑 경험

🎧 1_07_C3

Do you have a memorable shopping experience? Please tell me the details, such as when it was, who was with you, where it happened, and what happened that day. What items did you want to buy that day?
가장 기억에 남는 쇼핑 경험이 있나요? 언제였는지, 누구와 함께 있었는지, 어디에서 어떤 일이 있었는지, 그날 어떤 일이 있었는지 등을 상세히 말해 주세요. 그날 구매하려던 상품들은 무엇이었나요?

Useful expressions

- One of my most memorable shopping experiences was...
  가장 기억에 남는 쇼핑 경험 중 하나는 …이었습니다.
- We were there from... till..., hopping from one shop to another.
  우리는 …부터 …까지 거기에 있으면서, 한 매장에서 다른 매장으로 이동하였습니다.
- The highlight was... 가장 좋았던 점은 …였습니다.

Model Answer_IH

🎧 1_07_5

One of my most memorable shopping experiences was during the winter sale season last year. I went to Dongdaemun Market, a place known for its wide variety of clothing stores, with my sister. We were there from evening till late at night, hopping from one shop to another in search of good deals. The highlight was finding winter coats for both of us at a reasonable price. We also bought some trendy accessories and shoes. Despite the crowd and the cold weather, it was fun and rewarding.

가장 기억에 남는 쇼핑 경험 중 하나는 작년 겨울 세일 시즌 동안이었습니다. 저는 다양한 의류 매장으로 유명한 동대문 시장에 언니와 함께 갔습니다. 우리는 괜찮은 물건을 찾아 매장을 옮겨다니며 저녁부터 밤까지 거기에 있었습니다. 가장 좋았던 점은 우리 둘 모두에게 합리적인 가격의 겨울 코트를 찾은 것이었습니다. 우리는 멋진 액세서리와 신발도 구입했습니다. 사람이 많고 추운 날씨였음에도 불구하고 재미있고 보람찬 경험이었습니다.

Words winter sale season 겨울 세일 시즌 hop 여기저기 다니다 trendy accessory 유행하는 액세서리

Useful expressions

- A truly unforgettable shopping experience that I recall vividly took place during...
  제가 선명하게 기억하는 정말 잊을 수 없는 쇼핑 경험은 … 동안 있었습니다.
- I embarked an exciting shopping spree with... 저는 …와 함께 물건을 왕창 사는 쇼핑을 시작하였습니다.
- The pinnacle of this shopping expedition was... 이 쇼핑 원정의 정점은 …이었습니다.

Model Answer_ AL

A truly unforgettable shopping experience that I recall vividly took place during the highly anticipated winter sale season last year. That's when I embarked on an exciting shopping spree at Dongdaemun Market with my elder sister, who is also a fashion enthusiast like me. This bustling market in Seoul is renowned for its extensive selection of clothing stores. We embarked on our journey in the evening and continued well into the night, hopping from one shop to another all in the pursuit of great bargains. The pinnacle of this shopping expedition was stumbling upon winter coats that perfectly suited our style and at an unbeatable price. In addition to this, we managed to snag some chic accessories and footwear that were trending at the time. Despite the crowd and chilly weather, it turned out to be a truly enjoyable and rewarding experience.

선명하게 기억하는 정말 잊을 수 없는 쇼핑 경험은 작년에 많이 기대했던 겨울 세일 시즌 동안에 일어났습니다. 그때가 바로 저와 같이 패션 애호가인 누나와 함께 동대문 시장에서 물건을 왕창 사는 쇼핑을 시작했을 때였습니다. 이 번화한 서울의 시장은 다양한 의류 매장들로 유명합니다. 우리는 저녁에 여정을 시작하여 늦은 밤까지 계속했으며, 좋은 물건을 찾기 위해 한 상점에서 다른 상점으로 이동하였습니다. 이 쇼핑 원정의 정점은 완벽하게 우리 스타일에 맞는 최저가의 겨울 코트를 우연히 발견한 것이었습니다. 이 외에도 당시 유행하고 있는 멋진 액세서리와 신발 몇 개를 구할 수 있었습니다. 사람이 많고 추운 날씨였음에도 불구하고 정말 즐겁고 보람찬 경험이었습니다.

Words unforgettable 잊을 수 없는 highly anticipated 매우 기대되는 shopping spree 물건을 왕창 사는 쇼핑 fashion enthusiast 패션 애호가 renowned for ~로 유명한 in the pursuit of ~을 추구하는 pinnacle 정점 stumble upon ~을 우연히 발견하다 snag 잡아채다

기본·선택 주제

| Unit 01 | 자기소개 |

거주지
Unit 02	가족
Unit 03	집안 내부(가족 포함)
Unit 04	집안일 및 활동

여가 활동
Unit 05	TV·리얼리티 쇼 시청하기
Unit 06	공연, 콘서트 관람
Unit 07	쇼핑
Unit 08	**공원 가기**

취미, 관심사
| Unit 09 | 독서 |
| Unit 10 | 음악 감상 |

운동
| Unit 11 | 조깅, 수영, 자전거 타기 |

여행
| Unit 12 | 국내/해외여행 |

Unit 08 공원 가기

🔍 기출문제 유형

■ 자주 방문하는 공원

You indicated in the survey that you like to go to parks. Tell me about one of the parks that you like to visit often. What makes it so special? And where is it located? Give as many details as possible.

설문조사에서 당신은 공원에 가는 것을 좋아한다고 했어요. 자주 방문하는 공원 중 하나에 대해 이야기해 주세요. 그 공원이 특별한 이유는 무엇인가요? 그리고 그 공원은 어디에 있나요? 가능한 한 많은 세부 정보를 말해 주세요.

■ 공원에서 하는 일

Tell me what you usually do at the park. Describe your typical day at your favorite park from beginning to end.

공원에서 주로 하는 일을 말해 주세요. 좋아하는 공원에서 보내는 하루를 처음부터 끝까지 설명해 주세요.

■ 기억에 남는 공원에서의 경험

Tell me about an unexpected experience that you had at a park. When and where did it happen, and what did you do?

공원에서 겪은 뜻밖의 경험에 대해 이야기해 주세요. 언제 어디에서 일어났고, 그때 당신은 무엇을 했나요?

Combo 1 자주 방문하는 공원

🎧 1_08_C1

> You indicated in the survey that you like to go to parks. Tell me about one of the parks that you like to visit often. What makes it so special? And where is it located? Give as many details as possible.
>
> 설문조사에서 당신은 공원에 가는 것을 좋아한다고 했어요. 자주 방문하는 공원 중 하나에 대해 이야기해 주세요. 그 공원이 특별한 이유는 무엇인가요? 그리고 그 공원은 어디에 있나요? 가능한 한 많은 세부 정보를 말해 주세요.

Useful expressions

- One of my favorite parks to visit is... 제가 가장 방문하기를 좋아하는 공원 중 하나는 …입니다.
- What makes it special is... 그것이 특별한 이유는 …입니다.
- It's a place where I can... 그곳은 제가 …할 수 있는 장소입니다.
- The park offers ... 그 공원은 …를 제공합니다.

Model Answer_IH

🎧 1_08_1

One of my favorite parks to visit is Seoul Forest in South Korea. It's a large park located near the city center, making it a great escape from the bustling city life. What makes it special is its diversity. There are different sections such as an eco-forest, a cultural art park, and a riverside park. I especially love the eco-forest, where I can interact with animals like deer. It's a place where I can relax, enjoy nature, and even learn about different species. The riverside park also offers beautiful views of the Han River. Overall, the park offers a refreshing break from my daily routine.

> 제가 가장 방문하기를 좋아하는 공원 중 하나는 한국의 서울숲입니다. 이 공원은 도시 중심부 근처에 위치해 있어서 분주한 도시 생활로부터 벗어나기에 좋습니다. 이 공원이 특별한 이유는 다양성 때문입니다. 공원에는 생태 숲, 문화 예술 공원, 강변 공원과 같은 다양한 구역들이 있습니다. 특히 저는 사슴 같은 동물들과 상호 작용할 수 있는 생태 숲을 좋아합니다. 이곳은 제가 휴식을 취하고, 자연을 즐기며, 심지어 다양한 종에 대해 배울 수 있는 장소입니다. 강변 공원에서는 한강의 아름다운 풍경을 볼 수도 있습니다. 전반적으로, 이 공원은 제 일상에서 벗어나 기운을 북돋는 휴식을 제공합니다.

Words city center 도시 중심부   bustling city life 분주한 도시 생활   diversity 다양성   eco-forest 생태 숲   interact with ~와 상호 작용하다   species 종   refreshing break 기운을 북돋는 휴식

Useful expressions

- ...is located in the heart of Seoul. ⋯는 서울 중심에 위치하고 있습니다.
- It is a popular spot for... 이것은 ⋯에게 인기 있는 장소입니다.
- The park is filled with... 그 공원은 ⋯로 가득 차 있습니다.
- ...is a great place to visit for anyone. ⋯는 누구나 방문하기 좋은 곳입니다.

Model Answer_ AL

1_08_2

Yeouido Park is a large park located in the heart of Seoul, South Korea. It is a popular spot for locals and tourists alike, and it is easy to see why. The park is filled with lush greenery and a variety of vibrant flowers, making it a beautiful place to relax and enjoy the outdoors. There are also a number of activities that can be enjoyed in the park, such as biking, walking, and picnicking. Besides its beauty, what makes Yeouido Park special is the various events it hosts, such as concerts and festivals. It's a special place that always offers me a great time. I would say Yeouido Park is a great place to visit for anyone looking for a beautiful and relaxing place to spend some time. It's more than just a park; it's a hub of cultural experiences and a place that never fails to offer me an unforgettable time.

여의도공원은 서울 중심에 위치한 대규모 공원입니다. 여의도공원은 서울 시민과 관광객 모두에게 인기 있는 명소이며, 그 이유는 쉽게 알 수 있습니다. 공원은 무성한 녹지와 다양하고 생기가 넘치는 꽃으로 가득 차 있어, 휴식과 야외 활동을 즐기기에 좋은 곳입니다. 또한 자전거 타기, 산책, 소풍 등 다양한 활동을 즐길 수 있습니다. 공원의 아름다움뿐만 아니라, 여의도공원이 특별한 이유는 공연과 축제와 같은 다양한 행사를 개최하기 때문입니다. 여의도공원은 제가 언제나 좋은 시간을 보낼 수 있도록 해주는 특별한 장소입니다. 아름답고 편안한 공간에서 시간을 보내고자 하는 누구나 방문하기 좋은 곳이라고 할 수 있습니다. 여의도공원은 단순히 공원 그 이상입니다. 문화 체험의 중심지이며, 항상 잊을 수 없는 시간을 제공하는 장소입니다.

Words lush greenery 무성한 녹지   vibrant 생기가 넘치는   relaxing 편한   hub 중심지

Combo 2 공원에서 하는 일

🎧 1_08_C2

> Tell me what you usually do at the park. Describe your typical day at your favorite park from beginning to end.
> 공원에서 주로 하는 일을 말해 주세요. 좋아하는 공원에서 보내는 하루를 처음부터 끝까지 설명해 주세요.

Useful expressions

- My day at the park begins with... 공원에서의 하루는 …로 시작합니다.
- Around noon, I usually have a picnic lunch with... 정오 쯤에, 저는 주로 …와 피크닉 점심을 먹습니다.
- Finally, before leaving the park, I take a moment to enjoy...
  마지막으로 공원을 떠나기 전에, …를 즐기는 시간을 갖습니다.

Model Answer_IH ①

🎧 1_08_3

Typically, my day at the park begins with a leisurely walk. I enjoy the early morning serenity and the fresh air. Next, I often visit the Peace Plaza, where I like to read a book or just watch people. I then head to the Rose Garden and appreciate the beautiful flowers. Around noon, I usually have a picnic lunch with my friends under a shady tree. After lunch, we like to play soccer or badminton. Finally, before leaving the park, I take a moment to enjoy the sunset view from the lake. It's a relaxing and rejuvenating day for me.

일반적으로, 공원에서의 하루는 여유로운 산책으로 시작합니다. 저는 이른 아침의 고요함과 신선한 공기를 즐깁니다. 그 다음으로는 종종 '평화의 광장'이라는 곳을 찾아가서 책을 읽거나 사람들을 관찰하는 것을 좋아합니다. 그 후로는 장미정원을 찾아가서 아름다운 꽃들을 감상합니다. 정오 쯤에, 저는 주로 친구들과 그늘진 나무 아래에서 소풍 도시락을 먹습니다. 점심 후에는 축구나 배드민턴을 하는 것을 좋아합니다. 마지막으로, 공원을 떠나기 전에는 호수에서 일몰을 즐기는 시간을 갖습니다. 제 마음을 느긋하게 해주고 활기를 되찾게 해주는 하루입니다.

Model Answer_IH ②

🎧 1_08_4

I often visit my favorite park on weekends. My typical day at the park starts with a leisurely walk. I enjoy the fresh air and the greenery, and it helps me relax. After the walk, I find a quiet spot to sit and read a book. This is my favorite way to unwind and to escape from the hustle and bustle of daily life. I also bring some snacks like sandwiches and fruit to have a small picnic. I often meet with friends at the park, and we chat. It's a great way to socialize and to stay active. In the evening, I like to watch the sunset from the park. The view is breathtaking, and it's the perfect way to end my day at the park.

주말에 저는 종종 제가 가장 좋아하는 공원을 방문해요. 공원에서의 제 일상은 여유로운 산책으로 시작해요. 신선한 공기와 녹지를 즐기고, 이는 저를 편안하게 해줍니다. 산책 후에는 앉아서 책 읽을 조용한 공간을 찾아요. 이것은 긴장을 풀고 일상 생활의 분주함에서 벗어날 수 있는, 제가 가장 좋아하는 방법이에요. 또한 샌드위치와 과일과 같은 간식을 가지고 작은 소풍을 즐겨요. 종종 친구들과 공원에서 만나서 이야기를 나눠요. 이것은 사교 활동을 하고 활동적으로 지낼 수 있는 훌륭한 방법이에요. 저녁에는 공원에서 일몰을 감상하는 것을 좋아해요. 경치가 숨 막히게 아름다우며, 이것은 공원에서의 하루를 완벽하게 마무리하는 방법이에요.

Words leisurely walk 여유로운 산책　serenity 고요함　rejuvenate 원기를 회복하다　unwind 긴장을 풀다
hustle and bustle 북적거림　socialize 사귀다, 어울리다　breathtaking (너무 아름다워서) 숨이 막힐 듯한

Useful expressions

- I usually commence my day with... 저는 보통 하루를 …로 시작합니다.
- Subsequently, I gravitate toward... 그 후에, 저는 …쪽으로 이동합니다.
- As the day concludes, I... 하루가 저물면서, 저는 …

Model Answer_ AL　　　🎧 1_08_5

Situated in the heart of Seoul, Olympic Park is my refuge from the hustle and bustle of city life. I usually commence my day at the park with a brisk walk, immersing myself in the tranquility of the early morning. Subsequently, I gravitate toward the Peace Plaza, an ideal spot for reading and people-watching. Further into the park, the Rose Garden offers an array of vibrant flowers which I take time to admire. As noon approaches, I rendezvous with friends for a picnic lunch beneath a canopy of trees. Post-lunch, we engage in sports like soccer or badminton to add an element of physicality to our park visit. As the day concludes, I bask in the beauty of the sunset mirrored on the lake, a perfect end to a restful day.

서울 중심에 위치한 올림픽 공원은 도시 생활의 분주함으로부터 벗어날 수 있는 제 피난처입니다. 저는 이른 아침의 평온함에 몰입되어, 활기찬 산책으로 공원에서의 하루를 시작합니다. 그 후에는 평화의 광장으로 이동하는데, 이곳은 독서나 사람들을 관찰하기에 이상적인 장소입니다. 공원 안쪽으로 들어가면, 장미정원에서 생기 넘치는 많은 꽃을 구경할 수 있습니다. 정오가 다가오면 우거진 나무 아래에서 소풍 도시락을 먹기 위해 친구들을 만납니다. 점심 후에는 축구나 배드민턴 같은 운동을 즐기며 공원 방문에 활동적인 요소를 더합니다. 하루가 저물면서, 저는 호수에 비치는 일몰의 아름다움을 즐기며, 편안한 하루를 완벽하게 마무리합니다.

Words situated in ~에 위치한　refuge 피난처　brisk 빠른, 활기찬　immerse oneself in ~에 몰두하다
tranquility 차분함, 평온　an array of 다수의　rendezvous 만나다　canopy 숲의 우거진 윗부분
bask in ~을 누리다

Combo 3 기억에 남는 공원에서의 경험

🎧 1_08_C3

> Tell me about an unexpected experience that you had at a park. When and where did it happen, and what did you do?
> 공원에서 겪은 뜻밖의 경험에 대해 이야기해 주세요. 언제 어디에서 일어났고, 그때 당신은 무엇을 했나요?

Useful expressions

- One summer day, I visited... 어느 여름날, 저는 …을 방문했습니다.
- To my surprise, they asked me to... 놀랍게도, 그들은 저에게 …해 달라고 요청했습니다.
- It was unexpected but turned out to be... 예상치 못했지만 …인 것으로 드러났습니다.

Model Answer_IH ①

🎧 1_08_6

One summer day, I visited Han River Park in Seoul. I went there to relax and to read a book. Suddenly, a group of kids came running with a soccer ball. To my surprise, they asked me to join their game. At first, I hesitated because I'm not good at soccer. But I decided to join them anyway. We played together and laughed, and I forgot all about my book. It was unexpected but turned out to be a fun experience. I learned that sometimes stepping out of my comfort zone can lead to great memories.

어느 여름날, 저는 서울의 한강 공원을 방문했습니다. 편안하게 쉬면서 책을 읽으러 갔습니다. 갑자기, 한 무리의 어린이들이 축구공을 가지고 달려왔습니다. 놀랍게도, 그들은 저에게 게임을 같이 하자고 했습니다. 처음에는 축구를 잘 못해서 망설였습니다. 그러나 같이 하기로 결심했습니다. 함께 즐겁게 놀고 웃었고, 책에 대해서는 까맣게 잊었습니다. 예상치 못했지만 재미있는 경험이었습니다. 가끔은 안전 지대를 벗어나면 좋은 추억이 생길 수 있다는 것을 배웠습니다.

Words   **to one's surprise** 놀랍게도   **hesitate** 망설이다   **step out of** ~에서 나오다   **comfort zone** 안전 지대

Model Answer_ IH ②

🎧 1_08_7

One sunny summer day, I decided to visit the beautiful Han River Park in Seoul. I was looking forward to a quiet time to relax and to immerse myself in a good book. However, my peaceful day took a surprising turn when a lively group of kids came running toward me, enthusiastically kicking a soccer ball. Much to my surprise, they warmly asked me if I wanted to join their game. At first, I hesitated and felt shy because I'm not very skilled at soccer. But then, I thought, why not? So I decided to join them anyway. We played together, laughed a lot, and shared high-fives. I completely forgot about my book, and time flew by. It was an unexpected yet delightful experience. That day, I learned a valuable lesson that sometimes stepping out of my comfort zone can lead to creating great, unforgettable memories.

맑은 여름날, 저는 서울의 아름다운 한강 공원을 방문하기로 결심했습니다. 긴장을 풀고 좋은 책에 몰입할 수 있는 조용한 시간을 기대하고 있었습니다. 그러나, 활기찬 어린이들이 축구공을 열정적으로 차면서 제게로 달려왔을 때 평화로운 저의 하루는 놀라운 전환을 맞았습니다. 놀랍게도, 그들은 게임을 같이 하고 싶은지 친절하게 물었습니다. 처음에는 제가 축구를 그리 잘하지 않기 때문에 망설이며 수줍어했습니다. 하지만 또, '안 될 건 뭐야?'라고 생각했습니다. 그래서, 결국 참여하기로 했습니다. 우리는 함께 놀며, 많이 웃고, 하이파이브를 주고받았습니다. 책에 대해서는 완전히 잊었고 시간이 너무 빨리 갔습니다. 예상치 못했지만 즐거운 경험이었습니다. 그날, 가끔은 안전 지대를 벗어나면 훌륭하고 잊지 못할 추억을 만들 수 있다는 귀중한 교훈을 얻었습니다.

Words look forward to ~를 기대하다   share high-fives 하이파이브를 하다   a valuable lesson 귀중한 교훈

Combo 3 기억에 남는 공원에서의 경험

Useful expressions

- I decided to unwind at... 저는 …에서 휴식을 취하기로 결심했습니다.
- As I strolled through the park, I stumbled upon... 공원을 산책하다가, …를 우연히 마주쳤습니다.
- Intrigued, I decided to momentarily set aside... 호기심이 생겨, 잠시 …을 미루기로 결정했습니다.
- On a whim, I volunteered to... 즉흥적으로, …에 자원했습니다.

Model Answer_AL ①

Last spring, I decided to unwind at Namsan Park, a serene place nestled in the heart of Seoul. I anticipated a peaceful day indulging in a novel beneath the cherry blossoms. However, as I strolled through the park, I stumbled upon a bustling street performance. Intrigued, I decided to momentarily set aside my initial plan and to watch. The performers, with their mesmerizing traditional Korean dance, captivated the audience. On a whim, I volunteered to participate and found myself swaying to the rhythmic beats of the music. This spontaneous detour from my initial plan enriched my day and added an unexpected layer of cultural immersion and joy.

작년 봄, 저는 서울 중심에 위치한 한적한 남산 공원에서 휴식을 취하기로 결심했습니다. 벚꽃 아래에서 소설을 읽으며 평온한 하루를 보낼 것을 기대했습니다. 그러나 공원을 산책하다가, 저는 떠들썩한 거리 공연을 발견했습니다. 호기심이 생겨, 잠시 제 원래 계획을 미루고 구경하기로 했습니다. 공연을 하는 사람들은 매혹적인 한국 전통 무용으로 관객을 사로잡았습니다. 즉흥적으로, 자진해서 참여하여 음악의 리듬에 맞춰 몸을 흔들었습니다. 이 즉흥적인 계획 변경이 제 하루를 더 풍요롭게 만들어 주었고 예상치 못한 문화 체험과 기쁨을 더했습니다.

Words
unwind 긴장을 풀다 serene 고요한 nestle 자리 잡다 indulge in ~에 탐닉하다
stroll through the park 공원을 산책하다 intrigued 호기심을 가진 momentarily 잠깐
mesmerizing 넋을 빼놓는, 마음을 사로잡는 captivate 사로잡다 on a whim 즉흥적으로
sway to ~에 맞춰서 흔들다 spontaneous 즉흥적인 immersion 몰입, 몰두

Model Answer_ AL ②

🎧 1_08_9

Last spring, feeling a bit stressed, I decided to unwind and seek tranquility at Namsan Park, a serene and picturesque place nestled in the heart of bustling Seoul. I eagerly anticipated a peaceful day indulging in a novel beneath the enchanting cherry blossoms. However, as I leisurely strolled through the park, my attention was unexpectedly drawn to a bustling and energetic street performance nearby. Intrigued and curious, I decided to momentarily set aside my initial plan and to watch the spectacle unfold. The performers, adorned in vibrant costumes, were performing a mesmerizing traditional Korean dance that completely captivated the diverse audience. On a spontaneous whim, I volunteered to participate and found myself swaying joyfully to the rhythmic beats of the traditional music. This spontaneous and delightful detour from my initial plan not only enriched my day but also added an unexpected layer of cultural immersion and joy to my experience. It was a vivid reminder of the beauty in embracing unexpected opportunities.

작년 봄, 조금 스트레스를 받을 때, 저는 혼잡한 서울의 중심에 자리 잡은 고요하고 그림 같은 남산공원에서 휴식을 취하며 평온을 찾기로 결심했습니다. 저는 매혹적인 벚꽃 아래에서 책에 몰입하며 평온한 하루를 보낼 것을 열렬히 기대했습니다. 하지만, 공원을 여유롭게 산책하다가 인근에서 벌어지는 분주하고 활기찬 거리 공연에 예상치 못하게 관심이 쏠렸습니다. 호기심과 궁금증이 생겨, 저는 잠시 원래의 계획을 미루고 그 광경이 펼쳐지는 것을 지켜보기로 했습니다. 강렬한 복장을 한 공연자들은 관객을 완전히 사로잡는 매혹적인 한국 전통 무용을 선보였습니다. 저는 즉흥적으로 참여를 자원하여, 전통 음악의 리듬에 맞춰 몸을 흔들었습니다. 이 갑작스럽고 즐거운 계획 변경이 제 하루를 더 풍요롭게 만들어 주었을 뿐만 아니라, 제 경험에 예상치 못한 문화 체험과 기쁨을 더했습니다. 이것은 뜻밖의 기회를 받아들이는 것의 매력을 생생하게 상기시켜 주었습니다.

Words tranquility 평온 serene 고요한 picturesque 그림 같은 enchanting 고혹적인
set aside 따로 떼어두다 spectacle 장관, 광경 unfold 펼쳐지다 adorn 꾸미다, 장식하다
spontaneous 자발적인, 즉흥적인 reminder 상기시키는 것 embrace 수용하다

기본·선택 주제

Unit 01　자기소개

거주지
Unit 02　가족
Unit 03　집안 내부(가족 포함)
Unit 04　집안일 및 활동

여가 활동
Unit 05　TV·리얼리티 쇼 시청하기
Unit 06　공연, 콘서트 관람
Unit 07　쇼핑
Unit 08　공원 가기

취미, 관심사
Unit 09　독서
Unit 10　음악 감상

운동
Unit 11　조깅, 수영, 자전거 타기

여행
Unit 12　국내/해외여행

Unit 09 독서

🔍 기출문제 유형

■ **좋아하는 책·기사·블로그**

> What types of books, articles, or blogs do you usually enjoy reading? Could you describe them in more detail?
> 어떤 종류의 책이나 기사, 블로그를 주로 즐겨 읽나요? 좀 더 자세히 설명해 줄 수 있나요?

■ **독서를 좋아하게 된 계기**

> Who has had the greatest impact on your reading preferences?
> 누가 당신의 독서 선호도에 가장 큰 영향을 미쳤나요?

■ **기억에 남는 책·기사·블로그**

> Can you share the most unforgettable book, article, or blog that you've ever read? When did you read it, and what was it about? How did it influence your life?
> 당신이 읽은 것 중에서 가장 잊을 수 없는 책, 기사, 블로그에 대해 공유해 줄 수 있나요? 언제 읽었고 그것은 무엇에 관한 것이었나요? 그것은 어떻게 당신의 삶에 영향을 미쳤나요?

Combo 1 좋아하는 책·기사·블로그

What types of books, articles, or blogs do you usually enjoy reading? Could you describe them in more detail?
어떤 종류의 책이나 기사, 블로그를 주로 즐겨 읽나요? 좀 더 자세히 설명해 줄 수 있나요?

Useful expressions
- I enjoy reading... 저는 … 읽는 것을 즐깁니다.
- I find... intriguing because... …을 흥미롭게 느낍니다. 왜냐하면 …
- On the other hand......, 반면에, …

Model Answer_IH

I enjoy reading various types of books, especially historical novels and self-improvement books. I find historical novels intriguing because they provide insights into different time periods and cultures. For instance, I recently read *Pachinko* by Min Jin Lee, a Korean-American author. It's a fascinating exploration of Korean-Japanese relations during the 20th century. On the other hand, self-improvement books like *Who Moved My Cheese?* by Spencer Johnson offer practical advice for personal growth and adapting to change. In addition to books, I regularly read articles and blogs about current events and tech trends. These are great sources for staying updated with the latest news and developments around the world.

저는 다양한 종류의 책을 즐겨 읽는데, 특히 역사 소설과 자기 계발서를 좋아합니다. 역사소설은 다른 시대와 문화에 대한 통찰력을 제공하기 때문에 흥미롭습니다. 예를 들어, 최근에는 한국계 미국인 작가인 이민진의 '파친코'를 읽었습니다. 20세기의 한일 관계를 매우 흥미롭게 탐구한 작품입니다. 반면, 스펜서 존슨의 '누가 내 치즈를 옮겼을까?'와 같은 자기 계발서는 개인적 성장과 변화에 적응하는 데 도움이 되는 실질적인 조언을 제공합니다. 책 외에도, 저는 시사와 기술 동향에 대한 기사와 블로그를 정기적으로 읽습니다. 이것들은 전 세계의 최신 뉴스와 발전 사항에 대해 계속 파악할 수 있는 좋은 자료입니다.

Words historical novel 역사 소설 self-improvement book 자기 계발서 intriguing 흥미로운 insight 통찰력 fascinating 매력적인 exploration 탐구 practical 실질적인 adapt to change 변화에 적응하다 current event 시사 tech trend 기술 동향

Useful expressions

- One of my favorite pastimes is... 제가 가장 좋아하는 취미 중 하나는 …입니다.
- I have a penchant for... 저는 …를 매우 좋아합니다.
- Reading... is akin to... …를 읽는 것은 …와 같습니다.
- Apart from..., I make it a point to... …외에도, 저는 …를 항상 합니다..

Model Answer_AL

🎧 1_09_2

One of my favorite pastimes is immersing myself in a good book. I have a penchant for historical novels and self-improvement books. Reading historical novels, such as *Pachinko* by Min Jin Lee, is akin to traveling back in time and experiencing different cultures and eras. It's a captivating tale of the Korean immigrant experience in Japan during the 20th century. As for self-improvement books, *Who Moved My Cheese?* by Spencer Johnson is a standout for its invaluable insights into managing change in our personal and professional lives. Apart from books, I make it a point to peruse articles and blogs on current affairs and technology trends. They serve as my conduit for keeping abreast of global trends and emerging tech innovations.

제 취미 중 하나는 좋은 책에 몰입하는 것입니다. 저는 역사 소설과 자기 계발서를 특히 좋아합니다. 이민진의 '파친코'와 같은 역사소설을 읽는 것은 시간 여행을 하고 다른 문화와 시대를 경험하는 것과 같습니다. 이는 20세기 동안 일본에서 한국 이민자의 경험에 대한 매혹적인 이야기입니다. 자기 계발서에 말하자면, 스펜서 존슨의 '누가 내 치즈를 옮겼을까?'는 우리의 개인적이고 직업적인 삶의 변화에 대한 가치있는 통찰력으로 눈에 띄는 작품입니다. 책 외에도, 저는 시사와 기술 트렌드에 대한 기사와 블로그를 항상 정독합니다. 이것은 전세계적인 동향과 신흥 기술 혁신에 대해 알아가는 길잡이가 됩니다.

Words have a perchant for ~를 매우 좋아하다 pastime 취미 akin to ~와 유사한 immigrant experience 이민 경험 invaluable insight 가치있는 통찰력 peruse 정독하다 keep abreast of something ~의 최근 정황을 잘 알아두다 emerging tech innovation 신흥 기술 혁신

Combo 2 독서를 좋아하게 된 계기

🎧 1_09_C2

Who has had the greatest impact on your reading preferences?
누가 당신의 독서 선호도에 가장 큰 영향을 미쳤나요?

Useful expressions

- The person who has had the greatest impact on my reading preference is...
  제 독서 선호도에 가장 큰 영향을 미친 사람은 …입니다.
- She introduced me to... 그녀는 저에게 …를 소개해 주었습니다.
- She was passionate about... 그녀는 …에 대해 열정적이었습니다.
- It was in her class that I discoverd my love for... …에 대한 즐거움을 알게된 것은 그녀의 수업에서였습니다.

Model Answer_IH

🎧 1_09_3

The person who has had the greatest impact on my reading preferences is my high school literature teacher, Mrs. Kim. She introduced me to a wide range of genres and authors that I might not have discovered on my own. She was passionate about literature, and her enthusiasm was infectious. It was in her class that I discovered my love for historical novels and self-improvement books. Her influence has certainly shaped my reading habits and preferences.

제 독서 선호도에 가장 큰 영향을 미친 사람은 고등학교 문학 선생님인 김 선생님이십니다. 그녀는 저에게 혼자서는 발견하지 못했을 수도 있는 다양한 장르와 저자를 소개해 주셨습니다. 그녀는 문학에 대한 열정이 있었고, 그 열정은 전염성이 있었습니다. 제가 역사 소설과 자기 계발서를 좋아하는 걸 알게 된 것은 그녀의 수업을 통해서였습니다. 그녀의 영향력은 확실히 제 읽기 습관과 선호도를 형성했습니다.

Words have an impact on ~에 영향을 주다 | literature 문학 | genre 장르 | author 저자 | passionate 열정적인 | enthusiasm 열정 | infectious 전달되기 쉬운, 전염성이 있는 | shape 형성하다

Useful expressions

- The individual who has profoundly impacted my reading preferences is...
  제 독서 선호도에 깊은 영향을 미친 사람은 …입니다.
- She possessed an extensive knowledge of... 그녀는 …에 대한 광범위한 지식을 가지고 있었습니다.
- Her method of delving deep into... sparked... …에 깊게 파고드는 그녀의 방식은 …를 불러일으켰습니다.
- She instilled in me... 그녀는 저에게 …을 심어 주었습니다.

Model Answer_ AL

🎧 1_09_4

The individual who has profoundly impacted my reading preferences is my high school literature teacher, Mrs. Kim. She possessed an extensive knowledge of literature and a genuine passion for teaching. Her method of delving deep into the characters, the plot, and the themes of each book we studied sparked my interest in exploring various genres. She introduced me to the fascinating worlds of historical novels and the practical wisdom of self-improvement books. To this day, I find myself drawn to these genres, which is a testament to her enduring influence. Mrs. Kim's impact extends beyond my reading preferences; she instilled in me a lifelong love for learning and an insatiable curiosity about the world.

제 독서 선호도에 깊은 영향을 미친 사람은 고등학교 문학 선생님인 김 선생님이십니다. 그녀는 광범위한 문학 지식을 가지고 있었고, 교육에 대한 진정한 열정을 가지고 있었습니다. 우리가 공부하는 각 책의 캐릭터, 줄거리, 주제를 깊게 파고드는 그녀의 방식은 다양한 장르를 탐구하도록 제 관심을 불러일으켰습니다. 그녀는 저에게 역사 소설의 매력적인 세계와 자기 계발서의 실질적인 지혜를 소개해 주셨습니다. 지금까지도 저는 이러한 장르에 끌리는데, 이는 그녀의 지속적인 영향력의 증거입니다. 김 선생님의 영향은 제 독서 선호도를 넘어서, 저에게 평생 동안의 배움의 즐거움과 세상에 대한 끊임없는 호기심을 심어주었습니다.

Words extensive knowledge 광범위한 지식   genuine passion 진정한 열정   delve deep into ~을 깊이 파다
spark interest in ~에의 관심을 불러일으키다   testament 증거   instill in ~에게 심어주다
lifelong 평생 동안의   insatiable 끝없는

Combo 3 기억에 남는 책·기사·블로그

🎧 1_09_C3

Can you share the most unforgettable book, article, or blog that you've ever read? When did you read it, and what was it about? How did it influence your life?
당신이 읽은 것 중에서 가장 잊을 수 없는 책, 기사, 블로그에 대해 공유해 줄 수 있나요? 언제 읽었고 그것은 무엇에 관한 것이었나요? 그것은 어떻게 당신의 삶에 영향을 미쳤나요?

Useful expressions

- One of the most unforgettable books I've read is... 제가 읽은 가장 잊을 수 없는 책 중 하나는 …입니다.
- The book tells the story of... 이 책은 …의 이야기를 담고 있습니다.
- The story resonated with me because... …때문에 이 이야기는 매우 공감됐습니다.
- This book shaped my perspectives about... 이 책은 …에 대한 저의 관점을 형성했습니다.

Model Answer_IH

🎧 1_09_5

One of the most unforgettable books I've read is *The Alchemist* by Paulo Coelho. I read it during my first year of high school. The book tells the story of a young shepherd named Santiago who dreams of finding a treasure located near the pyramids in Egypt. The story resonated with me because it taught me the importance of pursuing one's dreams. Santiago's journey inspired me not to be afraid of taking risks and to value the process of achieving my goals. This book had a profound impact on me and shaped my perspectives about life and dreams.

제가 읽은 가장 잊을 수 없는 책 중 하나는 파울로 코엘료의 '연금술사'입니다. 저는 이 책을 고등학교 1학년 때 읽었습니다. 이 책은 이집트의 피라미드 근처에 위치한 보물을 찾겠다는 꿈을 가진 어린 목동 산티아고의 이야기를 담고 있습니다. 이 이야기는 자신의 꿈을 좇는 것의 중요성을 가르쳐 주었기 때문에 공감되었습니다. 산티아고의 여정은 저에게 위험을 두려워하지 않고 목표를 달성하는 과정을 소중히 여기도록 영감을 주었습니다. 이 책은 저에게 깊은 영향을 끼쳤고, 저의 인생과 꿈에 대한 관점을 형성했습니다.

Words alchemist 연금술사 shepherd 목동 resonate with someone ~에게 공감을 얻다 pursue 추구하다 take risk 위험을 감수하다

Useful expressions

- The most unforgettable piece of literature I've come across is...
  제가 접한 가장 잊을 수 없는 문학 작품은 …입니다.
- The narrative unfolds the journey of... 이야기는 …의 여정을 펼쳐냅니다.
- The allegorical tale deeply resonated with... 이 우화적인 이야기는 …의 깊은 공감을 얻었습니다.
- It instilled in me the courage to... 이것은 저에게 …할 용기를 심어주었습니다.

Model Answer_AL 🎧 1_09_6

The most unforgettable piece of literature I've come across is *The Alchemist* by Paulo Coelho. I encountered this book during my freshman year of high school. The narrative unfolds the journey of a young Andalusian shepherd named Santiago who dreams of uncovering a treasure hidden near the Egyptian pyramids. The allegorical tale deeply resonated with me, particularly its central theme of pursuing one's personal legend. It instilled in me the courage to embrace uncertainties and to appreciate the process in the pursuit of my aspirations. The book's profound wisdom has not only shaped my outlook on life but also guided my decisions and actions, making it an enduring influence in my life.

제가 접한 가장 잊을 수 없는 문학 작품은 파울로 코엘료의 '연금술사'입니다. 이 책을 처음 접한 것은 고등학교 1학년 때였습니다. 이야기는 이집트 피라미드 근처에 숨겨진 보물을 찾아가는 꿈을 가진 안달루시아의 목동 산티아고의 여정을 펼쳐냅니다. 이 우화적인 이야기는 특히 개인적 전설의 추구라는 중심 주제로 제 깊은 공감을 얻었습니다. 이것은 저에게 불확실성을 받아들이고 저의 열망을 추구하는 과정을 소중히 여기는 용기를 심어주었습니다. 이 책의 깊은 지혜는 제 인생관을 형성하는 데만 머무르지 않고, 저의 결정과 행동을 지도하는 데 도움이 되었고, 이는 제 삶에 지속적인 영향을 미치고 있습니다.

Words literature 문학 encounter 접하다 freshman year 1학년 allegorical tale 우화적인 이야기 pursuit 추구 aspiration 열망 outlook on life 인생관

기본·선택 주제

Unit 01   자기소개

거주지
Unit 02   가족
Unit 03   집안 내부(가족 포함)
Unit 04   집안일 및 활동

여가 활동
Unit 05   TV·리얼리티 쇼 시청하기
Unit 06   공연, 콘서트 관람
Unit 07   쇼핑
Unit 08   공원 가기

취미, 관심사
Unit 09   독서
Unit 10   음악 감상

운동
Unit 11   조깅, 수영, 자전거 타기

여행
Unit 12   국내/해외여행

Unit 10 음악 감상

🔍 기출문제 유형

■ 좋아하는 음악 장르

> You indicated in the survey that you listen to music. What kind of music do you like? And why do you like that music?
> 당신은 설문조사에서 음악을 듣는다고 했습니다. 어떤 종류의 음악을 좋아하나요? 그리고 왜 그 음악을 좋아하나요?

■ 음악 취향의 변화

> You indicated in the survey that you listen to music. Tell me about how your music interests have changed from the past up to now.
> 당신은 설문조사에서 음악을 듣는다고 했습니다. 과거부터 지금까지 당신의 음악에 대한 관심이 어떻게 바뀌었는지 말해 주세요.

■ 나에게 특별한 음악

> You indicated in the survey that you listen to music. Tell me about a song that is special to you. Why is it so special?
> 당신은 설문조사에서 음악을 듣는다고 했습니다. 당신에게 특별한 노래에 대해 말해 주세요. 왜 그 음악이 특별한가요?

Combo 1 좋아하는 음악 장르

🎧 1_10_C1

You indicated in the survey that you listen to music. What kind of music do you like? And why do you like that music?
당신은 설문조사에서 음악을 듣는다고 했습니다. 어떤 종류의 음악을 좋아하나요? 그리고 왜 그 음악을 좋아하나요?

Useful expressions

- I'm a huge fan of... 저는 …의 엄청난 팬입니다.
- Their music resonates with me because... 그들의 음악에 제가 공감하는 이유는 …때문입니다.
- Their music has been a great tool for me to... 그들의 음악은 제가 …할 수 있는 훌륭한 도구였습니다.

Model Answer_IH

🎧 1_10_1

I am a big fan of K-pop, particularly BTS. Their music deeply resonates with me because the lyrics often address social issues, which I find quite unique and meaningful. In addition, their catchy tunes and energetic performances always manage to lift my spirits. What's more, their music has been a great tool for me to improve my English as they often incorporate English lyrics into their songs. This has made listening to K-pop not only an entertaining activity but also a beneficial one for my language learning. Furthermore, I admire how they have successfully brought Korean music to the global stage, making me feel proud as a Korean.

저는 K-pop, 특히 BTS의 열혈 팬입니다. 그들의 음악은 가사가 종종 사회 문제를 다루기 때문에 공감이 가는데, 이는 꽤 독특하고 의미 있다고 봅니다. 덧붙여, 그들의 중독성 있는 곡들과 에너지 넘치는 퍼포먼스는 항상 저의 기분을 끌어올려 줍니다. 게다가, 그들의 음악은 자주 영어 가사를 곡에 포함하기 때문에 제 영어 실력을 향상시킬 수 있는 훌륭한 도구였습니다. 이 때문에 K-pop을 듣는 것은 즐거운 활동일뿐만 아니라 제 언어 학습에도 이롭습니다. 또한, 그들이 성공적으로 한국 음악을 전세계 무대에 올려놓은 것에 감탄하며, 이는 제가 한국인으로서 자부심을 느끼게 합니다.

Words address a social issue 사회 문제를 다루다   lift one's spirits ~의 기분을 끌어올리다   incorporate into ~에 통합시키다   lyrics 가사   beneficial 유익한, 이로운

Useful expressions

- My musical preferences are heavily inclined towards... 제 음악적 선호도는 …에 크게 치우쳐 있습니다.
- Their music profoundly strikes a chord with me as... 그들의 음악은 …때문에 제게 깊은 감동을 줍니다.
- Their songs often delve deep into... 그들의 노래는 종종 …를 깊게 다룹니다.
- I find their music instrumental in... 저는 그들의 음악이 …에 중요한 역할을 한다고 생각합니다.

Model Answer_ AL

🎧 1_10_2

My musical preferences are heavily inclined toward K-pop, specifically BTS. Their music profoundly strikes a chord with me as it adeptly intertwines social commentary with catchy tunes. Their songs often delve deep into societal issues, providing a refreshing perspective that I find stimulating and thought provoking. Moreover, their captivating performances and dynamic choreography never fail to invigorate me. As they frequently incorporate English into their lyrics, I find their music instrumental in enhancing my English proficiency. Additionally, I take immense pride in how BTS has successfully catapulted K-pop onto the global stage, demonstrating the cultural prowess of Korea.

제 음악적 선호도는 K-pop, 특히 BTS에 크게 치우쳐 있습니다. 그들의 음악은 사회적 비판과 중독성 있는 멜로디를 능숙하게 엮어내어 제 심금을 울립니다. 그들의 노래는 종종 사회 문제를 깊게 다루며, 이는 저에게 자극을 주고 시사하는 바가 많은, 신선한 관점을 제공합니다. 게다가, 그들의 매혹적인 공연과 역동적인 안무는 저를 항상 활력 넘치게 만듭니다. 그들이 가사에 자주 영어를 포함하는 것 덕분에, 저는 그들의 음악이 제 영어 능력 향상에 중요한 역할을 한다고 생각합니다. 또한, BTS가 한국 문화의 탁월함을 증명하면서 K-pop을 세계 무대에 성공적으로 끌어올렸다는 사실에 큰 자부심을 느낍니다.

Words
be heavily inclined towards ~크게 치우쳐 있다 strike a chord 심금을 울리다 intertwine 엮다
thought-provoking 시사하는 바가 많은 instrumental in ~에 도움이 되는 immense 엄청난
take pride in ~을 자랑하다 catapult A onto the global stage A를 세계 무대에 끌어올리다

Combo 2 음악 취향의 변화

🎧 1_10_C2

You indicated in the survey that you listen to music. Tell me about how your music interests have changed from the past up to now.
당신은 설문조사에서 음악을 듣는다고 했습니다. 과거부터 지금까지 당신의 음악에 대한 관심이 어떻게 바뀌었는지 말해 주세요.

Useful expressions

- I started my music journey with... 저는 …로 음악 여정을 시작했습니다.
- However, as I got older, I began to explore... 그러나 저는 나이가 들면서 …를 탐험하기 시작했습니다.
- In high school, I developed a liking for... 고등학교때, 저는 …를 좋아하게 되었습니다.
- Now, I have a diverse musical taste ranging from... to...
  지금, 저는 …에서 …에 이르기까지 음악 취향이 다양합니다.

Model Answer_IH

🎧 1_10_3

I started my music journey with K-pop. Growing up in Korea, it was the music I was most exposed to. Bands like BIGBANG and Girls' Generation were my favorites. Their catchy tunes and vibrant performances were very appealing. However, as I got older, I began to explore other genres. In high school, I developed a liking for English pop songs. Artists like Ed Sheeran and Taylor Swift became my new favorites. Their lyrics were relatable, and I enjoyed singing along to their songs. Now, I have a diverse musical taste ranging from pop to indie music. I believe that my music preferences will continue to evolve as I grow and experience more of life.

저는 K-pop으로 음악 여정을 시작했습니다. 한국에서 자라면서, 그것이 제가 가장 많이 접했던 음악이었습니다. 빅뱅과 소녀시대 같은 밴드를 가장 좋아했습니다. 그들의 중독성 있는 멜로디와 화려한 공연이 매우 매력적이었습니다. 그러나 나이가 들면서 저는 다른 장르를 탐험하기 시작했습니다. 고등학교 때, 저는 영어 팝송을 좋아하게 되었습니다. Ed Sheeran과 Taylor Swift 같은 아티스트가 제 새로운 최애 가수가 되었습니다. 그들의 가사는 공감이 가고, 저는 그들의 노래를 따라 부르는 것을 즐겼습니다. 이제 제 음악 취향은 팝에서 인디 음악에 이르기까지 다양합니다. 제가 성장하고 인생을 더 많이 경험하면서 제 음악 취향이 계속 발전할 거라고 생각합니다.

Words music journey 음악 여정   catchy tune 중독성 있는 멜로디   vibrant performance 화려한 공연
develop a liking ~이 점점 좋아지다   relatable 공감대를 형성하는   diverse musical taste 다양한 음악 취향
preference 취향

> **Useful expressions**

- In my early years, I was heavily influenced by..., 어린 시절에 저는 …에 크게 영향을 받았습니다.
- However, as I entered university, I was exposed to...
  그러나 대학에 들어가면서, 저는 …에 노출되었습니다.
- This led me to explore... 이로 인해 저는 …를 탐색하게 되었습니다.
- Over time, I found myself drawn to... 시간이 지남에 따라, 저는 …에 끌리게 되었습니다.
- Now my musical tastes are quite eclectic, encompassing...
  지금 제 음악 취향은 꽤 다양하며, …를 포괄합니다.

> **Model Answer_ AL** 🎧 1_10_4

In my early years, I was heavily influenced by the K-pop wave that swept across South Korea, and my playlist was dominated by K-pop songs. However, as I entered university, I was exposed to a variety of music genres through friends from diverse cultural backgrounds. This led me to explore different types of music such as classical, jazz, and even country music. Over time, I found myself drawn to indie and alternative rock bands like Hyukoh and Jannabi. These bands' unique sounds and meaningful lyrics resonated with me on a deeper level. Now my musical tastes are quite eclectic, encompassing a wide range of genres and artists from different countries. This evolution in my musical interest has not only enriched my listening experience but also broadened my understanding of different cultures.

어린 시절에 저는 한국 전역을 휩쓴 K-pop 열풍에 크게 영향을 받았고, 제 재생 목록은 대부분 K-pop 곡들로 꽉 차 있었습니다. 그러나 대학에 입학하면서 저는 다양한 문화 배경을 가진 친구들을 통해 여러 음악 장르에 노출되었습니다. 이것은 저를 클래식, 재즈, 심지어 컨트리 음악과 같은 다양한 종류의 음악을 탐색하게 만들었습니다. 시간이 지나면서 저는 혁오와 잔나비와 같은 인디 및 얼터너티브 락 밴드에 끌리게 되었습니다. 이 밴드들의 독특한 사운드와 의미 있는 가사는 더 깊이 공감이 갔습니다. 지금 제 음악 취향은 꽤 다양하며, 여러 국가의 다양한 장르와 아티스트를 포괄합니다. 이러한 음악적 관심의 진화는 제 감상 경험을 풍부하게 만들 뿐만 아니라 다양한 문화에 대한 이해도를 넓혔습니다.

> **Words**　dominate 지배하다　be exposed to ~에 노출되다　eclectic 다방면의　encompass 포괄하다
> evolution 진화　enrich 풍부하게 하다

Combo 3 나에게 특별한 음악

🎧 1_10_C3

> You indicated in the survey that you listen to music. Tell me about a song that is special to you. Why is it so special?
> 당신은 설문조사에서 음악을 듣는다고 했습니다. 당신에게 특별한 노래에 대해 말해 주세요. 왜 그 음악이 특별한가요?

Useful expressions

- I'm a big fan of K-pop, specifically... 저는 K-pop 음악, 특히 …의 팬입니다.
- Their music stands out to me because... 그들의 음악은 …때문에 제 눈에 띕니다.
- Their music has been a source of... for me, especially during tough times.
  그들의 음악은 특히 힘든 시기에 …의 원천이었습니다.
- Since then, I still enjoy how they... 그때 이후로, 저는 여전히 그들이 …하는 방식을 즐깁니다.

Model Answer_IH

🎧 1_10_5

I'm a big fan of K-pop music, specifically BTS. I started listening to their music about seven years ago when I was in middle school. BTS's music stands out to me because it's not just catchy melodies and good beats. Their lyrics often address social issues, mental health, and self-love, which resonate with me deeply. Their music has been a source of comfort and motivation for me, especially during tough times. I also enjoy how they blend different genres of music in their albums. It's exciting to see their musical growth and versatility.

저는 K-pop 음악, 특히 BTS의 열혈 팬입니다. 저는 중학교 때, 대략 7년 전에 그들의 음악을 듣기 시작했습니다. BTS의 음악은 그저 중독성 있는 멜로디와 좋은 비트 때문에 제 눈에 띄는 것은 아닙니다. 그들의 가사는 사회 문제, 정신 건강, 자기애를 자주 다루고, 이는 제게 깊이 와닿습니다. 그들의 음악은 특히 힘든 시기에 저에게 위안과 동기부여의 원천이었습니다. 저는 또한 그들이 앨범에서 다른 장르의 음악을 혼합하는 방식을 즐깁니다. 그들의 음악적 성장과 다재다능함을 보는 것은 흥미롭습니다.

Words social issue 사회 문제 mental health 정신 건강 self-love 자기애 comfort 위안
motivation 동기부여 versatility 다재다능함

Useful expressions

- I've always had a deep appreciation for..., especially...
  저는 항상 …에 깊이 공감하는데, 특히 …
- It started when I was in... 그것은 제가 …에 있을 때 시작되었습니다.
- His music is full of... and... 그의 음악은 …과 …으로 가득 차 있습니다.
- It's a beautiful escape from...
  그것은 …로부터의 아름다운 탈출구라고 생각합니다.

Model Answer_ AL

🎧 1_10_6

I've always had a deep appreciation for classical music, especially pieces composed by Beethoven. It started when I was in primary school. My music teacher introduced us to various genres of music, and I was instantly drawn to the complexity and emotion in classical music. Beethoven's compositions, in particular, struck a chord with me. His music, like the iconic 'Fur Elise' and 'Moonlight Sonata', is full of passion and depth. I find it calming and soothing, especially when I'm studying or need to relax. Since then, I think it's a beautiful escape from the hustle and bustle of daily life.

저는 항상 클래식 음악, 특히 베토벤이 작곡한 곡에 깊이 공감합니다. 그것은 초등학교 때부터였습니다. 제 음악 선생님은 우리에게 다양한 장르의 음악을 소개해 주었고, 저는 클래식 음악의 복잡성과 감정에 즉시 끌렸습니다. 특히 베토벤의 작품이 저에게 큰 감동을 주었습니다. 그의 음악, 예를 들면 유명한 '엘리제를 위하여'나 '월광 소나타'는 열정과 깊이로 가득 차 있습니다. 저는 그것이 특히 공부하거나 휴식이 필요할 때 저를 진정시키고 안정시킨다는 것을 알았습니다. 그때 이후로, 저는 그것이 일상 생활의 분주함에서 벗어나는 아름다운 탈출구라고 생각합니다.

Words have a deep appreciation for ~를 깊이 공감하다　complexity 복잡성　composition 작품　iconic 우상이 되는　passion 열정　depth 깊이　calming 진정시키는　soothing 안정시키는　escape 탈출구　hustle and bustle 북적거림, 분주함

Unit 10 · 음악 감상

기본·선택 주제

Unit 01   자기소개

거주지
Unit 02   가족
Unit 03   집안 내부(가족 포함)
Unit 04   집안일 및 활동

여가 활동
Unit 05   TV·리얼리티 쇼 시청하기
Unit 06   공연, 콘서트 관람
Unit 07   쇼핑
Unit 08   공원 가기

취미, 관심사
Unit 09   독서
Unit 10   음악 감상

운동
Unit 11   조깅, 수영, 자전거 타기

여행
Unit 12   국내/해외여행

 # Unit 11 조깅, 수영, 자전거 타기

🔍 기출문제 유형

■ 일상적인 운동 루틴

> You indicated in the survey that you enjoy jogging/cycling. Where is your usual place for jogging/cycling? When do you go, and who do you go with?
> 당신은 설문조사에서 조깅/자전거 타기를 즐긴다고 했습니다. 보통 어디에서 조깅/자전거 타기를 하나요? 언제 그리고 누구와 같이 가나요?

■ 최근 운동 경험

> You indicated in the survey that you like to go hiking/swimming. Can you share your recent hiking/swimming experience that stands out? When was it? Who did you go with? What happened?
> 당신은 설문조사에서 하이킹/수영을 즐긴다고 했습니다. 최근에 가장 기억에 남는 하이킹/수영 경험에 대해 말해 주세요. 언제였나요? 누구와 함께 갔나요? 어떤 일이 있었나요?

■ 운동을 시작하게 된 계기

> You indicated in the survey that you enjoy biking/swimming. When did you first start biking/swimming? Can you tell me why you decided to engage in this activity?
> 당신은 설문조사에서 자전거 타기/수영을 즐긴다고 했습니다. 언제 자전거 타기/수영을 시작했나요? 왜 그 활동을 시작하게 되었는지 말해줄 수 있나요?

Combo 1 일상적인 운동 루틴

> You indicated in the survey that you enjoy jogging/cycling. Where is your usual place for jogging/cycling? When do you go, and who do you go with?
> 당신은 설문조사에서 조깅/자전거 타기를 즐긴다고 했습니다. 보통 어디에서 조깅/자전거 타기를 하나요? 언제 그리고 누구와 같이 가나요?

Useful expressions

- I usually go jogging at... 저는 보통 …에서 조깅을 합니다.
- It's a... place and a perfect spot to... 그곳은 …한 장소이고, …하기에 완벽한 장소입니다.
- I go jogging with my... 저는 제 …와 함께 조깅하러 갑니다.

Model Answer_IH

I usually go jogging at Han River Park, which is near my home in Seoul. I find the early morning, around 6 a.m., to be the best time to jog because the park is less crowded and the air is fresh. I go there every day before I head to school. It's such a peaceful place to clear my mind and to get ready for the day. The view of the river is beautiful, especially during sunrise. I sometimes go alone when I want some solitude, but most of the time, I go jogging with my best friend. We motivate each other to keep going even when it gets tough. We also use this time to talk about our daily lives and to share our thoughts. It makes the whole experience more enjoyable and meaningful.

저는 보통 서울의 집 근처에 있는 한강 공원에서 조깅을 합니다. 저는 아침 6시경이 조깅하기 가장 좋은 시간대라고 생각하는데, 그 이유는 공원이 별로 붐비지 않고 공기가 신선하기 때문입니다. 저는 매일 아침 학교에 가기 전에 거기에 가요. 그곳은 마음을 비우고 하루를 준비하기에 정말 평화로운 장소입니다. 특히 일출 시간에 한강의 경치는 아름답습니다. 가끔 고독을 즐기고 싶을 때 혼자 가기도 하지만, 대부분의 시간은 가장 친한 친구와 함께 조깅하러 갑니다. 우리는 힘들 때도 서로를 격려하며 계속해서 나아가도록 해줍니다. 또한 이 시간을 이용하여 우리의 일상생활에 대해 이야기하고 생각을 공유합니다. 이렇게 하면 모든 경험을 더 즐겁고 의미 있게 만들어 주죠.

Words peaceful 평화로운   solitude 고독   motivate 독려하다   enjoyable 즐거운   meaningful 의미 있는

Useful expressions

- My preferred place for cycling is... 제가 선호하는 자전거 타기 장소는 …입니다.
- I usually cycle there every weekend, often in...
  보통 저는 주말마다 그곳에서 자전거를 타는데, 종종 …에 합니다.
- I enjoy..., which helps me... 저는 …를 즐기는데, 이는 제가 …하는 데 도움이 됩니다.
- It's not just about... It's also a great opportunity for...
  이는 단순히 …가 아닙니다 …하기 위한 좋은 기회이기도 합니다.

Model Answer_AL

My preferred place for cycling is Yeouido Hangang Park in Seoul. This park has an extensive cycling path along the Han River, making it a perfect place for cycling enthusiasts like me. I usually cycle there every weekend, often in the early morning when the park is less crowded. I love the tranquil atmosphere during this time. The picturesque view of the river with the city's skyline in the background is simply breathtaking. Moreover, I enjoy the physical challenge of cycling, which helps me stay fit and healthy. I usually go with a group of friends who share the same interest in cycling. We often push one another to go faster and farther, making it a fun and competitive experience. However, it's not just about exercise. It's also a great opportunity for social interaction and bonding. After cycling, we usually have a picnic in the park, where we share food and stories. This has become a cherished weekend activity for us.

제가 선호하는 자전거 타기 장소는 서울의 여의도 한강 공원입니다. 이 공원은 한강을 따라 넓은 자전거 도로가 있어, 저 같은 자전거 애호가에게 완벽한 장소입니다. 보통 저는 주말마다 그곳에서 자전거를 타는데, 공원이 덜 붐비는 이른 아침에 종종 탑니다. 그 시간의 평온한 분위기를 사랑합니다. 도시의 스카이라인을 배경으로 한 한강의 그림 같은 풍경은 그야말로 기가 막힙니다. 또한, 저는 자전거 타기의 신체적인 도전을 즐기며, 이는 제가 몸매와 건강을 유지하는 데 도움이 됩니다. 저는 자전거에 대한 공통의 관심사를 가진 친구들과 주로 함께 갑니다. 우리는 서로를 격려하여 더 빠르고 멀리 가게 하므로, 이는 재미있고 경쟁적인 경험이 됩니다. 그러나 이것은 단지 운동에만 국한되는 것이 아닙니다. 이는 사회적 상호 작용과 유대를 형성하는 좋은 기회이기도 합니다. 자전거를 탄 후에는 보통 공원에서 소풍을 하며, 음식과 이야기를 나눕니다. 이는 우리에게 소중한 주말 활동이 되었습니다.

Words swarm with ~이 가득하다   refreshing 상쾌한   engage in ~에 관여하다, 참여하다
intricate 정교한, 복잡한   frolic 즐겁게 뛰놀다   savor 음미하다, 만끽하다   scrumptious 아주 맛있는
reminisce 추억에 잠기다   brim with ~로 가득 차다

Combo 2 최근 운동 경험

🎧 1_11_C2

You indicated in the survey that you like to go hiking/swimming. Can you share your recent hiking/swimming experience that stands out? When was it? Who did you go with? What happened?
당신은 설문조사에서 하이킹/수영을 즐긴다고 했습니다. 최근에 가장 기억에 남는 하이킹/수영 경험에 대해 말해 주세요. 언제였나요? 누구와 함께 갔나요? 어떤 일이 있었나요?

Useful expressions

- Recently, I had a memorable hiking experience at...
  최근에 저는 …에서 잊지 못할 하이킹 경험을 했습니다.
- As we..., we were amazed by... …할수록, 우리는 …에 놀랐습니다.
- We encountered some..., but we... 우리는 …을 마주쳤지만, …했습니다.
- After reaching the peak, we enjoyed... 정상에 도달한 후, 우리는 …를 즐겼습니다.

Model Answer_ IH

🎧 1_11_3

Recently, I had a memorable hiking experience with my friends at Bukhansan National Park. It was just last month during autumn. We gathered early in the morning and started our hike together. The weather was perfect, not too hot or cold, with a gentle breeze. As we climbed higher, we were amazed by the vibrant colors of the autumn leaves. The view from the summit was absolutely breathtaking. We took some photos to capture the moment. Along the way, we encountered some challenging trails, but we motivated and supported each other. After reaching the peak, we enjoyed a picnic with delicious snacks and shared stories. It was a wonderful day filled with laughter, adventure, and beautiful scenery.

> 최근에 저는 친구들과 함께 북한산 국립공원에서 잊지 못할 하이킹 경험을 했어요. 그것은 지난 달 가을철이었어요. 우리는 이른 아침에 모여 함께 하이킹을 시작했어요. 날씨는 완벽했고, 너무 덥지도 춥지도 않았고, 산들바람이 부드럽게 불었어요. 우리가 높이 올라갈수록 가을 나뭇잎의 강렬한 색상에 놀랐어요. 정상에서의 경치는 정말 숨 막히게 아름다웠어요. 우리는 그 순간을 기록하기 위해 사진 몇 장을 찍었어요. 길을 따라 힘든 코스도 있었지만, 우리는 서로를 격려하고 지원했어요. 정상에 도달한 후, 맛있는 간식과 함께 소풍을 즐기며 이야기를 나눴어요. 웃음과 모험, 아름다운 풍경으로 가득한 멋진 하루였어요.

Words hiking 하이킹   national park 국립공원   breeze 산들바람   vibrant 선명한, 강렬한   summit 정상   breathtaking 숨 막히는   encounter 마주치다

Useful expressions

- Let me share a recent memorable swimming experience I had at...
  최근 …에서 기억에 남는 수영 경험이 있었습니다.
- We engaged in enjoyable activities like... 우리는 …같은 즐거운 활동을 만끽했습니다.
- It was truly a perfect day brimming with... 그날은 …로 가득한 완벽한 하루였습니다.

Model Answer_ AL

🎧 1_11_4

Let me share a recent memorable swimming experience I had at Haeundae Beach in Busan. It was a pleasant sunny weekend during the summer when I went there with my family and some close friends. The beach was swarmed with people enjoying the refreshing waters and the warm weather. We engaged in enjoyable activities like playing beach volleyball and constructing intricate sandcastles. The ocean water was strikingly clear and refreshing, making it absolutely ideal for swimming. We thoroughly enjoyed swimming and frolicking in the gentle waves. After our delightful time in the water, we savored a scrumptious seafood barbecue at a nearby restaurant. Laughter filled the air as we exchanged stories and reminisced, all while taking in the breathtaking view of the vast ocean. It was truly a perfect day brimming with joy, fun, and cherished memories.

> 최근 부산 해운대 해변에서 기억에 남는 수영 경험이 있었습니다. 여름철 화창한 주말, 가족과 친한 친구들과 함께 그곳을 방문했을 때였습니다. 해변은 상쾌한 바닷물과 따뜻한 날씨를 즐기는 사람들로 가득했습니다. 우리는 비치발리볼을 하고 정교하게 모래성을 지으면서 즐거운 활동을 만끽했습니다. 바닷물은 굉장히 맑고 상쾌해서 수영하기에 완벽했습니다. 우리는 부드러운 파도 속에서 헤엄치고 즐겁게 뛰놀며 정말 재미있는 시간을 보냈습니다. 물놀이를 마친 후에는 근처 식당에서 맛있는 해산물 바비큐를 맛보았습니다. 광대한 바다의 숨 막히는 풍경을 보면서, 이야기를 나누고 추억을 떠올리며 웃음소리가 사방에 울려 퍼졌습니다. 그날은 정말 기쁨과 재미, 소중한 추억이 가득한 완벽한 하루였습니다.

Words swarm with ~이 가득하다   refreshing 상쾌한   engage in ~에 관여하다, 참여하다
intricate 정교한, 복잡한   frolic 즐겁게 뛰놀다   savor 음미하다, 만끽하다   scrumptious 아주 맛있는
reminisce 추억에 잠기다   brim with ~로 가득 차다

Combo 3 운동을 시작하게 된 계기

🎧 1_11_C3

You indicated in the survey that you enjoy biking/swimming. When did you first start biking/swimming? Can you tell me why you decided to engage in this activity?
당신은 설문조사에서 자전거 타기/수영을 즐긴다고 했습니다. 언제 자전거 타기/수영을 시작했나요? 왜 그 활동을 시작하게 되었는지 말해줄 수 있나요?

Useful expressions

- I started biking about ~ ago when I was in.... 저는 대략 ~ 전, …에 있을 때 자전거 타기를 시작했습니다.
- It was located in ~ and was quite far from... 그곳은 ~에 위치해 있어, …에서 상당히 멀었습니다.
- Initially, I used..., but I always had to... 처음에는 …을 이용했지만, 항상 …해야 했습니다.
- Biking gave me a sense of..., 자전거 타기는 저에게 …을 느끼게 해줬습니다.
- From then on, biking became ... of my daily routine.
  그때부터, 자전거 타기는 제 일상생활의 …가 되었습니다.

Model Answer_IH

🎧 1_11_5

I started biking about five years ago when I was in high school. My school was located in a suburban area of Seoul and was quite far from my home. Initially, I used public transportation, but I always had to rush in the morning to catch the bus. One day, my older brother suggested that I should try biking to school. I tried it, and I loved it. Biking gave me a sense of freedom and it also served as good exercise. It was also environmentally friendly, which was an added bonus. From then on, biking became a regular part of my daily routine.

저는 약 5년 전 고등학교에 다닐 때 자전거를 타기 시작했습니다. 저희 학교는 서울 교외 지역에 있어 집에서 꽤 멀었습니다. 처음에는 대중교통을 이용했지만 버스를 타기 위해 항상 아침에 서둘러야 했습니다. 어느 날, 오빠가 학교에 자전거를 타고 가보라고 제안했습니다. 저는 자전거를 타고 가봤고, 마음에 들었습니다. 자전거 타기는 저에게 해방감을 주었고 좋은 운동이었습니다. 자전거 타기는 또한 환경 친화적이어서 더 좋았습니다. 그때부터, 자전거 타기는 제 일상 생활의 고정적인 일과가 되었습니다.

Words suburban area 교외 지역 public transportation 대중교통 rush 서두르다 sense of freedom 자유로움, 해방감 environmentally friendly 환경 친화적인 daily routine 일상생활

Useful expressions

- There was a swimming pool near my house, and my mother enrolled me in...
  제 집 근처에 수영장이 있었고, 어머니께서 …에 저를 등록시켜 주셨습니다.
- She believed that ~ is a vital skill for safety, especially since...
  그녀는 특히 …때문에 ~이 안전을 위한 중요한 기술이라고 믿었습니다.
- Over time, I grew to love... 시간이 지나면서, 저는 …을 사랑하게 되었습니다.
- I try to swim at least twice a week to maintain...
  저는 …을 유지하기 위해 적어도 주에 두 번 수영하려고 노력합니다.

Model Answer_ AL   1_11_6

I started swimming around ten years ago when I was in elementary school. There was a swimming pool near my house in Busan, and my mother enrolled me in swimming classes. She believed that swimming is a vital skill for safety, especially since we lived near the ocean. I remember being a little scared at first, but my instructor was very patient and kind. Over time, I grew to love swimming. It's not only a great form of exercise, but it also brings me a sense of inner peace. Swimming has now become an integral part of my life. I try to swim at least twice a week to maintain my stamina and to relax.

저는 약 10년 전 초등학교 때 수영을 시작했습니다. 부산에 있는 집 근처에 수영장이 있었고, 어머니께서 수영 수업에 저를 등록시켜 주셨습니다. 우리가 바다 근처에 살고 있었기 때문에, 그녀는 수영이 안전을 위한 중요한 기술이라고 믿었습니다. 처음에는 조금 두려웠던 기억이 있는데, 제 강사가 매우 차분하고 친절했습니다. 시간이 지나면서 저는 수영을 사랑하게 되었습니다. 수영은 훌륭한 형태의 운동일뿐만 아니라, 저에게 내적 평화로움을 주기도 합니다. 수영은 이제 제 생활의 필수적인 부분이 되었습니다. 저는 체력을 유지하고 휴식을 취하기 위해 적어도 주에 두 번은 수영하려고 노력합니다.

Words elementary school 초등학교   enroll in ~에 등록하다   vital 중요한, 필수적인   instructor 강사
inner peace 내적 평화로움   integral part 필수적인 부분   stamina 체력

기본·선택 주제

Unit 01   자기소개

거주지
Unit 02   가족
Unit 03   집안 내부(가족 포함)
Unit 04   집안일 및 활동

여가 활동
Unit 05   TV·리얼리티 쇼 시청하기
Unit 06   공연, 콘서트 관람
Unit 07   쇼핑
Unit 08   공원 가기

취미, 관심사
Unit 09   독서
Unit 10   음악 감상

운동
Unit 11   조깅, 수영, 자전거 타기

여행
Unit 12   국내/해외여행

Unit 12 국내/해외여행

🔍 기출문제 유형

■ 선호하는 여행 장소

> Where do you prefer to travel in the country/abroad? Who do you usually travel with? What's the reason you enjoy traveling?
> 국내/해외에서 어디를 여행하는 것을 선호하나요? 보통 누구와 여행을 가나요? 여행을 좋아하는 이유는 무엇인가요?

■ 여행 준비

> What kinds of preparations do you usually do before traveling? What things do you usually prepare for a trip?
> 여행을 가기 전에 보통 어떤 준비를 하나요? 여행을 위해 주로 무엇을 준비하나요?

■ 기억에 남는 여행

> Could you tell me about your most memorable travel experience? Where was it? Why was it memorable?
> 가장 기억에 남는 여행 경험에 대해 이야기해 줄 수 있나요? 그곳은 어디였나요? 왜 기억에 남았나요?

Combo 1 선호하는 여행 장소

Where do you prefer to travel in the country/abroad? Who do you usually travel with? What's the reason you enjoy traveling?
국내/해외에서 어디를 여행하는 것을 선호하나요? 보통 누구와 여행을 가나요? 여행을 좋아하는 이유는 무엇인가요?

Useful expressions

- I prefer to travel to .... on vacation.
  저는 휴가로 …로 여행 가는 것을 선호합니다.
- I usually travel with .... because ~.
  저는 주로 …와 함께 여행하는데, 그것은 ~ 때문입니다.
- Traveling provides me with a sense of .... and enriches my understanding of the world.
  여행은 저에게 …의 감정을 느끼게 하고 세상에 대한 이해를 풍부하게 해줍니다.

Model Answer_ IH

I prefer to travel to Jeju Island on long-term vacations. It's a beautiful place with stunning landscapes and tranquil beaches. I usually travel with my family because we enjoy spending quality time together. Traveling allows me to experience different cultures and environments. It provides me with a sense of adventure and enriches my understanding of the world.

저는 휴가가 길 때 제주도를 여행하는 것을 선호합니다. 멋진 풍경과 평화로운 해변이 있는 아름다운 곳이죠. 저는 주로 가족과 함께 여행하는데, 같이 소중한 시간을 보내는 것을 즐기기 때문입니다. 여행은 저에게 다양한 문화와 환경을 경험하게 해주며, 모험심을 느끼게 하고 세상에 대한 이해를 풍부하게 해줍니다.

Words Jeju Island 제주도 stunning landscape 멋진 풍경 tranquil beach 평화로운 해변
quality time 소중한 시간 different cultures and environments 다양한 문화와 환경

Useful expressions

- When I travel abroad, I prefer to visit ~ due to ...
  해외로 여행할 때, 저는 … 때문에 ~에 가는 것을 선호합니다.
- Traveling is a passion of mine because it ... …하기 때문에 저는 여행을 매우 좋아합니다.
- Whether it's ... or ..., every journey offers a unique and enriching experience.
  …이건 …이건 간에, 모든 여행은 독특하고 풍부한 경험을 제공합니다..

Model Answer_ AL 🎧 1_12_2

When I'm on my vacation, I really enjoy traveling to Busan. It's a vibrant city with a mix of modern skyscrapers and traditional markets. When I travel abroad, I prefer to visit Japan due to its rich history and cultural heritage. I usually travel with my friends as we share similar interests and enjoy exploring new places together. Traveling is a passion of mine because it broadens my perspectives and helps me appreciate the diversity of the world. Whether it's trying new foods, meeting new people, or learning about different cultures, every journey offers a unique and enriching experience.

휴가 때 부산을 여행하는 것을 정말 즐깁니다. 그곳은 현대적인 초층 건물과 전통 시장이 혼합된 활기찬 도시입니다. 해외로 여행할 때는 풍부한 역사와 문화 유산 때문에 일본을 방문하는 것을 선호합니다. 저는 주로 친구들과 함께 여행하는데, 관심사가 비슷하고 함께 새로운 장소를 탐험하는 것을 즐기기 때문입니다. 시야를 넓히고 세상의 다양성을 이해하도록 해주기 때문에 저는 여행을 매우 좋아합니다. 새로운 음식을 시도하든, 새로운 사람들을 만나든, 다양한 문화에 대해 배우든, 모든 여행은 독특하고 풍부한 경험을 제공합니다.

Words skyscraper 고층 건물 traditional market 전통 시장 cultural heritage 문화 유산
broaden one's perspective ~의 시야를 넓히다 diversity 다양성

Combo 2 여행 준비

What kinds of preparations do you usually do before traveling? What things do you usually prepare for a trip?
여행을 가기 전에 보통 어떤 준비를 하나요? 여행을 위해 주로 무엇을 준비하나요?

Useful expressions

- Before I embark on a trip, I usually... 여행을 시작하기 전에, 저는 보통 …
- I do extensive research on... 저는 …에 대해 광범위하게 조사합니다.
- Once I have a general idea of what I want to do, I...
  제가 무엇을 하고 싶은지 대략 파악되면, 저는 …

Model Answer_IH

Before I embark on a trip, I usually spend a significant amount of time preparing. Let's say I'm planning a trip to Busan, which is a vibrant city. First, I do extensive research on the popular tourist spots, the local delicacies, and the most efficient transportation options. I also use this time to read reviews and suggestions from other travelers online. Once I have a general idea of what I want to do, I create a flexible itinerary. Next, I check the weather forecast for the duration of my trip to decide on the type of clothing to pack. I ensure to pack essentials such as a phone charger, toiletries, a travel guide, and enough money to use during my trip. I also make reservations for accommodations and any activities that require advance booking. This preparation allows me to have a stress-free and enjoyable trip.

여행을 시작하기 전에, 저는 많은 시간을 주로 준비하는 데 보냅니다. 활기찬 도시인 부산으로 여행을 계획한다고 가정해 봅시다. 저는 먼저 인기 있는 관광 명소, 지역 별미, 그리고 가장 효율적인 교통수단에 대해 폭넓게 조사합니다. 또한 이 시간 동안 저는 다른 여행자들의 온라인 후기와 제안 사항을 읽습니다. 제가 무엇을 하고 싶은지 대략 파악되면, 유연한 여행 일정을 만듭니다. 다음으로, 저는 여행 기간 동안의 날씨 예보를 확인하여 어떤 옷을 싸야 할지 결정합니다. 저는 휴대폰 충전기, 세면도구, 여행책자, 그리고 여행 기간에 쓸 충분한 돈 같은 필수품을 챙깁니다. 또한, 사전 예약이 필요한 숙박 시설과 활동을 예약합니다. 이런 준비를 통해 저는 스트레스 없이 즐거운 여행을 할 수 있습니다.

Words embark on 착수하다　tourist spot 관광 명소　delicacies 별미, 진미　transportation option 교통수단　flexible 유연한　itinerary 여행 일정　forecast 예보　essentials 필수품　toiletries 세면도구　accommodations 숙박 시설

Useful expressions

- When preparing for a trip, I consider several factors to...
  여행을 준비할 때, …하기 위해 여러 요소를 고려합니다.
- Once I have a good understanding of my destination, I start...
  목적지에 대해 충분히 이해하게 되면, …하기 시작합니다.
- When it comes to packing, I like to... 짐 꾸리기에 대해서라면, …하는 것을 좋아합니다.

Model Answer_ AL

🎧 1_12_4

When preparing for a trip, I consider several factors to ensure a smooth journey. Suppose I'm planning a trip to Jeju Island, which is known for its natural beauty and historical sites. First, I start by conducting some research on my destination, including its history, culture, local cuisine, and major attractions. I also want to make sure that I have a good understanding of how to get around. Once I have a good understanding of my destination, I start planning my itinerary. I want to make sure that I have enough time to see everything that I want to see, but I also want to leave some room for spontaneity. When it comes to packing, I like to be prepared for everything. I pack a variety of clothes, including both casual and formal wear. I also pack a variety of toiletries, besides sunscreen, bug spray, and a first-aid kit. Finally, I make sure that I have all of my travel documents such as my passport, my visa, airline tickets, my hotel reservation and itinerary. Following these steps can make my trip smooth and enjoyable.

저는 여행을 준비할 때, 여행이 순조롭게 진행되도록 여러 가지 요소를 고려합니다. 예를 들어 자연경관과 역사적인 명소로 유명한 제주도를 여행할 계획이라고 가정해 봅시다. 먼저, 목적지에 대해 역사, 문화, 지역 음식, 주요 명소를 포함한 조사를 시작합니다. 또한, 교통편을 이용하는 방법을 잘 알고 있는지 확인합니다. 목적지에 대해 충분히 이해하게 되면, 일정을 계획하기 시작합니다. 보고 싶은 것을 모두 볼 만큼 시간이 충분한지 확인하고, 즉흥적인 여행도 할 수 있도록 여유를 두기도 합니다. 짐 꾸리기에 대해서라면, 모든 것을 준비하는 편입니다. 평상복과 정장을 모두 챙기고, 선크림, 모기 기피제, 구급 키트 외에 세면도구도 챙깁니다. 마지막으로, 여권, 비자, 항공권, 호텔 예약, 일정표 등 모든 여행 서류를 챙깁니다. 이러한 단계를 따르면 여행이 순조롭고 즐겁습니다.

Words destination 목적지 spontaneity 즉흥적임 when it comes to ~에 관해서라면
first-aid kit 구급 상자 reservation 예약

Combo 3 기억에 남는 여행

🎧 1_12_C3

> Could you tell me about your most memorable travel experience? Where was it? Why was it memorable?
> 가장 기억에 남는 여행 경험에 대해 이야기해 줄 수 있나요? 그곳은 어디였나요? 왜 기억에 남았나요?

Useful expressions

- Speaking of my most memorable..., it has to be...
  가장 기억에 남는 …에 대해 이야기하자면, 그것은 바로 …입니다.
- I was fascinated by... 저는 …에 매료되었습니다.
- This trip was memorable because I was able to... 이 여행은 제가 … 할 수 있었기 때문에 기억에 남습니다.

Model Answer_IH

🎧 1_12_5

Speaking of my most memorable travel experience, it has to be my trip to Jeju Island in South Korea. The trip was in summer vacation during my second year in university. The natural beauty of Jeju Island is unparalleled. I was fascinated by Mount Halla's scenic beauty and the tranquil Cheonjiyeon Waterfall. I also visited the Jeju Folk Village Museum, where I learned about the island's rich history and culture. The local food was delicious, especially the black pork barbecue. This trip was memorable because I was able to escape from the busy city life and immerse myself in nature.

가장 기억에 남는 여행에 대해 이야기하자면, 그것은 한국의 제주도 여행일 겁니다. 그 여행은 대학교 2학년 여름방학 때였습니다. 제주도의 자연경관은 무엇과도 비교할 수 없었습니다. 한라산의 아름다운 풍경과 고요한 천지연 폭포에 매료되었습니다. 또한 저는 제주 민속 박물관을 방문하여 그 섬의 풍부한 역사와 문화에 대해 배웠습니다. 특히 흑돼지구이와 같은 현지 음식은 매우 맛있었습니다. 이 여행은 바쁜 도시 생활에서 벗어나 자연에 빠져들 수 있었던 경험이어서 기억에 남습니다.

Words unparalleled 비교할 수 없는   be fascinated by ~에 매료된   tranquil 평온한
immerse oneself in ~에 몰두하다

Useful expressions

- My most indelible travel experience was undoubtedly...
  저의 가장 잊을 수 없는 여행 경험은 단연 …입니다.
- ... left an indelible imprint on my consciousness. …는 제 의식에 지울 수 없는 인상을 남겼습니다.

Model Answer_AL

🎧 1_12_6

My most indelible travel experience was undoubtedly my sojourn in the historically affluent city of Gyeongju in South Korea. This transpired during the resplendent spring season during my final university year. Gyeongju, renowned as a "museum without walls," is replete with ancient vestiges and artifacts. I explored the UNESCO-designated Bulguksa Temple and was awestruck by its architectural grandeur. Seokguram Grotto also left an indelible imprint on my consciousness. Moreover, the city's breathtaking cherry blossom scenery added an extra touch of enchantment. I had the privilege of savoring the local delicacy, *hwangnam bread*, which was a delightfully unique culinary adventure. This journey was particularly memorable as it afforded me a profound appreciation for Korean history and culture and engraved them into the depths of my being.

> 저의 가장 잊을 수 없는 여행 경험은 단연 역사적인 가치가 풍부한 대한민국의 도시인 경주에서 머물렀던 것입니다. 이 여행은 대학교 마지막 학년의 화려한 봄철에 있었습니다. '담장 없는 박물관'으로 불리는 경주는 고대 유적과 유물들로 가득합니다. 저는 유네스코 세계문화유산으로 지정된 불국사를 탐방했는데 그 건축적 웅장함에 경이로움을 느꼈습니다. 석굴암 또한 제 의식에 지울 수 없는 인상을 남겼습니다. 게다가 도시의 황홀한 벚꽃 풍경은 경이로움을 더해주었습니다. 저는 현지 별미인 황남빵을 맛보는 독특한 미식 모험도 경험했습니다. 이 여행은 한국의 역사와 문화에 대한 깊이 있는 인식을 심어주었고 저에게 특별한 기억으로 남았습니다.

Words
indelible 지울 수 없는   undoubtedly 틀림없이   sojourn 체류, 여행   affluent 풍부한, 부유한
transpire 일어나다, 발생하다   resplendent 화려한, 빛나는   replete with ~로 충만한
vestige 유적, 유물, 흔적   awestruck 경외의 마음을 일으키는   grandeur 웅장함, 장엄함
imprint 인상, 자국   enchantment 매력, 환상   privilege 특권, 영예   culinary 요리의

돌발 주제

Unit 01	건강
Unit 02	과학 기술
Unit 03	날씨
Unit 04	대중교통
Unit 05	명절
Unit 06	인터넷
Unit 07	재활용
Unit 08	지형 및 야외 활동
Unit 09	호텔

Unit 01 건강

건강 문제는 오픽에서 자주 등장하는 주제 중 하나로, 주로 건강을 유지하고 증진하기 위한 방법이나 건강한 사람에 대한 묘사, 그리고 개인의 건강 관리 비법과 그것을 실천하는 방법에 관한 질문이 등장합니다. 관련 아이디어와 어휘를 미리 정리하고 연습하는 것이 필요합니다.

기출문제 유형

■ 내가 아는 건강한 사람

> Tell me about a healthy person you've met. What does he or she look like? What kinds of food does he or she usually eat to be healthy? Please give me some details.
>
> 지금까지 만난 건강한 사람에 대해 말해 주세요. 그 사람은 어떻게 생겼나요? 그 사람은 보통 건강을 위해 어떤 음식을 먹나요? 자세히 설명해 주세요.

■ 건강을 유지하기 위한 습관

> Tell me about what you are trying to do stay healthy. What kinds of exercise do you usually do? Tell me everything from beginning to end.
>
> 당신이 건강을 유지하기 위해 노력하고 있는 것에 대해 말해 주세요. 보통 어떤 운동을 하시나요? 처음부터 끝까지 모두 말해 주세요.

■ 과거와 현재의 건강 관리 비교

> Have you ever had to quit something for your health? What was it that you had to give up? How about now? Give us some details on your answer.
>
> 건강을 위해 무언가를 포기해 본 적이 있나요? 무엇을 포기해야 했나요? 현재는 어떤가요? 자세히 모두 이야기해 주세요.

Combo 1 내가 아는 건강한 사람

🎧 2_01_C1

Tell me about a healthy person you've met. What does he or she look like? What kinds of food does he or she usually eat to be healthy? Please give me some details.
지금까지 만난 건강한 사람에 대해 말해 주세요. 그 사람은 어떻게 생겼나요? 그 사람은 보통 건강을 위해 어떤 음식을 먹나요? 자세히 설명해 주세요.

Model Answer_IH ①

🎧 2_01_1

One of the healthiest people I know is my friend Min-ji. She's quite fit and has a clear, glowing complexion. She credits her health to a balanced diet and regular exercise. She usually starts her day with a bowl of oatmeal topped with fruits like bananas and blueberries. For lunch, she prefers a hearty salad with various vegetables, and she loves grilled fish or tofu for dinner. Her snacks are usually nuts or yogurt. She also drinks plenty of water throughout the day and green tea after meals. Min-ji avoids fast food and sugary snacks, which is quite challenging, especially in Korea, where junk food is everywhere.

제가 아는 가장 건강한 사람 중 한 명은 제 친구 민지예요. 그녀는 몸이 꽤 탄탄하고 안색이 맑고 빛나요. 그녀는 균형 잡힌 식단과 규칙적인 운동을 건강의 비결로 꼽아요. 보통 그녀는 바나나와 블루베리와 같은 과일이 올라간 오트밀 한 그릇으로 하루를 시작해요. 점심으로 다양한 채소가 들어간 든든한 샐러드를 선호하고, 저녁으로는 구운 생선이나 두부를 좋아해요. 간식은 보통 견과류나 요거트를 먹어요. 또한 그녀는 하루 종일 충분한 양의 물을 마시고 식사 후에는 녹차를 마셔요. 민지는 패스트푸드와 설탕이 많은 간식을 피하는데, 특히 정크 푸드가 어디에나 있는 한국에서 이는 꽤 도전적인 일이죠.

💡 추가 아이디어로 답안 늘리기

- **She often jogs in the park for fresh air.** 그녀는 신선한 공기를 마시기 위해 공원에서 자주 조깅합니다.
- **Min-ji prepares her meals in advance to avoid unhealthy choices.**
민지는 건강에 좋지 않은 선택을 피하기 위해 미리 식사를 준비합니다.

Words fit 몸이 탄탄한   glowing complexion 맑은 피부   balanced diet 균형 잡힌 식사   regular exercise 정기적인 운동   hearty salad 푸짐한 샐러드   avoid fast food 패스트푸드를 피하다

Model Answer_IH ②

🎧 2_01_2

One healthy person I know is my sister. She's really fit and has a bright smile and clear skin. She eats lots of fruits and vegetables every day. For breakfast, she often has oatmeal with nuts and honey. She enjoys cooking with tofu and mushrooms for protein instead of meat. And she drinks lots of water and green tea instead of soda. She even grows her own vegetables in her garden, which is pretty cool. She says that these habits keep her feeling good. As a family member, I'm largely influenced by her lifestyle and feel like I'm getting healthier each day.

제가 아는 건강한 사람 중 한 명은 제 언니입니다. 그녀는 몸이 정말 탄탄하고, 밝은 미소와 맑은 피부를 가지고 있어요. 매일 많은 채소와 과일을 먹어요. 아침에는 주로 귀리에 견과류와 꿀을 넣어 먹어요. 단백질을 위해 고기 대신 두부와 버섯을 이용해 요리하는 걸 즐깁니다. 그리고 탄산음료 대신에 물과 녹차를 많이 마셔요. 심지어 자신의 정원에서 직접 채소를 키우시는데, 그게 정말 멋져요. 그녀는 이런 습관들이 자신을 기분 좋게 해준다고 해요. 가족 구성원으로서 저는 그녀의 생활방식에 크게 영향을 받아, 점점 건강해지고 있는 것 같습니다.

추가 아이디어로 답안 늘리기

- She avoids processed and fried foods as much as possible.
  그녀는 가공식품과 튀긴 음식을 최대한 피합니다.

- She maintains a positive attitude and manages her stress through meditation.
  그녀는 긍정적인 태도를 유지하고, 명상을 통해 스트레스를 관리합니다.

Words   bright smile 밝은 미소   clear skin 맑은 피부   grow one's own vegetable 직접 채소를 키우다

Combo 1 내가 아는 건강한 사람

Model Answer_ AL ①

🎧 2_01_3

I've encountered several health-conscious individuals, but my yoga instructor, Hyun-woo, stands out. He maintains a lean physique through dedicated yoga practice and an impeccable diet. His meals revolve around plant-based nutrition and are heavily focused on vegetables, legumes, and grains. He's fond of Korean traditional dishes like bibimbap with brown rice and an array of seasoned vegetables. In addition, Hyun-woo incorporates a lot of fermented foods into his diet, such as kimchi, which is rich in probiotics. He rarely consumes meat, opting for tofu as protein sources. Hyun-woo believes that a mindful eating habit contributes significantly to his physical well-being and mental clarity.

건강을 신경 쓰는 여러 사람을 만나 봤지만, 제 요가 강사인 현우 씨가 특히 눈에 띄어요. 그는 요가 연습에 전념하고 흠잡을 데 없는 식단을 통해 군살이 없는 체형을 유지해요. 그의 식사는 채식 위주로 돌아가고, 특히 채소, 콩류, 곡물에 중점을 두고 있어요. 그는 현미로 만든 비빔밥과 다양한 나물 같은 한국 전통 음식을 좋아해요. 또한, 현우 씨는 프로바이오틱스가 풍부한 김치 같은 발효 식품을 식단에 많이 포함시켜요. 그는 고기를 거의 섭취하지 않고 단백질 공급원으로 두부를 선택해요. 현우 씨는 의식적인 식사 습관이 자신의 신체 건강과 맑은 정신에 크게 기여한다고 믿어요.

💡 추가 아이디어로 답안 늘리기

- He meditates every morning to attain mental peace.
  그는 정신적 평화를 위해 매일 아침 명상을 합니다.

- He emphasizes the importance of a good night's sleep.
  그는 충분한 밤잠의 중요성을 강조합니다.

Words health-conscious 건강을 의식하는   lean physique 군살이 없는 체형   impeccable 흠 잡을 데 없는
plant-based nutrition 식물 기반 음식   legume 콩과 식물   fermented food 발효 음식
mindful eating 음식을 의식적으로 먹는 것

Model Answer_ AL ②

🎧 2_01_4

At my university, there's a professor, Dr. Han, known for his healthy lifestyle. Despite being over sixty, he has the vitality of someone much younger. He maintains a lean figure through regular morning swims and cycling on weekends. His diet is primarily plant based with a focus on whole foods like grains, beans, and seasonal vegetables, often from the local market. He's a fan of traditional Korean meals like bibimbap, which he says are balanced and nutritious. Dr. Han also avoids processed food and makes sure to have frequent small meals. For students in Korea, who often skip meals due to studying, he's a real example of how maintaining health can lead to sustained energy and focus.

우리 대학에는 건강한 생활 방식으로 유명한 한 교수님이 계세요. 60세가 넘었지만, 훨씬 젊은 사람처럼 활력이 넘쳐요. 꾸준한 아침 수영과 주말 사이클링을 통해 건강한 체형을 유지하고 있습니다. 그의 식단은 주로 식물성 식품으로, 곡물, 콩, 그리고 제철 채소 등 자연 식품에 중점을 두고 있으며, 주로 지역 시장에서 구입해요. 그는 비빔밥과 같은 전통적인 한식을 정말 좋아하며, 한국 음식들이 균형 잡히고 영양가 있다고 말합니다. 한 교수님은 가공식품을 피하고 자주 소식하려고 노력합니다. 학업으로 식사를 자주 거르는 한국의 학생들에게, 그는 건강을 유지하는 것이 지속 가능한 에너지와 집중력으로 이어질 수 있다는 것을 보여주는 실제 사례입니다.

💡 추가 아이디어로 답안 늘리기

- He also meditates every morning to maintain mental wellness.
  그는 정신 건강을 유지하기 위해 매일 아침 명상을 합니다.

- He often shares his recipes with students and encourages them to cook at home.
  그는 학생들과 자신의 레시피를 공유하며, 그들이 집에서 요리하도록 격려합니다.

Words　**healthy lifestyle** 건강한 생활 방식　**vitality** 활력　**maintain** 유지하다　**lean figure** 날씬한 체형　**regular morning swim** 규칙적인 아침 수영　**whole food** (건강에 좋은) 자연 식품　**grain** 곡물　**seasonal vegetable** 제철 채소　**balanced and nutritious** 균형 잡히고 영양가 있는　**avoid processed food** 가공식품을 피하다　**frequent small meal** 소량의 자주 먹는 식사

Combo 2 건강을 유지하기 위한 습관

Tell me about what you are trying to do stay healthy. What kinds of exercise do you usually do? Tell me everything from beginning to end.
당신이 건강을 유지하기 위해 노력하고 있는 것에 대해 말해 주세요. 보통 어떤 운동을 하시나요? 처음부터 끝까지 말해 주세요.

Model Answer_IH

To stay healthy, I engage in a variety of physical activities. I always start my routine with stretching exercises to properly warm up my body. Then, I go for a jog around my neighborhood park for about 30 minutes. When I'm home, I like to do workouts such as push-ups and sit-ups, to build muscle strength. After this, I finish with some yoga poses to ensure my muscles are relaxed. Even during hectic times when I am studying, I remain active by choosing stairs over elevators at my university. In terms of nutrition, I stick to a balanced diet and focus on incorporating vegetables, rice, and plenty of water into my daily meals.

건강을 유지하기 위해서, 저는 다양한 신체 활동을 합니다. 운동 루틴은 항상 스트레칭으로 시작해서 몸을 제대로 풉니다. 그 후에는 동네 공원을 30분 정도 조깅합니다. 집에서는 팔굽혀펴기와 윗몸일으키기와 같은 운동을 해서 근력을 키우는 데 힘씁니다. 그 다음에는 몇 가지 요가 자세로 운동을 마무리하여 근육을 이완시키죠. 바쁜 학업 일정에도 불구하고, 학교에서 엘리베이터 대신 계단을 선택함으로써 활동적인 삶을 영위합니다. 영양 면에서는 채소, 밥, 그리고 충분한 양의 물을 매일 섭취하는 데 집중하며, 균형 잡힌 식사를 고수합니다.

Words physical activity 신체 활동 stretching exercise 스트레칭 운동 warm up 몸을 풀다 go for a jog 조깅하러 가다 muscle strength 근력 yoga pose 요가 자세 remain active 활동적인 생활을 유지하다 stick to ~을 고수하다 balanced diet 균형 잡힌 식단 incorporate 포함하다

Model Answer_AL 🎧 2_01_6

To maintain my health, I've crafted a comprehensive and varied fitness regimen. My mornings start with dynamic stretching to limber up, followed by a refreshing and energizing 40-minute run by the scenic Han River. Back at home, my workout includes exercises like planks and squats to strengthen my core and lower body. Additionally, I join a high-energy spin class twice a week to boost my cardiovascular health. To unwind, I engage in deep-breathing coupled with meditation for mental balance. I'm committed to a balanced intake, predominantly Korean cuisine rich in lean proteins and a variety of vegetables, and I make sure to stay hydrated while steering clear of high-sugar beverages.

제 건강을 유지하기 위해, 저는 포괄적이고 다양한 건강 계획을 세웠습니다. 아침에는 몸을 부드럽게 풀어주는 역동적인 스트레칭으로 시작하여, 경치 좋은 한강을 따라 상쾌하고 활력을 주는 40분간의 달리기를 합니다. 집에 돌아와서는 코어와 하체를 강화하기 위해 플랭크와 스쿼트와 같은 운동을 합니다. 또한, 주 2회 에너지가 넘치는 스피닝 수업에 참여하여 심혈관 건강을 증진합니다. 이완을 위해 심호흡 운동을 하며, 정신적 균형을 위한 명상을 합니다. 식단 면에서는 균형 잡힌 섭취를 위해, 저지방 단백질과 다양한 채소가 풍부한 한식을 주로 먹습니다. 그리고 고당분 음료를 멀리하면서 동시에 물을 충분히 섭취하려고 합니다.

💡 추가 아이디어로 답안 늘리기

- **On weekends, I complement my exercise with swimming for full-body workouts.**
  주말에는 전신 운동을 위해 수영으로 운동을 보완합니다.

- **I've reduced my caffeine intake to improve my overall health and quality of sleep.**
  전반적인 건강과 수면의 질을 향상시키기 위해 카페인 섭취를 줄였습니다.

- **Seasonal fruits are a staple of my diet for their nutritional benefits and natural sugars.**
  계절 과일은 영양상 이점과 천연 당분 때문에 제 식단의 주요소입니다.

Words comprehensive 포괄적인   fitness regimen 운동 계획   limber up (운동 전에) 몸을 풀다
refreshing 상쾌한   energizing 활력을 주는   scenic 경치가 좋은   cardiovascular health 심혈관 건강
unwind 이완하다   deep-breathing 심호흡   meditation 명상   balanced intake 균형 잡힌 섭취
predominantly 대개, 대부분   cuisine 음식   stay hydrated 물을 충분히 섭취하다
steer clear of ~을 피하다   high-sugar beverage 고당분 음료

Combo 3 과거와 현재의 건강 관리 비교

Have you ever had to quit something for your health? What was it that you had to give up? How about now? Give us some details on your answer.
건강을 위해 무언가를 포기해 본 적이 있나요? 무엇을 포기해야 했나요? 현재는 어떤가요? 자세히 모두 이야기해 주세요.

Model Answer_IH

Yes, for the sake of my health, I had to give up drinking soda. Back in high school, I used to drink at least one can a day, which wasn't good for me. When I started university in Korea, I realized that it was affecting my concentration and energy levels. So I decided to quit cold turkey. It was challenging, especially during late-night study sessions, when I craved sugar. But instead, I switched to drinking green tea or water. Now, I feel much better, and I no longer experience those energy crashes. In addition, by drinking more water, I've noticed my skin has improved a lot.

네, 건강을 위해 탄산음료를 끊어야 했습니다. 고등학교 때, 저는 매일 최소한 한 캔을 마셨는데, 이것이 저에게 좋지 않았습니다. 한국에서 대학에 입학한 후, 그것이 제 집중력과 체력에 영향을 주고 있다는 것을 깨달았습니다. 그래서 단번에 끊기로 결심했습니다. 특히 야간 자율 학습할 때 당분이 당겨서 힘들었습니다. 하지만 대신에 녹차나 물 마시기로 갈아탔습니다. 지금은 훨씬 나아졌고, 에너지가 급격히 떨어지지 않습니다. 또한, 물을 더 많이 마시면서 피부가 아주 좋아진 것을 느꼈습니다.

💡 추가 아이디어로 답안 늘리기

- I also avoid late-night snacking, which used to be a bad habit.
  야식을 먹던 나쁜 습관도 피하고 있습니다.

- Drinking plenty of water has become a crucial part of my routine.
  충분한 양의 물을 마시는 것이 제 일상의 중요한 부분이 되었습니다.

- I often share healthy recipes with my friends to keep motivated.
  동기 부여를 위해 친구들과 건강한 요리법을 공유하곤 합니다.

Words for the sake of ~을 위해   give up 포기하다   soda 탄산음료   concentration 집중력
energy level 체력   quit cold turkey 단번에 끊다   crave 갈망하다   energy crash 에너지 급감

Model Answer_ AL 🎧 2_01_8

Absolutely, for my well-being, I had to stop consuming fast food. During my early years in university here in Seoul, fast food was a convenient choice due to its affordability and speed. However, I began noticing adverse effects on my health, including lethargy and frequent colds. The pivotal moment came when I took a nutrition class, which enlightened me about the long-term impacts of such a diet. Committing to this change wasn't easy as it required cooking at home and planning meals ahead of time, but it was worth the effort. Now, my diet is rich in fruits, vegetables, and whole grains. I've also joined a campus group that promotes healthy living, which helps me stay on track. As a result, my physical and mental health have improved significantly, which is evident in my academic performance.

물론이죠, 제 건강을 위해 패스트푸드 섭취를 중단해야만 했습니다. 이곳 서울에서 대학 생활을 시작할 때, 패스트푸드는 가격과 속도 면에서 편리한 선택이었습니다. 그러나 무기력과 잦은 감기를 포함해 건강에 부작용을 경험하기 시작했습니다. 영양학 수업을 들은 것이 전환점이 되었는데, 그 수업은 그러한 식단의 장기적 영향에 대해 깨우쳐 주었습니다. 집에서 요리하고 미리 식단을 계획해야 했기 때문에 이 변화를 실천하기는 쉽지 않았지만, 그 노력은 가치가 있었습니다. 지금 제 식단은 과일, 채소, 그리고 정제되지 않은 통곡물을 풍부하게 포함하고 있습니다. 또한 건강한 생활을 고취하는 대학 단체에 가입했는데, 이는 제가 올바른 길을 가도록 도와줍니다. 그 결과로, 제 신체적, 정신적 건강이 현저하게 개선되었으며, 이는 제 학업 성적에서도 분명하게 나타나고 있습니다.

추가 아이디어로 답안 늘리기

- **Engaging in regular exercise also reinforced my decision to eat healthier.**
  규칙적인 운동을 하는 것도 건강하게 먹기로 한 제 결정을 강화했습니다.

- **I make it a priority to include antioxidant-rich foods in my diet.**
  제 식단에 항산화 물질이 풍부한 음식을 포함하는 것을 우선순위로 삼습니다.

- **Learning to cook traditional Korean dishes has been both fun and beneficial to my health.** 전통 한국 음식을 요리하는 법을 배우는 것은 즐겁고 제 건강에도 이로웠습니다.

Words　**well-being** 복지　**consume** 섭취하다　**affordability** 감당할 수 있는 비용　**adverse effect** 부작용
lethargy 무기력　**pivotal** 중요한　**enlighten** 이해시키다　**long-term impact** 장기적 영향
commit to ~에 전념하다　**whole grain** 통곡물　**promote** 고취하다　**academic performance** 학업 성적

돌발 주제

Unit 01 건강
Unit 02 과학 기술
Unit 03 날씨
Unit 04 대중교통
Unit 05 명절
Unit 06 인터넷
Unit 07 재활용
Unit 08 지형 및 야외 활동
Unit 09 호텔

Unit 02 과학 기술

과학 기술은 최근에 화제가 되고 있는 돌발 주제로, 다른 유형에서도 본인의 일상과 관련하여 언급이 가능합니다. 특히 오픽 시험에서는 변화가 많은 주제 중 하나이기 때문에 최신 트렌드에 대한 이해와 연습이 중요합니다. 돌발 주제는 스크립트를 잘 암기하고 본인의 일상과 연계할 수 있어야 합니다. 주로 현대 기술이 삶에 미치는 영향이나 인터넷이나 휴대폰 사용 등 경험을 묻는 문제가 자주 출제되고 있습니다.

기출문제 유형

■ **자주 사용하는 최신 기술**

> What technologies do you use the most often these days? Please provide specific examples of how and when you use them.
> 요즘 가장 자주 사용하는 기술은 무엇인가요? 어떻게, 언제 사용하는지 구체적인 예를 들어 주세요.

■ **최신 기술 관련 경험**

> How did you acquire the skills to use cutting-edge technology, and where did you learn them? Please explain step by step.
> 첨단 기술을 이용하는 법을 어떻게 습득했고, 어디서 배웠나요? 단계별로 설명해 주세요.

■ **최신 기술을 사용하며 겪은 어려움**

> New technologies can be frustrating. Tell me about a time when you had difficulty with a new technology. What kinds of problems did you experience with that technology?
> 새로운 기술은 때로 좌절감을 느끼게 할 수 있습니다. 새로운 기술에 어려움을 겪었던 경험에 대해 이야기해 주세요. 그 기술에서 어떤 문제를 경험했나요?

Combo 1 자주 사용하는 최신 기술

🔊 2_02_C1

> What technologies do you use most often these days? Please provide specific examples of how and when you use them.
> 요즘 가장 자주 사용하는 기술은 무엇인가요? 어떻게, 언제 사용하는지 구체적인 예를 들어 주세요.

Model Answer_IH

🔊 2_02_1

I use a lot of technology in my daily life. I use my smartphone to stay connected with my friends and family, to check my e-mail, and to do some web browsing. I use my laptop for work and school, and I use my tablet PC for reading, for watching movies, and for playing games. I find these technologies to be really helpful and convenient. They help me stay connected with the people I care about, get work done, relax, and have fun. I think technology can be a powerful tool for good, and I'm excited to see how it will continue to evolve in the future.

일상에서 저는 많은 기술을 사용합니다. 스마트폰으로 친구, 가족과 연락하고, 이메일을 확인하고, 웹 서핑을 합니다. 노트북은 업무와 학업을 위해 사용하고, 태블릿 컴퓨터는 독서, 영화 감상, 게임을 위해 사용합니다. 저는 이러한 기술들이 정말 유용하고 편리하다고 생각합니다. 소중한 사람들과 연락하고, 일을 하고, 휴식을 즐기는 데 도움이 됩니다. 저는 기술이 영원히 강력한 도구가 될 수 있다고 믿고, 미래에 어떻게 발전할지 기대됩니다.

Words   **technology** 기술   **smartphone** 스마트폰   **laptop** 노트북   **tablet PC** 태블릿 컴퓨터
stay connected 연락하며 지내다   **web browsing** 웹 서핑   **for good** 영원히

🚨 추가 아이디어로 답안 늘리기

- I used to write letters to my friends and family, but now I can just text them or call them by using my smartphone. Technology has made it much easier to stay connected with people. 이전에는 친구나 가족에게 편지를 썼지만, 이제는 스마트폰으로 문자나 전화를 하면 됩니다. 기술이 좋아지면서 사람들과 연락하는 것이 훨씬 더 쉬워졌습니다.

- I also use my smartphone to get directions, and to pay for things.
또한 스마트폰으로 길을 찾고 물건을 구매합니다.

- I use a variety of other technologies, such as my smart TV, smart speakers, and wearable devices. 스마트 TV, 스마트 스피커, 웨어러블 기기와 같은 갖가지 다양한 다른 기술을 사용합니다.

- I'm particularly interested in the potential of technology to improve education, health care, and sustainability. 특히 교육, 의료, 지속 가능성을 개선할 수 있는 기술의 잠재력에 관심이 있습니다.

Model Answer_ AL

🎧 2_02_2

I heavily rely on technology in my daily life, particularly my smartphone. I believe I can't function without it, and there are several reasons for this dependence. Firstly, it enables me to stay connected with my friends and family through chat rooms. Occasionally, I upload photos on social media, allowing my friends to check my updates, to leave comments, and to express their interest in my recent posts. Real-time chatting keeps me feeling constantly connected to them. Furthermore, I can enjoy watching movies whenever and wherever there's Wi-Fi access. Nowadays, especially in Korea, there are plenty of free Wi-Fi zones, eliminating concerns about data costs. Additionally, these devices are portable, making it easy to carry them anywhere. As a result, I don't always have to work from a fixed location; remote work is possible as long as I have Internet access. With my smartphone, I can look up information of any kind, making my life significantly more convenient compared to the past.

저는 특히 일상생활에서 기술에 의존하며, 스마트폰을 특히 많이 사용합니다. 저는 그것 없이는 살 수 없다고 생각하며, 이렇게 의존하는 데에는 몇 가지 이유가 있습니다. 먼저, 대화방에서 친구들과 가족과 연락을 유지할 수 있습니다. 가끔은 사진을 소셜 미디어에 업로드하고, 그런 다음 친구들이 제 최신 글을 확인하고 댓글을 남기거나 최근 게시물에 관심을 표시할 수 있습니다. 실시간 대화는 제가 그들과 항상 연결된 느낌을 줍니다. 게다가, Wi-Fi에 접속할 수 있다면 언제 어디서든 영화를 즐길 수 있습니다. 요즘은 특히 한국에 무료 Wi-Fi 존이 많아서 인터넷 데이터 사용료에 대해 걱정할 필요가 없습니다. 또한 이러한 장치들은 휴대 가능하므로 어디에서나 사용할 수 있습니다. 따라서 항상 고정된 장소에서 일할 필요가 없으며, 인터넷에 접속할 수만 있다면 원격으로 일할 수 있습니다. 스마트폰을 가지고 있다면 어떤 종류의 정보든 조회할 수 있고 제 삶은 과거와 비교해 훨씬 편리해졌습니다.

Words heavily rely on ~에 매우 의존하다   dependence 의존   connected 연결된   leave a comment 댓글을 남기다   real-time chatting 실시간 대화   Wi-Fi access Wi-Fi 접속   portable 휴대 가능한   fixed 고정된   remote work 원격 근무

추가 아이디어로 답안 늘리기

- One of the challenges of using technology is that it can be addictive. It's important to be mindful of how much time you spend using technology and to make sure it's not interfering with your work and relationships.
  기술 사용의 난제 중 하나는 중독성이 있다는 것입니다. 기술을 사용하는 데 쓰는 시간에 주의하고, 그것이 업무나 관계에 방해가 되지 않도록 하는 것이 중요합니다.

- I think it has the potential to solve some of the world's biggest problems, such as poverty and climate change.
  저는 기술이 빈곤과 기후 변화와 같은 세계 최대의 난제들을 해결할 잠재력이 있다고 생각합니다.

Combo 2 · 최신 기술 관련 경험

How did you acquire the skills to use cutting-edge technology, and where did you learn them? Please explain step by step.
첨단 기술을 이용하는 법을 어떻게 습득했고, 어디서 배웠나요? 단계별로 설명해 주세요.

Model Answer_IH

I learned how to use the latest technology by reading online tutorials, by watching YouTube videos, and by asking my friends and family for help. I remember when I first got my smartphone, I was so excited to learn how to use it. I started by reading the online tutorial that came with the phone. Then, I watched some YouTube videos to see how other people were using their phones. I also asked my friends and family for help with things I didn't understand. I found that the best way to learn how to use new technology is to practice using it. I would try to use my phone as often as possible so that I could become familiar with it. I would also try to find new and creative ways to use my phone. For example, I started using my phone to take pictures and videos of my friends and family. I also started using my phone to listen to music and podcasts. I'm still learning how to use the latest technology, but I'm excited to keep learning. I think technology is a powerful tool that can be used to make our lives easier and more enjoyable.

저는 최신 기술을 사용하는 법을 온라인 설명서를 읽고, 유튜브를 보고, 친구와 가족에게 도움을 요청해 가면서 습득했습니다. 처음 스마트폰을 받았을 때 너무 신나서 어떻게 사용하는지 배우고 싶었습니다. 먼저 스마트폰에 함께 제공된 온라인 설명서를 읽었습니다. 그런 다음 유튜브 영상를 시청하여 다른 사람들이 어떻게 휴대전화를 사용하는지 보았습니다. 이해하지 못한 것에 대해 친구와 가족에게 도움을 요청하기도 했습니다. 새로운 기술을 배우는 가장 좋은 방법은 그것을 사용하는 것입니다. 저는 휴대전화를 최대한 자주 사용해서 익숙해지려고 노력했습니다. 또한 휴대전화를 새롭고 창의적인 방식으로 사용해 보려고 했습니다. 예를 들어, 저는 휴대전화를 사용하여 친구와 가족의 사진과 동영상을 찍었습니다. 또한 휴대전화를 사용하여 음악과 팟캐스트를 듣기 시작했습니다. 저는 아직 최신 기술을 사용하는 법을 배우고 있지만 계속 배우는 것이 기대됩니다. 저는 기술이 우리의 삶을 더 쉽고 즐겁게 만들 수 있는 강력한 도구라고 생각합니다.

추가 아이디어로 답안 늘리기

- I can also try to find a mentor who is an expert on the technology.
  그 기술 분야의 전문가인 멘토를 찾는 것도 시도해 볼 수 있습니다.

Words · online tutorial 온라인 설명서 · creative 창의적인 · powerful tool 강력한 도구

Model Answer_ AL 🎧 2_02_4

My journey to acquire skills in using cutting-edge technology involved a combination of self-study and formal education. I started by exploring technology on my own and by experimenting with various tools and software. Online resources, such as tutorials and forums, played a significant role in my learning process. However, to deepen my knowledge and to gain a formal understanding, I enrolled in courses related to technology and innovation at a local community college. These courses provided structured learning and hands-on experiences with the latest tech trends. Additionally, I attended tech workshops, conferences, and webinars to stay updated. Overall, my learning experience was a blend of self-directed exploration and formal education, which allowed me to adapt to the ever-evolving world of technology.

최신 기술을 사용하는 방법을 습득하기 위한 저의 여정은 독학과 정규 교육의 조합으로 이루어졌습니다. 먼저 스스로 기술을 탐구하며 다양한 도구와 소프트웨어를 실험했습니다. 설명서와 포럼과 같은 온라인 자원들은 제 학습 과정에서 중요한 역할을 했습니다. 그러나 지식을 더 깊게 확장하고 공식적인 이해를 얻기 위해 지역 커뮤니티 대학에서 기술과 혁신과 관련된 수업을 수강했습니다. 이러한 수업은 체계적인 학습과 최신 기술 동향의 실무 경험을 제공했습니다. 또한, 기술 워크숍, 콘퍼런스 및 웨비나에 참석하여 최신 정보를 업데이트했습니다. 전반적으로, 제 학습 경험은 자기 주도적인 탐구와 정규 교육의 조합이었으며, 이를 통해 끊임없이 진화하는 기술 세계에 적응할 수 있었습니다.

💡 추가 아이디어로 답안 늘리기

- **I also joined a tech club at my school to learn with others.**
  학교에서 기술 동아리에도 가입해서 다른 사람들과 함께 배웠습니다.

- **Reading tech blogs helped me understand new trends easily.**
  기술 블로그를 읽으면서 새로운 트렌드를 쉽게 이해할 수 있었습니다.

- **I practiced coding by making small programs every weekend.**
  주말마다 작은 프로그램을 만들면서 코딩을 연습했습니다.

- **It was helpful to use the technology in different ways to learn its full capabilities.**
  기술을 다양한 방식으로 사용하여 그 능력을 완전히 배울 수 있다는 것이 도움이 되었습니다.

Words
acquire a skill 기술을 습득하다   cutting-edge technology 최신 기술   self-study 독학
formal education 정규 교육   online resource 온라인 자원   structured learning 체계적인 학습
hands-on experience 실무 경험   tech workshop 기술 워크숍   webinar 웨비나(인터넷상의 세미나)

Combo 3 최신 기술을 이용하며 겪은 어려움

🎧 2_02_C3

> New technologies can be frustrating. Tell me about a time when you had difficulty with a new technology. What kinds of problems did you experience with that technology?
> 새로운 기술은 때로 답답할 수 있습니다. 새로운 기술에 어려움을 겪은 적이 있나요? 그 기술에서 어떤 문제를 경험했나요?

Model Answer_IH

🎧 2_02_5

I remember a frustrating experience with a new smartphone. It was loaded with features I wasn't familiar with, and the user interface was quite different from my previous phone. Setting it up and transferring my data was a real challenge. I struggled to figure out how to customize the settings and to use the new apps effectively. The worst part was not being able to make a simple phone call when I needed to. It took me a while to get comfortable with the device, but, eventually, I learned through trial and error.

새로운 스마트폰을 사용하면서 힘들었던 경험이 있습니다. 이 기기에는 낯선 기능들이 많았고, 사용자 인터페이스가 이전 핸드폰과는 매우 달랐습니다. 초기 설정 및 데이터 전송이 정말 어려웠습니다. 설정을 사용자 맞춤으로 바꾸고 새로운 앱을 효과적으로 사용하는 법을 이해하는 데 어려움을 겪었습니다. 가장 힘들었던 부분은 필요할 때 간단히 전화를 걸지 못하는 것이었어요. 기기에 익숙해지는 데 시간이 걸렸지만, 결국 시행착오를 통해 배웠습니다.

💡 추가 아이디어로 답안 늘리기

- I also had trouble navigating through the phone's menu as it was organized differently from my old phone. 또한, 그것은 제 예전 핸드폰과는 다르게 구성되어 있어 메뉴를 탐색하는 데 어려움을 겪었습니다.

- I decided to upgrade my smartphone's operating system to the latest version.
  저는 제 스마트폰의 운영 체제를 업그레이드하기로 했습니다.

- It took time to be updated because of freezes. 멈춤 현상 때문에 업데이트하는 데 시간이 걸렸습니다.

- This was frustrating since I rely on my smartphone for work.
  일할 때 스마트폰에 크게 의존하고 있어서 답답했습니다.

Words   **frustrating** 힘들게 하는   **transfer data** 데이터를 전송하다   **struggle to** ~하려고 고투하다
            figure out 이해하다   **customize** 사용자 맞춤 설정하다   **device** 기기   **trial and error** 시행착오

Model Answer _ AL

🎧 2_02_6

One of my most challenging encounters with new technology was when I switched to a high-end digital camera with advanced features. While the camera promised incredible image quality, it came with a steep learning curve. I had difficulties understanding the various settings, especially when it came to manual mode and post-processing options. Initially, I struggled to capture the shots I envisioned, and the process of editing raw images felt overwhelming. It took time to grasp concepts like aperture, ISO, and shutter speed. Additionally, mastering post-processing software was another hurdle. However, I was determined to improve my photography skills. I sought help from online photography communities, watched tutorials, and even attended photography workshops. Over time, I gradually became more proficient with the camera and post-processing techniques, turning what was initially a frustrating experience into a rewarding journey of learning and creativity.

새로운 기술과의 가장 힘들었던 어려움 중 하나는 발전된 기능이 탑재된 고급 디지털 카메라로 바꿨을 때였습니다. 카메라는 놀라운 이미지 품질을 보장하지만 학습 곡선이 가팔랐습니다. 다양한 설정을 이해하는 데 어려움을 겪었으며, 특히 수동 모드와 사후 처리 옵션에 대해서였습니다. 처음에는 상상한 사진을 촬영하는 데 어려움을 겪었으며, 원본 이미지를 편집하는 과정은 버겁게 느껴졌습니다. 조리개, ISO 및 셔터 속도와 같은 개념을 이해하는 데 시간이 걸렸습니다. 또한 사후 처리 소프트웨어를 숙달하는 것은 또 다른 장벽이었습니다. 그러나 저는 제 사진 기술을 향상하기로 마음 먹었습니다. 저는 온라인 사진 커뮤니티에서 도움을 청하고 튜토리얼을 시청하며 사진 워크숍에 참석하기도 했습니다. 시간이 흐름에 따라 저는 점점 카메라와 사후 처리 기술에 능숙해져, 처음에는 괴로웠던 경험을 학습과 창의성의 보람찬 여정으로 변화시켰습니다.

💡 추가 아이디어로 답안 늘리기

- I started a photo-a-day challenge to practice regularly.
  매일 사진 찍는 도전을 시작하여 규칙적으로 연습했습니다.

- Joining a local photography club provided me with hands-on guidance.
  지역 사진 동호회에 가입해서 현장 지도를 받을 수 있었습니다.

- I shared my photos online to get feedback and tips from others.
  다른 사람들로부터 피드백과 팁을 받기 위해 제 사진을 온라인에 공유했습니다.

- Setting small goals each week, like mastering a new feature, kept me motivated.
  새로운 기능을 숙달하는 것처럼 매주 작은 목표를 세우면서 동기부여를 받았습니다.

Words   image quality 이미지 품질   a steep learning curve 가파른 학습 곡선(반복하여 효율성이 증가함)
manual mode 수동 모드   post-processing 사후 처리   aperture 조리개

돌발 주제

Unit 01	건강
Unit 02	과학 기술
Unit 03	**날씨**
Unit 04	대중교통
Unit 05	명절
Unit 06	인터넷
Unit 07	재활용
Unit 08	지형 및 야외 활동
Unit 09	호텔

Unit 03 날씨

돌발 문제 중에는 일상생활, 여가, 야외 활동과 연계하여 답할 수 있는 질문이 많이 출제되며, 이들의 출제 빈도는 높고 난이도는 상대적으로 낮습니다. 이런 주제들은 지형이나 과학 기술을 묻는 질문과는 다르게 어려운 어휘가 필요하지 않기 때문에 답변을 준비하는 것이 비교적 수월할 수 있습니다. 시험장에서 이런 주제가 나온다면 한결 부담감이 덜할 수 있겠죠!

기출문제 유형

■ 우리나라 날씨의 특징 및 변화

> Can you tell me about the weather in your country and how it changes throughout the year, especially in summer and winter? Are there any noticeable ways that the weather changes in your country?
>
> 당신 나라의 날씨와 그것이 일 년 동안 어떻게 바뀌는지, 특히 여름과 겨울에 대해 얘기해 주실 수 있나요? 주목할 만한 날씨 변화가 당신의 나라에 있나요?

■ 계절에 따른 활동

> What kinds of activities are common in each season in your country? Which season do you like the most, and what activities do you prefer to do during that season?
>
> 당신 나라에서는 각 계절마다 행하는 일반적인 활동은 무엇인가요? 당신이 가장 좋아하는 계절과 그 시기에 즐기는 활동은 무엇인가요?

■ 날씨 관련 경험

> Have you ever had a memorable experience because of the weather? Please explain what happened. Why was that memory unforgettable? Give me all the details.
>
> 날씨 때문에 기억에 남는 잊을 수 없는 경험을 한 적이 있나요? 무슨 일이 있었는지 설명해 주세요. 왜 그 기억이 잊을 수 없나요? 가능한 한 자세히 말해 주세요.

Combo 1 우리나라 날씨의 특징 및 변화

🎧 2_03_C1

Can you tell me about the weather in your country and how it changes throughout the year, especially in summer and winter? Are there any noticeable ways that the weather changes in your country?
당신 나라의 날씨와 그것이 일 년 동안 어떻게 바뀌는지, 특히 여름과 겨울에 대해 얘기해 주실 수 있나요? 주목할 만한 날씨 변화가 당신의 나라에 있나요?

Model Answer_IH

🎧 2_03_1

In my country, we experience distinct seasons throughout the year. We have spring, summer, autumn, and winter. During summer, the weather gets quite hot with plenty of sunshine, making it perfect for outdoor activities like swimming and sunbathing. On the other hand, in winter, it gets cold, and we often have snow, so we engage in winter sports and wear heavy coats to keep warm.

우리나라는 일년 내내 뚜렷한 계절을 경험해요. 봄, 여름, 가을, 겨울 사계절이 있어요. 여름에는 햇빛이 많이 비춰 날씨가 꽤 더워서, 수영이나 일광욕과 같은 야외 활동하기에 완벽해요. 반면에 겨울에는 추워지고, 눈도 자주 오니까 겨울 스포츠를 즐기고 두꺼운 코트를 입어요.

💡 추가 아이디어로 답안 늘리기

- Spring is a time for cherry blossoms, and many people enjoy outdoor festivals.
  봄은 벚꽃을 즐길 수 있는 시기로, 많은 사람들이 야외 축제를 즐깁니다.

- In autumn, the foliage turns spectacular colors, and hiking is a popular activity.
  가을에는 나뭇잎이 화려한 색으로 변하며 등산이 인기 있는 활동입니다.

- To escape the summer heat, families often vacation to the mountains or beaches.
  여름 더위를 피해, 가족들은 종종 산이나 해변으로 휴가를 갑니다.

Words distinct 뚜렷한 outdoor activity 야외 활동 sunbathing 일광욕 하기 heavy coat 두꺼운 코트

Model Answer_ AL 🎧 2_03_2

In my country, the weather has changed in recent years. We've noticed some big differences. Winters are not as cold as they used to be, and there's less snow. Summers, on the other hand, have become hotter. Sometimes the weather can be unpredictable, like sudden storms and heavy rain at unusual times. These changes have made us adjust our clothing and what we do. It's important to be ready for these changes. To cope with warmer summers, we wear lighter clothes and use sunscreen to protect our skin. During milder winters, we don't need heavy coats as often as before. The changing weather affects farmers and their crops. Sometimes they face challenges because the weather isn't stable. We all need to be flexible and ready for these changes as the climate shifts.

우리나라에서는 날씨가 최근 몇 년 동안 변했어요. 우리는 큰 변화를 알아차렸어요. 겨울이 예전처럼 춥지 않고 눈도 덜 옵니다. 그런데 여름은 더 더워졌어요. 때때로 날씨가 예측할 수 없는데, 갑작스러운 폭풍이나 이례적인 시기에 폭우가 올 때도 있어요. 이러한 변화로 인해 우리는 의복과 활동을 조절하게 되었어요. 이러한 변화에 대비하는 게 중요합니다. 더 더운 여름에 대응하기 위해 가벼운 옷을 입고 피부를 보호하기 위해 자외선 차단제를 사용해요. 덜 추운 겨울에는 두꺼운 코트가 예전만큼 자주 필요하지 않아요. 변하는 날씨는 농부와 그들의 농작물에도 영향을 미치는데요. 때로는 날씨가 불안정해서 어려움을 겪기도 해요. 기후 변화에 따라 우리 모두는 이 변화에 적응하고 준비해야 해요.

💡 추가 아이디어로 답안 늘리기

- **People are investing in air-conditioning systems more than ever before due to the increased heat.** 사람들은 기온 상승 때문에 여느 때보다 에어컨 시스템에 더 많이 투자하고 있습니다.

- **We also see more rainwater-harvesting systems to make use of unexpected rainfall.** 또한 예상치 못한 강우를 활용하기 위한 빗물 수집 시스템을 더 많이 볼 수 있습니다.

- **Local fashion has evolved with designers creating versatile clothing suitable for a wider range of temperatures.** 지역 패션이 발전하여 디자이너들이 더 넓은 온도 범위에 적합한 다용도 의류를 만들고 있습니다.

Words in recent years 최근에   unpredictable 예측할 수 없는   sudden storm 갑작스러운 폭풍   heavy rain 폭우   unusual time 이례적인 시기   cope with ~에 대처하다   sunscreen 자외선 차단제   protect 보호하다   changing weather 변하는 날씨   affects 영향을 미치다   stable 안정적인   flexible 융통성 있는   climate shift 기후 변화

Combo 2 계절에 따른 활동

🎧 2_03_C2

What kinds of activities are common in each season in your country? Which season do you like the most, and what activities do you prefer to do during that season?
당신 나라에서는 각 계절마다 행하는 일반적인 활동들이 있나요? 당신이 가장 좋아하는 계절과 그 시기에 즐기는 활동은 무엇인가요?

Model Answer_IH
🎧 2_03_3

In my country, people enjoy different activities in each season. During spring, many people like to go on picnics in parks to enjoy the blooming flowers. Summer is all about beach trips, swimming, and barbecues. In autumn, there's a tradition of going hiking to see the beautiful leaves. Finally, in winter, it's time for cozy indoor activities like watching movies and sipping hot chocolate in a comfortable café. My favorite season is spring. I love the mild weather and the colorful blossoms. During spring, I often take long walks in the park, have picnics with friends, and go on hikes to enjoy the fresh air and beautiful scenery.

우리나라에서는 사람들이 각 계절마다 다양한 활동을 즐깁니다. 봄에는 많은 사람들이 피어나는 꽃을 즐기기 위해 공원으로 소풍 가는 것을 좋아해요. 여름에는 해변 여행, 수영 및 바비큐가 인기 있어요. 가을에는 아름다운 단풍을 보기 위해 등산하는 전통이 있습니다. 마지막으로 겨울에는 아늑한 카페에서 영화 보기나 따뜻한 핫초코 마시기 같은 편안한 실내 활동이 일반적입니다. 제가 가장 좋아하는 계절은 봄입니다. 날씨가 온화하고 화려한 꽃들이 아름답기 때문입니다. 봄에는 공원에서 종종 장거리를 산책하며 친구들과 소풍을 가고 신선한 공기와 아름다운 경치를 즐기기 위해 등산을 하러 가곤 합니다.

추가 아이디어로 답안 늘리기

- I often take my camera with me during these walks in order to capture these moments.
  저는 산책 중에 자주 카메라를 가지고 다니며 이 순간들을 담아냅니다.

- My friends and I often plan our hikes to visit different parks and to explore new trails.
  친구들과 함께 자주 여러 공원을 방문하고 새로운 산책로를 탐험하기 위해 등산을 계획합니다.

- During winter, I like to invite friends over for cozy movie nights with blankets and popcorn.
  겨울에는 친구들을 초대하여, 담요와 팝콘과 함께 아늑한 영화의 밤을 즐깁니다.

- Springtime picnics are a great way to bond with friends by sharing delicious food and laughter.
  봄철 소풍은 맛있는 음식과 웃음을 나누면서 친구들과 유대감을 형성할 수 있는 훌륭한 방법입니다.

Words bloom 꽃을 피우다   cozy indoor activity 아늑한 실내 활동   sip 마시다   mild weather 온화한 날씨   colorful blossom 화려한 꽃   beautiful scenery 아름다운 풍경

Model Answer_ AL 🎧 2_03_4

In my country, people enjoy various activities that match each season. Spring is characterized by picnics under the blossoming cherry trees, a tradition that is part of the annual 'Yeouido Spring Flower Festival'. Summer is a time for water-based activities, such as swimming, surfing, and visiting water parks. Autumn is renowned for hiking, as the mountains are adorned with myriad colors, providing breathtaking views. Winter is synonymous with snow sports, with skiing and snowboarding being popular, particularly in regions like Pyeongchang. Personally, my favorite season is autumn. I find hiking during this season particularly enjoyable due to the cool weather, the tranquil atmosphere, and the vibrant colors of the autumn leaves.

우리나라에서 사람들은 각 계절에 어울리는 다양한 활동을 즐깁니다. 봄은 매년 열리는 '여의도 봄꽃축제'의 일환인 벚꽃나무 아래에서의 소풍이 특징입니다. 여름은 수영, 서핑, 워터파크 방문과 같은 수상레저 활동을 즐기는 시기입니다. 가을은 다양한 색깔로 물든 산들로 인해 등산이 유명하며, 그것들은 숨 막히는 경치를 제공합니다. 겨울은 눈 스포츠와 밀접한데, 특히 평창과 같은 지역에서 스키와 스노보드가 인기가 있습니다. 개인적으로 가장 좋아하는 계절은 가을입니다. 이 계절에는 등산이 특히 즐거운데, 그 이유는 시원한 날씨, 평화로운 분위기, 그리고 단풍의 강렬한 색상 때문입니다.

추가 아이디어로 답안 늘리기

- In Korea, each season has unique activities. 한국에서는 각 계절마다 독특한 활동들이 있어요.

- In spring, people often enjoy cherry blossom festivals. 봄에는 사람들이 벚꽃 축제를 종종 즐겨요.

- In summer, many people go to the beach or enjoy watermelon and ice cream.
  여름에는 많은 사람들이 해변으로 가거나 수박이나 아이스크림을 즐기곤 해요.

- In fall, folks visit mountains to see colorful leaves.
  가을에는 사람들이 단풍을 보기 위해 산에 갑니다.

- In winter, skiing and snowboarding are popular. 겨울에는 스키와 스노보드 타는 것이 인기가 있습니다.

Words   **be characterized by** ~이 특징이다   **tradition** 전통   **water-based activity** 수상레저 활동   **renowned** 유명한   **adorn with** ~로 꾸미다   **breathtaking view** 숨 막히는 경치   **synonymous** 아주 밀접한, 같은 뜻을 갖는   **tranquil atmosphere** 평화로운 분위기   **vibrant color** 강렬한 색상

Combo 3 날씨 관련 경험

🎧 2_03_C3

Have you ever had a memorable experience because of the weather? Please explain what happened. Why was that memory unforgettable? Give me all the details.
날씨 때문에 기억에 남는 잊을 수 없는 경험을 한 적이 있나요? 무슨 일이 있었는지 설명해 주세요. 왜 그 기억이 잊을 수 없나요? 가능한 한 자세히 말해 주세요.

Model Answer_IH

🎧 2_03_5

During our summer break, my friends and I decided to go on a weekend hiking trip to Daecheongbong in Seorak Mountain. The weather forecast predicted good conditions, but they turned out to be unfavorable. Despite the challenges, we were prepared with spare Gore-Tex jackets that kept us warm. We took shelter from the cold and shared instant cup noodles, strengthening our friendship. Initially, we argued about why we decided to hike in such weather but eventually reconciled over some hot noodles. On our descent, although uncomfortable, we embraced the situation positively. We sang songs, exchanged jokes, and appreciated nature's beauty. This memory is unforgettable because it taught us to find joy even in the most difficult circumstances and to accept life's unpredictability.

여름방학 때, 친구들과 주말에 설악산 대청봉 등반을 계획했습니다. 기상 예보는 날씨가 좋을 거라고 했지만, 실제로는 좋지 않았습니다. 이러한 어려움에도 불구하고 우리는 따뜻하게 해줄 여벌의 고어텍스 재킷을 챙겼습니다. 우리는 추위를 피해 대피소에서 컵라면을 나눠 먹으며 우정을 다졌습니다. 처음에는 이런 날씨에 등반을 왜 하자고 했냐며 말다툼이 있었지만 결국 따뜻한 라면을 먹으며 화해했습니다. 하산할 때는 어려움이 있었지만 우리는 그 상황을 긍정적으로 받아들였습니다. 노래를 부르고 농담을 주고받으며 자연의 아름다움을 만끽했습니다. 이 기억이 잊을 수 없는 이유는 가장 힘든 상황에서도 기쁨을 찾고 삶의 예측 불가능성을 받아들이는 것을 배웠기 때문입니다.

💡 추가 아이디어로 답안 늘리기

- The bad weather brought us closer and created an unforgettable bonding experience.
  나쁜 날씨 덕분에 우리는 더 가까워졌고 잊을 수 없는 우정을 쌓을 수 있었습니다.

- From that day on, we learned to find the fun in any situation no matter what the circumstances. 그 날 이후로, 우리는 어떤 상황에서든 재미를 찾을 수 있게 되었습니다.

Words   hiking 등산   forecast 예보   unfavorable 안 좋은   spare 여분의   shelter 대피소
instant cup noodles 컵라면   reconcile 화해시키다   descent 하강, 하산
unpredictability 예측 불가능성

Model Answer_ AL

🎧 2_03_6

My family vacationed on Jeju Island, and we drove along the coast to find hidden beaches for ourselves. We carefully planned activities while expecting nice weather. However, dark clouds and strong winds arrived the next day. Though ominous, we continued as planned. Initially imagining relaxing under clear skies, we instead embraced the uncontrollable weather. We ran into crashing waves, letting raindrops mix with salty water. The usually busy beach was empty, letting us experience nature's power undisturbed. We danced in the rain, splashed in puddles, and even had an impromptu mud fight. This memory awakened the values of flexibility and adaptability in me. It reminded me that life is unpredictable, but embracing the unexpected with an open mind creates unforgettable moments. Rather than letting the unexpected weather ruin plans, we found joy in what could've spoiled the day. The laughter, the shared experiences, and the excitement became an unforgettable family adventure. Seeing our muddy family photo always makes us smile as I remember the fun.

우리 가족은 제주도에서 휴가를 보냈는데, 해안가를 따라 드라이브하며 우리만의 숨은 해변을 찾았죠. 좋은 날씨를 기대하며 활동을 꼼꼼히 계획했습니다. 하지만 다음 날 먹구름과 강풍이 몰아쳤습니다. 불길했지만 계획대로 진행했습니다. 처음에는 화창한 날씨 아래 휴식을 취할 생각이었지만, 대신 통제 불가능한 날씨를 받아들였습니다. 우리는 파도 속으로 뛰어들어 빗방울과 짭짤한 바닷물이 섞이는 것을 맞이했죠. 평소 붐비던 해변이 비어 있어 방해 없이 자연의 힘을 경험할 수 있었습니다. 우리는 빗속에서 춤을 추고 웅덩이에서 물장구를 치며 즉석에서 진흙 싸움도 벌였습니다. 이 기억은 내게 융통성과 적응력의 가치를 일깨워 주었습니다. 삶이 예측 불가능하다는 것을 상기시켜 주었고, 열린 마음으로 예기치 못한 상황을 받아들일 때 잊을 수 없는 순간이 만들어진다는 것을 일깨워 주었습니다. 예기치 못한 날씨가 계획을 망치도록 두는 대신, 그날의 재미를 망칠 수 있던 요인에서 기쁨을 찾았죠. 그날의 웃음, 공유된 경험, 짜릿한 기분은 잊을 수 없는 가족 모험이 되었습니다. 진흙투성이의 가족 사진을 볼 때마다 그때의 재미있던 순간이 떠오르며 미소 짓게 됩니다.

💡 추가 아이디어로 답안 늘리기

- **The unexpected weather created cherished memories that will last a lifetime.**
  예기치 못한 날씨가 우리 가족에게 평생 간직할 소중한 추억을 만들어주었습니다.

- **From that day on, my family promised to face life's surprises with positive and accepting attitudes.**
  그 날 이후로 저희 가족은 삶의 예기치 못한 일들을 긍정적이고 흔쾌히 받아들이는 자세로 맞이하기로 약속했습니다.

Words coast 해안가 hidden 숨은 carefully 꼼꼼히 ominous 불길한 embrace 받아들이다 adventure 모험 undisturbed 방해받지 않는 splash 물장구치다 mud fight 진흙싸움 flexibility 융통성 adaptability 적응력 unpredictable 예측 불가능한 unforgettable 잊을 수 없는

돌발 주제

Unit 01	건강
Unit 02	과학 기술
Unit 03	날씨
Unit 04	**대중교통**
Unit 05	명절
Unit 06	인터넷
Unit 07	재활용
Unit 08	지형 및 야외 활동
Unit 09	호텔

Unit 04 대중교통

대중교통은 우리의 일상과 밀접하게 연관되어 있기 때문에 선택 주제뿐만 아니라 돌발 주제에서도 답변에 유용하게 활용될 수 있습니다. 중간 정도의 난이도지만, 특정 대중교통 수단에 대해 집중적으로 연습하는 것이 효과적입니다. 기출 문제를 함께 분석하면서 답변을 준비해 봅시다!

기출문제 유형

■ 우리나라의 대중교통 시스템 소개

> I'd like to know about the public transportation system in your country. What types of transportation are available in your country? In addition, which type is the most popular?
>
> 당신의 나라의 대중 교통 시스템을 알고 싶습니다. 당신 나라에 어떤 종류의 교통수단이 있나요? 또, 어떤 종류의 교통수단이 가장 인기 있나요?

■ 선호하는 교통수단

> Tell me which type of public transportation you prefer to use and why. What types of transportation do you use during the week? What types of transportation do you use on the weekend? Provide as many details as possible in your response.
>
> 어떤 종류의 대중교통을 선호하는지, 그리고 그 이유를 말해 주세요. 주중에 어떤 종류의 교통수단을 이용하나요? 주말에는 어떤 종류의 교통수단을 이용하나요? 가능한 한 자세히 답변해 주세요.

■ 대중교통 이용 관련 경험

> Unpleasant moments can be experienced while using public transportation. Share a past experience with me. What happened, and how did you handle it? Please provide all the details.
>
> 대중교통을 이용하면 불쾌한 순간을 경험할 수 있습니다. 여러분의 이전 경험을 공유해 주세요. 무슨 일이 벌어졌으며, 어떻게 대처했나요? 자세히 설명해 주세요.

Combo 1 우리나라의 대중교통 시스템 소개

🎧 2_04_C1

I'd like to know about the public transportation system in your country. What types of transportation are available in your country? In addition, which type is the most popular?
당신의 나라의 대중 교통 시스템을 알고 싶습니다. 당신 나라에 어떤 종류의 교통수단이 있나요? 또, 어떤 종류의 교통수단이 가장 인기 있나요?

Model Answer_IH

🎧 2_04_1

You know, our public transportation system at home is quite extensive. We've got a whole range of options, including buses, subways, trains, and even ferries if you're by the coast. But if I had to pick just one, it would definitely be the subway. It's the backbone of our city's transit, and it's always jam-packed during rush hours. You could say it's the best choice for most folks. Buses are a dime a dozen, too, and they're handy for getting around locally. There are also taxis, but they can burn a hole in your pocket if you use them regularly. So it's all about finding the right fit for your daily commute, and for most of us, that's the trusty subway.

아시다시피, 우리의 대중교통 시스템은 꽤 넓게 구축되어 있어요. 버스, 지하철, 기차, 심지어 해안 지역의 경우 페리까지 모든 옵션이 있습니다. 하지만 하나를 꼽자면 분명 지하철일 거예요. 지하철은 우리 도시 교통의 주축이자, 피크 타임에는 항상 사람들로 북적입니다. 대부분의 사람들이 가장 선호하는 선택지라고 말할 수 있어요. 버스도 많이 있고, 지역 이동에 유리해요. 택시도 있지만, 자주 이용하면 돈이 금방 없어질 수 있어요. 그래서 통근에 적합한 수단을 찾는 것이 중요하고, 대부분의 경우 신뢰할 수 있는 지하철이 그 선택이 됩니다.

💡 추가 아이디어로 답안 늘리기

- Moreover, to promote eco-friendliness, electric buses have been introduced in recent years, reducing emissions and contributing to a cleaner environment.
  게다가, 친환경을 촉진하기 위해 최근 몇 년 동안 전기 버스가 도입되어 배기가스를 줄이고 더 깨끗한 환경에 기여하고 있습니다.

Words extensive 광범위한   a dime a dozen 매우 흔한   burn a hole in one's pocket 돈이 없게 만들다

Model Answer _ AL

🎧 2_04_2

In my country, we have a well-developed and efficient public transportation system that includes various modes of transportation to cater to different needs. Notable options include the subway, bicycle-sharing system, and dedicated bus lanes. The subway is a widely used and popular mode of transportation. It offers a fast and convenient way to navigate through the city, connecting various neighborhoods and reducing travel time. With extensive subway lines, commuters can easily reach their destinations with minimal hassle. Another convenient option is the bicycle-sharing system, such as 'Ttareungi' in Korea. This initiative provides a sustainable and healthy means of transportation for short distances. With bike stations strategically located throughout the city, people can easily rent and return bikes, promoting a greener and more active lifestyle. Dedicated bus lanes contribute significantly to the efficiency of our public transportation system. These lanes prioritize buses, allowing them to move swiftly and avoid congestion. This approach enhances the reliability and punctuality of bus services, making them a viable choice for daily commuting. In summary, our public transportation system incorporates a well-connected subway network, a bicycle-sharing system for short-distance travel, and dedicated bus lanes to ensure efficient and convenient commuting options for residents. Among these, the subway stands out as the most popular choice due to its speed and accessibility.

우리나라에서는 다양한 요구를 충족시키기 위해 여러 가지 교통 수단을 포함한 잘 발전되고 효율적인 대중교통 시스템이 있습니다. 주목할 만한 선택지로는 지하철, 자전거 공유 시스템, 그리고 버스전용차로가 있습니다. 지하철은 광범위하게 사용되며 인기 있는 교통수단입니다. 지하철은 빠르고 편리한 도시 이동 수단으로, 여러 지역을 연결하며 이동 시간을 단축합니다. 지하철 노선이 많아 시민들은 최소한의 번거로움으로 목적지에 도착할 수 있습니다. 또 다른 편리한 선택지는 '따릉이'와 같은 자전거 공유 시스템입니다. 이것은 짧은 거리 이동을 위한 지속 가능하고 건강한 교통수단을 제공합니다. 도시 전체에 전략적으로 자리 잡은 자전거 정류장을 통해 사람들은 쉽게 자전거를 대여하고 반납할 수 있으며, 더욱 환경 친화적이고 활동적인 생활 방식을 촉진할 수 있습니다. 버스전용차로는 대중교통 시스템의 효율성에 크게 기여합니다. 이 차선은 버스에 우선권을 부여하여 신속하게 이동하고 혼잡을 피할 수 있게 합니다. 이러한 접근 방식은 버스 서비스의 신뢰성과 정시성을 향상해 통근에 적합한 선택지를 버스로 만듭니다. 요약하면, 우리의 대중교통 시스템은 잘 연결된 지하철 네트워크, 짧은 거리 이동을 위한 자전거 공유 시스템, 그리고 효율적이고 편리한 출퇴근 선택지를 보장하는 버스전용차로를 포함하고 있습니다. 이 중에서도 지하철은 그 속도와 접근성 때문에 가장 인기 있는 선택지로 손꼽힙니다.

추가 아이디어로 답안 늘리기

- In our city, we've also seen a rise in car-sharing services, which provide an alternative for those who need occasional vehicle access without the commitment of ownership.
  우리 도시에서는 차량 공유 서비스가 늘어나고 있으며, 이 서비스는 소유권 없이 가끔 차량 이용이 필요한 사람들에게 대안을 제공합니다.

Words public transportation 대중교통 subway 지하철 bicycle-sharing system 자전거 공유 시스템
dedicated bus lane 버스전용차로

Combo 2 선호하는 교통 수단

Tell me which type of public transportation you prefer to use and why. What types of transportation do you use during the week? What types of transportation do you use on the weekend? Provide as many details in your response as possible.
어떤 종류의 대중교통을 선호하는지, 그리고 그 이유를 말해 주세요. 주중에 어떤 종류의 교통수단을 이용하나요? 주말에는 어떤 종류의 교통수단을 이용하나요? 가능한 한 자세히 답변해 주세요.

Model Answer_IH ①

Well, when it comes to public transportation, I'm a big fan of the subway. It's fast and efficient, and in my city, it's the most convenient way to get around during the week. The subway stations are strategically placed, making it easy to access from almost anywhere. During weekdays, I use it to commute to work. It saves me a lot of time compared to dealing with traffic. On weekends, though, I tend to switch things up. I enjoy the freedom of cycling around the city when the weather's nice. It's a great way to explore new places and to get some exercise at the same time. Of course, there are also buses available if I need to cover longer distances or if the weather isn't on my side.

음, 대중교통에 관해서 말씀드리면 저는 지하철을 정말 좋아합니다. 빠르고 효율적이며, 제가 사는 도시에서는 주중에 이동하기에 가장 편리한 이동 수단입니다. 지하철역들은 전략적으로 위치해 있어 거의 모든 곳에서 쉽게 접근할 수 있습니다. 평일에는 출퇴근할 때 지하철을 이용합니다. 교통 체증을 겪는 대신 시간을 아낄 수 있죠. 그런데 주말에는 조금 다르게 움직이는 편입니다. 날씨가 좋을 때 도시 주변을 자전거로 돌아다니는 것을 즐깁니다. 새로운 장소를 탐험하면서 동시에 운동도 할 수 있는 좋은 방법이에요. 물론 더 긴 거리를 이동해야 하거나 날씨가 좋지 않을 때는 버스를 이용할 수도 있죠.

Model Answer_IH ②

My favorite type of public transportation is the subway. It is fast, efficient, and reliable. I can get to most places in my city quickly and easily on the subway and not have to worry about traffic or parking. I use the subway to commute to and from work almost every day of the week. I also use it to run errands and to go out with friends. On weekends, I use the subway less often, but I still use it to get to places like museums, parks, and restaurants. I prefer the subway to other types of public transportation, such as buses and trains, because it is faster and more convenient. Buses can be slow and often get stuck in traffic. Trains are faster than buses, but they are also more expensive and less frequent.

저는 대중교통 중 지하철을 가장 선호합니다. 지하철은 빠르고 효율적이며 믿을 수 있습니다. 지하철을 타면 교통 체증이나 주차 걱정을 하지 않고 도시의 대부분 장소에 빠르고 쉽게 갈 수 있습니다. 저는 출퇴근을 위해 일주일 내내 거의 매일 지하철을 이용합니다. 또한 지하철을 타고 심부름하고 친구들과 놀러 나갑니다. 주말에는 지하철을 그다지 자주 이용하지는 않지만 박물관, 공원 및 레스토랑과 같은 장소에 가기 위해 지하철을 이용합니다. 저는 버스와 기차와 같은 다른 유형의 대중교통보다 지하철을 선호하는데, 더 빠르고 편리하기 때문입니다. 버스는 느릴 수도 있으며 종종 교통 체증에 걸립니다. 기차는 버스보다 빠르지만 비싸고 자주 다니지 않습니다.

Words efficient 효율적인   during the week 주중에는   on weekends 주말에는   commute to work 출퇴근하다   reliable 믿을 만한   run errands 심부름을 하다   get stuck in traffic 교통 체증에 걸리다

Model Answer_ AL 🎧 2_04_5

You know, when it comes to public transportation, I've got a soft spot for the subway system. It's a real workhorse during the week for me. The speed and efficiency are hard to beat, and it's a lifesaver for my daily commute to the office. Plus, the subway network here is extensive, so it covers almost every corner of the city. During the workweek, I rely on the subway to get to the office, and to meet up with friends. It's just so convenient. But when the weekend rolls around, I like to mix things up a bit. I'm a bit of a cycling enthusiast, so I often hop on my bike to explore the city. There's something liberating about pedaling through the streets, especially when the weather's nice. Of course, on rainy days or when I need to cover longer distances, I'll switch to buses. They're reliable and offer a different perspective of the city. So, I guess you could say I'm a bit of a transportation chameleon as I adapt to whatever suits the day.

대중교통이라면, 저는 지하철 시스템에 애정을 갖고 있어요. 주중에는 제게 정말 큰 도움을 주죠. 그 속도와 효율성은 정말 대단하고, 사무실로 출퇴근하는 제게 정말 큰 도움이 됩니다. 게다가 여기 지하철 네트워크는 넓어서 도시 곳곳을 다니는 데 이용할 수 있어요. 평일에는 출근하거나 친구들을 만나러 갈 때 지하철을 많이 이용합니다. 그냥 너무 편리해서요. 그런데 주말이 되면 약간 다른 경험을 즐기고 싶어져요. 저는 자전거를 좋아해서 도시를 탐험하기 위해 자주 자전거를 탑니다. 특히 날씨가 좋을 때 거리에서 페달을 돌리면 자유로움이 느껴져요. 물론 비 오는 날이거나 더 긴 거리를 이동해야 할 때에는 버스로 갈아탑니다. 버스는 믿을 만하고 도시를 다른 시각에서 볼 수 있는 기회를 제공해 줍니다. 그래서, 저는 그날의 상황에 맞게 적응하는 교통 변신술사라고 할 수 있겠네요.

Words soft spot 애정   efficiency 효율성   lifesaver 궁지를 벗어나게 해주는 것   commute 통근   enthusiast 열중하는 사람, 팬   hop on 올라타다   perspective 관점   adapt to ~에 적응하다

Combo 3 대중교통 이용 관련 경험

🎧 2_04_C3

> Unpleasant moments can be experienced while using public transportation. Share your experience with me. What happened, and how did you handle it? Please provide all the details.
>
> 대중교통을 이용하면 불쾌한 순간을 경험할 수 있습니다. 여러분의 이전 경험을 공유해 주세요. 무슨 일이 벌어졌으며, 어떻게 대처했나요? 자세히 설명해 주세요.

Model Answer_IH

🎧 2_04_6

You know, I've had my fair share of not-so-pleasant experiences on public transportation. One memorable incident occurred during my morning subway commute. The train was packed, and the air conditioning wasn't working. To make matters worse, we got stuck in a tunnel due to a sudden delay. People around me were frustrated, but instead of joining the grumbling, I struck up a conversation with a fellow passenger. We shared travel stories, and time passed quickly. Eventually, the subway moved, and we all breathed a sigh of relief.

있죠, 대중교통을 이용하면서 불쾌한 순간을 몇 번이나 겪어봤어요. 그중 한 번은 아침 지하철 출근길에 있었죠. 열차 안은 사람들로 가득 차 있었고, 에어컨이 작동하지 않았어요. 설상가상으로, 건 갑자기 발생한 지연 때문에 터널 안에서 멈춰 있어야 했어요. 주변 사람들은 짜증을 냈지만, 저는 불만을 표현하지 않고 옆에 앉은 승객과 대화를 시작했어요. 여행 이야기를 나눴고, 시간이 빠르게 지나갔어요. 마침내 지하철이 움직였고, 우리는 모두 안도의 한숨을 쉬었어요.

💡 추가 아이디어로 답안 늘리기

- Engaging in conversations with fellow commuters can turn a frustrating experience into a pleasant one. 동료 승객들과 대화하면 짜증 나는 경험을 즐거운 경험으로 바꿀 수 있습니다.
- Sometimes the best way to cope with a difficult situation is to find common ground and to share experiences.
  때로는 어려운 상황을 극복하는 가장 좋은 방법은 공통점을 찾고 경험을 공유하는 것입니다.

Words fair share 적당한 양 not-so-pleasant 그다지 즐겁지 않은 memorable 기억에 남는 incident 사건 packed 가득 찬 air conditioning 에어컨 stuck 갇힌 frustrated 좌절한 grumbling 불평 strike up a conversation 대화를 시작하다 fellow passenger 동승자 share 공유하다 breathe a sigh of relief 안도의 한숨을 쉬다

Model Answer_ AL

🎧 2_04_7

One particularly challenging experience I had with public transportation in Seoul occurred at Gangnam Station. I was heading home during the evening rush hour, intending to take the subway and then transfer to a bus using the dedicated bus lane. However, things didn't go as smoothly as planned. When I reached Gangnam Station, I was met with an unexpected announcement of subway delays due to a technical issue. The platform quickly became overcrowded, and frustration among commuters escalated. The lack of clear information about the delay added to the confusion. With the subway delays continuing, I decided to opt for the bus using the dedicated lane, thinking it might be a quicker alternative. Unfortunately, the bus lane wasn't immune to traffic snarls as regular vehicles often intruded, causing congestion and delays. Feeling a bit overwhelmed by the situation, I chose to walk to a nearby bus stop with fewer people, hoping for a less crowded bus. While waiting, I observed that the lack of proper enforcement of the dedicated bus lane was a significant contributor to the delays. Finally boarding a less crowded bus, I reflected on the need for better coordination between various transportation modes and improved communication during service disruptions.

서울에서 대중교통을 이용하면서 특히 힘들었던 경험은 강남역에서 일어났습니다. 저는 저녁 퇴근 시간대에 집으로 가고 있었는데, 지하철을 탄 후 버스전용차로를 이용하는 버스로 환승할 계획이었습니다. 그러나 계획대로 되지 않았습니다. 강남역에 도착하자마자 기술적인 문제로 인한 예상치 못한 지연에 직면했습니다. 플랫폼은 순식간에 혼잡해졌고 승객들 사이의 불만이 고조되었습니다. 지연에 대한 명확한 정보 부재로 혼란이 가중되었습니다. 지하철 지연이 계속되자, 저는 전용 차선을 이용하는 버스가 더 빠를 거라는 생각에 버스를 타기로 결정했습니다. 불행하게도 버스 차선도 교통 체증에서 벗어나지 못했고, 일반 차량이 끼어들어 혼잡과 지연이 발생했습니다. 상황에 약간 압도되면서 저는 덜 혼잡한 버스를 바라면서 사람이 적은 근처 버스 정류장까지 걸어갔습니다. 기다리면서 전용 버스 차선의 적절한 시행 부재가 지연의 주요 원인 중 하나라는 것을 알게 되었습니다. 마침내 덜 혼잡한 버스에 탑승하면서 다양한 교통 수단 간의 더 나은 조정과 서비스 중단 시 개선된 의사 소통이 필요하다는 생각을 하게 되었습니다.

추가 아이디어로 답안 늘리기

- A positive attitude can be beneficial in any situation, and we can always learn something new. 긍정적인 태도는 어떤 상황에서도 유용할 수 있으며, 우리는 언제나 새로운 것을 배울 수 있습니다.

Words rush hour 혼잡 시간대   dedicated 전용의   bus lane 버스 차선   delay 지연   escalate 확대되다
opt for ~을 선택하다   alternative 대안   immune to ~에 영향을 받지 않는   snarl 혼란
intrude 방해하다   congestion 혼잡   enforcement 시행   contributor 원인 제공자
reflect on 되돌아보다   coordination 조정

돌발 주제

Unit 01	건강	
Unit 02	과학 기술	
Unit 03	날씨	
Unit 04	대중교통	
Unit 05	**명절**	
Unit 06	인터넷	
Unit 07	재활용	
Unit 08	지형 및 야외 활동	
Unit 09	호텔	

Unit 05 명절

명절은 다른 주제에 비해 특별한 준비가 필요한데, 그 이유는 각 명절마다 독특한 풍습, 음식, 그리고 가족 간의 상호작용 등 다양한 측면이 있기 때문입니다. 중간 정도의 난이도를 가진 명절 관련 문제들은, 특정 명절이나 관습 몇 가지를 선택하여 그에 대한 이해도를 높이고, 관련 어휘나 표현에 더 집중적으로 연습하는 것이 효과입니다. 예를 들어, 추석이나 설날 같은 큰 명절에 초점을 맞추어 그 기간 동안의 가족 모임, 전통 음식 준비 과정, 명절에 수행하는 전통적인 활동에 대해 자세히 알아보고 해당 내용을 바탕으로 연습해 볼 수 있겠죠. 이렇게 사전에 철저한 연습과 준비를 함으로써, 오픽 시험에서 명절과 관련된 돌발 문제가 나왔을 때 자신감 있게 대응할 수 있습니다.

기출문제 유형

■ 우리나라의 명절

> Please tell me about the holidays in Korea. What holidays are there, and how are they celebrated?
> 한국의 명절에 대해 말해 주세요. 어떤 명절이 있고, 어떻게 보내나요?

■ 명절에 하는 활동

> I'd like to know about the activities people do during the holidays. What do you like to do? Why is that so special?
> 명절 때 사람들이 하는 활동에 대해 알고 싶습니다. 당신은 무엇을 하는 것을 좋아하나요? 왜 그렇게 특별한가요?

■ 기억에 남는 명절 경험

> Please tell me about a memorable or interesting experience you had during the holidays as a child.
> 어린 시절에 기억에 남거나 흥미로웠던 명절 경험에 대해 이야기해 주세요.

Combo 1 우리나라의 명절

🎧 2_05_C1

> Please tell me about the holidays in Korea. What holidays are there, and how are they celebrated?
> 한국의 명절에 대해 말해 주세요. 어떤 명절이 있고, 어떻게 보내나요?

Model Answer_IH

🎧 2_05_1

Sure. Korea has a number of holidays throughout the year, but some of the most important ones include Seollal and Chuseok. Seollal is the biggest holiday in Korea and is celebrated on the first day of the lunar calendar. It is a time for families to get together to celebrate the beginning of a new year. On Seollal, people typically wear traditional Korean clothing and eat special foods, such as rice cake soup and dumpling soup. They also perform a traditional ceremony called Charye, which is a way to pay respect to their ancestors. Chuseok is celebrated on the fifteenth day of the eighth lunar month and is a time for families to give thanks for the harvest. On Chuseok, people typically travel to their hometowns to visit their relatives and eat special foods, such as rice cakes and Korean-style pancakes. They also hold a traditional ceremony to give thanks to their ancestors for the harvest. I think Korea has rich and diverse cultural holidays.

물론이죠. 한국에는 일 년 내내 여러 휴일이 있지만, 그 중 가장 중요한 설날과 추석이 있습니다. 설날은 한국에서 가장 큰 휴일로, 음력 첫날에 지냅니다. 이는 새해가 시작됨을 가족들과 함께 모여 축하하는 시간입니다. 설날에 사람들은 일반적으로 한복을 입고 떡국과 만둣국같은 특별한 음식을 먹습니다. 그들은 또한 조상들에게 존경을 표하는 전통적인 의식인 차례를 지냅니다. 추석은 음력 8월 15일에 지내며, 가족들이 수확에 감사를 드리는 시간입니다. 추석에 사람들은 일반적으로 고향을 찾아 친척들을 방문하고 송편과 전 같은 특별한 음식을 먹습니다. 그들은 또한 조상들에게 추수에 대한 감사를 드리는 전통적인 의식을 지냅니다. 제 생각에는 한국은 풍부하고 다양한 문화적인 명절이 있습니다.

💡 추가 아이디어로 답안 늘리기

- Korean holidays are an important part of Korean culture and provide opportunities for people to come together and celebrate.
  한국의 명절은 한국 문화의 중요한 부분이며, 사람들이 모여 축하할 수 있는 기회를 제공합니다.

Words   lunar calendar 음력   pay respect to ~에 경의를 표하다   ancestor 조상   harvest 수확

Model Answer_ AL

🎧 2_05_2

Certainly! In Korea, we have a few holidays that hold special significance. One of the most important ones is Chuseok, which is often called Korean Thanksgiving Day. It usually happens in September or October, and it's a time for families to get together, to pay respect to their ancestors, and to enjoy a big feast. You can think of it as the Korean version of American Thanksgiving. Another major holiday is Lunar New Year, or Seollal in Korean. It follows the lunar calendar, so it typically happens in January or February. During Seollal, families come together, perform ancestral rituals, and exchange gifts. The two Korean holidays I mentioned are all about family and tradition. People dress in traditional Hanbok clothing, prepare special dishes like rice cakes, and take part in cultural activities like playing traditional games.

그럼요! 한국에는 특별한 의미를 지닌 명절이 몇 가지 있습니다. 가장 중요한 명절 중 하나는 한국의 추수 감사절이라고 종종 불리는 추석입니다. 추석은 보통 9월이나 10월에 해당하며, 가족들이 모여 조상에게 경의를 표하고 큰 잔치를 즐기는 시간입니다. 미국의 추수 감사절의 한국판이라고 볼 수 있습니다. 또 다른 중요한 명절은 한국말로 '설날'인 음력설입니다. 설날은 음력을 따르므로 보통 1월이나 2월에 해당합니다. 설날에는 가족이 모여 제사를 지내고 선물을 교환합니다. 제가 언급한 한국의 두 명절은 모두 가족과 전통에 관한 것입니다. 사람들은 전통 의상인 한복을 입고 떡과 같은 특별한 음식을 준비하고 전통 놀이와 같은 문화 활동을 즐깁니다.

💡 추가 아이디어로 답안 늘리기

- The traditional Hanbok represents the beauty and uniqueness of Korean culture.
  전통 한복은 한국 문화의 아름다움과 독특함을 대표합니다.

- Korean holidays serve as bridges connecting the past and the present.
  한국의 명절은 과거와 현재를 잇는 다리 역할을 합니다.

Words　significance 중요성　Korean Thanksgiving Day 한국의 추수 감사절(추석)　ancestor 조상
　　　　　feast 잔치　Lunar New Year 음력설(설날)　tradition 전통

Combo 2 명절에 하는 활동

🎧 2_05_C2

I'd like to know about the activities people do during the holidays. What do you like to do? Why is that so special?
명절 때 사람들이 하는 활동에 대해 알고 싶습니다. 당신은 무엇을 하는 것을 좋아하나요? 왜 그렇게 특별한가요?

Model Answer_IH

🎧 2_05_3

Korean holidays are a time for people to come together to celebrate their culture and heritage. There are many different activities that people do during the holidays. First of all, people travel to their hometowns to visit their relatives, and they spend time together eating special foods, exchanging gifts, and playing games. Second, many families perform ancestral rituals to pay respect to their deceased loved ones. I also personally enjoy spending time with my family and friends during the holidays. We come together to celebrate our culture and heritage and to perform ancestral rituals. I find these activities to be very meaningful and fulfilling.

한국 명절은 사람들이 모여서 문화와 전통을 기념하는 시간입니다. 명절 동안 사람들이 하는 활동은 다양합니다. 첫째, 사람들은 친척들을 방문하기 위해 고향으로 가서 함께 특별한 음식을 먹고, 선물을 교환하고, 게임을 하며 시간을 같이 보냅니다. 둘째, 많은 가정은 명절 동안 제례를 지내며 돌아가신 이들에게 경의를 표합니다. 저는 개인적으로 명절 동안 가족과 친구들과 시간을 보내는 것을 즐깁니다. 함께 모여서 문화와 전통을 기념하고 제사를 지냅니다. 저는 이러한 활동이 매우 의미 있고 만족스럽다고 생각합니다.

💡 추가 아이디어로 답안 늘리기

- In summary, Korean holidays are a time for families to come together to celebrate their culture and heritage. People enjoy spending time with their loved ones, eating special foods, and performing ancestral rituals.
요약하자면, 한국 명절은 가족들이 모여 문화와 전통을 기념하는 시간입니다. 사람들은 사랑하는 사람들과 시간을 보내고, 특별한 음식을 먹고, 제사를 지내는 것을 즐깁니다.

Words   heritage 전통   spend time together 함께 시간을 보내다   ancestral ritual 제사
deceased 사망한   meaningful 의미 있는   fulfilling 충만한

Model Answer_ AL 🎧 2_05_4

Korean holidays, especially the traditional ones, are full of unique and meaningful activities. Let's take Chuseok, often called Korean Thanksgiving, for example. It's a time for family reunions and paying homage to ancestors with a special table called Charye. It's a way to express gratitude and to stay connected with our cultural heritage. And, of course, there's the grand feast with treats like songpyeon. Another remarkable celebration is Seollal, or Lunar New Year. Families come together to perform rites and enjoy games like Yutnori. It's a time for bonding, exchanging gifts, and savoring traditional dishes. What I find special about these activities is the sense of togetherness and tradition. It's like taking a journey into your roots and learning about your identity. So for me, these holiday activities aren't just enjoyable; they're meaningful ones that connect me to my heritage.

한국 명절, 특히 전통 명절에는 독특하고 의미 있는 활동이 많이 있습니다. 추석, 즉 한국의 추수 감사절을 예로 들어 보겠습니다. 추석은 가족이 모여 '차례'라고 불리는 특별한 상차림으로 조상에게 경의를 표하는 때입니다. 추석은 감사를 표하고 문화유산과 연결된 방식입니다. 그리고 물론 송편과 같은 음식이 포함된 큰 잔치가 있습니다. 또 다른 주목할 만한 축하 행사는 설날 또는 음력설입니다. 가족들은 의식을 수행하고 윷놀이와 같은 게임을 즐깁니다. 설날은 유대감을 쌓고 선물을 교환하고 전통 음식을 맛보는 시간입니다. 이러한 활동에서 특별한 점은 유대감과 전통 의식입니다. 그것은 마치 자신의 뿌리를 여행하고 정체성에 대해 배우는 것과 같습니다. 따라서 저에게 이러한 명절 활동은 단순히 즐겁기만 한 게 아닙니다. 제 유산과 연결되는 의미 있는 활동들입니다.

추가 아이디어로 답안 늘리기

- Korean holidays are a time to reflect on our blessings and to be grateful.
  한국 명절은 우리의 축복을 되돌아보고 감사하는 시간입니다.

- Korean holidays are a time to create lasting memories with our loved ones.
  한국 명절은 사랑하는 이들과 오래 지속되는 추억을 쌓는 시간입니다.

Words family reunion 가족 모임 pay homage to ~에 경의를 표하다 ancestor 조상 gratitude 감사 cultural heritage 문화유산 feast 잔치 rite 의식 bonding 유대감 togetherness 유대감 root 뿌리 identity 정체성

Combo 3 기억에 남는 명절 경험

🎧 2_05_C3

> Please tell me about a memorable or interesting experience you had during the holidays as a child.
> 어린 시절에 기억에 남거나 흥미로웠던 명절 경험에 대해 이야기해 주세요.

Model Answer_IH

🎧 2_05_5

One of my most cherished memories from my childhood is the celebration of Chuseok. My family would embark on a journey to my grandparents' house in the countryside. The house would be abuzz with laughter and chatter as my cousins and I reunited. My grandmother was an exceptional cook, her *songpyeon* and *jeon* were heavenly. We also conducted a traditional ancestral rite, which instilled in me a sense of respect for our lineage. The holiday encapsulated the essence of family, joy, and love, which makes it a memory I hold dear to this day.

어릴 적 가장 소중한 추억 중 하나는 추석입니다. 우리 가족은 시골에 있는 할아버지와 할머니 댁으로 여행을 나섰습니다. 저와 사촌들이 재회하며 집안은 웃음과 수다로 가득 찼습니다. 할머니는 뛰어난 요리사였고, 그녀의 송편과 전은 천국 같은 맛이었습니다. 우리는 또한 전통적인 제사를 지냈는데, 이는 저에게 우리 집안에 대한 존경심을 심어주었습니다. 이 명절은 가족, 기쁨, 사랑의 본질을 담아내며, 제가 오늘날까지 소중히 간직하는 기억입니다.

💡 추가 아이디어로 답안 늘리기

- I remember helping my grandmother make *songpyeon*, which was a fun and meaningful experience.
  저는 할머니가 송편을 만드는 것을 도왔던 것을 기억하는데, 그것은 재미있고 의미 있는 경험이었습니다.

- We would also play traditional Korean games like *yut nori* and *jegichagi*.
  우리는 윷놀이나 제기차기 같은 한국의 전통 놀이도 하곤 했습니다.

- The holiday was also a time for us to share stories and to catch up on each other's lives.
  그 명절은 우리가 이야기를 나누고 서로의 삶에 대해 알아가는 시간이기도 했습니다.

Words
cherished memory 소중한 추억　embark 출발하다　abuzz 떠들썩한　reunite 재회하다
exceptional 뛰어난　heavenly 천국 같은　conduct 진행하다　ancestral rite 제사　instill 심어주다
lineage 집안, 가계　encapsulate 담아내다　essence 본질　hold ~ dear ~을 소중히 여기다

Model Answer_ AL 🔊 2_05_6

I have many cherished memories of Korean holidays, especially Chuseok, Korean Thanksgiving. We'd journey to my grandparents' countryside home, and the excitement level was so high. The highlight was setting up Charye table for ancestral rituals. It was meticulous but an honor. Each offering symbolized our gratitude to ancestors. We'd play traditional games like *yut nori*, which fostered friendly competition and laughter. The food was legendary, especially my grandmother's *jeon* and *songpyeon*. Looking back, those holidays blended family bonding, tradition, and culinary delights. These memories define Korean culture, something I hold dear.

한국 명절에 대한 소중한 추억이 많이 있는데, 특히 한국의 추수 감사절인 추석에 대한 것이에요. 저희는 시골에 있는 할아버지와 할머니 댁으로 여행하곤 했고, 그 설레임은 매우 컸습니다. 최고의 순간은 제사를 위해 차례상을 준비하는 것이었습니다. 세심한 작업이지만 영광스러웠습니다. 각각의 차례 음식은 우리의 조상에 대한 감사의 상징이었죠. 저희는 윷놀이와 같은 전통 놀이를 했는데, 이는 선의의 경쟁과 웃음을 조성했습니다. 물론 음식 역시 중요한 순간이었는데, 특히 할머니의 전과 송편이 그랬습니다. 돌아보면, 그 명절은 가족의 유대, 전통, 그리고 맛있는 음식들이 어우러진 시간이었습니다. 이런 기억들이 한국 문화를 정의하며, 제가 소중히 여기는 것입니다.

추가 아이디어로 답안 늘리기

- These memories warm my heart and make me proud of our traditions.
  이러한 기억들은 제 마음을 따뜻하게 하며 우리 전통을 자랑스럽게 여기게 만듭니다.

- As I reflect on these cherished memories, I am filled with gratitude for the experiences that shaped my understanding of family, culture, and tradition. Chuseok will forever hold a special place in my heart, a time when the past and present converged to create moments that I will always cherish and pass on to future generations.
  이 소중한 추억을 회상하면서 저는 가족, 문화, 그리고 전통에 대한 저의 이해를 형성한 경험에 대한 감사함으로 가득 차 있습니다. 추석은 언제까지나 저의 마음 속에 특별한 자리를 차지할 것이며, 과거와 현재가 교차해 미래 세대까지도 전해질 오래도록 간직할만한 순간을 만들어 주었습니다.

Words excitement 설레임 highlight 최고의 순간 meticulous 세심한 gratitude 감사 friendly competition 선의의 경쟁 laughter 웃음 legendary 전설적인 blend 혼합하다 family bonding 가족 유대 culinary 요리의

돌발 주제

Unit 01	건강
Unit 02	과학 기술
Unit 03	날씨
Unit 04	대중교통
Unit 05	명절
Unit 06	**인터넷**
Unit 07	재활용
Unit 08	지형 및 야외 활동
Unit 09	호텔

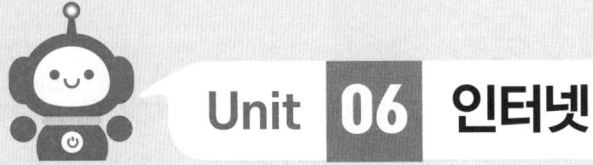

Unit 06 인터넷

인터넷에 관한 질문들은 과학 기술 문제와도 연관이 있습니다. 웹서핑은 다양한 주제로 활용할 수 있는 활동이기 때문에, 선택주제나 다른 돌발 유형에서도 답변으로 활용할 수 있습니다. 인터넷 사용과 접속 환경, 그리고 인터넷 상에서 겪은 문제점에 대해 미리 아이디어를 정리해두는 것이 중요합니다.

기출문제 유형

■ 인터넷을 사용하면서 겪은 문제

> Tell me about a time when you had difficulty using the Internet. What kinds of problems did you experience with that?
> 인터넷을 사용하면서 어려움을 겪었던 경험에 대해 이야기해 주세요. 인터넷과 관련하여 어떤 문제를 겪었나요?

■ 인터넷 접속을 위해 사용하는 기기

> What devices do you prefer to use to access the Internet? Is there any reason for choosing a specific gadget? Please describe your experience in as much detail as possible.
> 인터넷에 접속하기 위해 어떤 기기를 선호하나요? 특정 기기를 선택하는 이유가 있습니까? 당신의 경험을 가능한 한 자세히 설명해 주세요.

■ 과거와 현재의 인터넷 사용 비교

> When was the first time you got into using Internet? How has your interest in using the Internet changed since then?
> 인터넷을 처음 사용하기 시작한 것은 언제인가요? 그때 이후로 인터넷 이용에 대한 관심이 어떻게 변했나요?

Combo 1 인터넷을 사용하면서 겪은 문제

Tell me about a time when you had difficulty using the Internet. What kinds of problems did you experience with that?
인터넷을 사용하면서 어려움을 겪었던 경험에 대해 이야기해 주세요. 인터넷과 관련하여 어떤 문제를 겪었나요?

Model Answer_IH

I was trying to download a large game file, but my Internet connection was really slow. I waited for hours, but the download was only halfway done. I was starting to get really frustrated, and I was about to give up. But then I remembered that I had heard about a new download manager that was supposed to be really fast. I installed the manager and started the download again. This time, the download finished in just a few minutes! I was so relieved, and I was really impressed with the new download manager. I was glad I didn't give up, and I found a way to get the download done quickly. I was also glad that there are new technologies that can help us overcome challenges like slow Internet connections.

저는 용량이 큰 게임 파일을 다운로드하려고 했지만 인터넷 연결이 정말 느렸습니다. 몇 시간 동안 기다렸지만 다운로드는 절반밖에 되지 않았습니다. 정말 답답해지기 시작했고, 포기하려고 했습니다. 하지만 그때, 정말 빠른 속도로 다운로드할 수 있는 새로운 다운로드 관리자에 대해 들었던 것을 기억했습니다. 그 관리자를 설치하여 다시 다운로드를 시작했습니다. 이번에는 다운로드가 단 몇 분 안에 완료되었습니다! 마음이 한결 가벼워졌고, 새로운 다운로드 관리자에 감명 받았습니다. 포기하지 않아서 다행이었고, 빠르게 다운로드 하는 방법을 찾아서 다행이었습니다. 느린 인터넷 연결과 같은 문제를 극복할 수 있도록 도와주는 새로운 기술이 있다는 것도 기뻤습니다.

추가 아이디어로 답안 늘리기

- I guess the saying is true: there's an app for that!
  아마도 속담이 맞는 것 같습니다: 모든 문제에는 해결책이 있습니다!

Words frustrated 좌절한 download manager 다운로드 관리자 be supposed to ~하기로 되어 있다 relieved 안심한 impressed 감명 받은 overcome 극복하다 slow Internet connection 느린 인터넷 연결

Model Answer_ AL

Let me share an experience when I encountered Internet troubles. It was like being between a rock and a hard place. A few months ago, I had to submit a crucial project for an online course with a looming deadline. After weeks of hard work, I was ready to upload it. Just as I was about to hit "Submit," my Internet decided to slow down to a crawl. Refreshing the page only made things worse, and cryptic error messages left me feeling lost. I even tried switching browsers, but I had no luck. To make things worse, I had severe buffering during a video call with my professor, who was waiting for my project. It felt like a comedy of errors. In desperation, I called my Internet provider's support. After what felt like an eternity of troubleshooting, we stabilized the connection, and I finally submitted my project. My relief was immense. It was a true "phew" moment. This experience taught me to have a backup plan and patience with technology.

인터넷 사용 중 어려움을 겪은 경험을 공유하겠습니다. 이것은 바위와 단단한 곳 사이에 갇힌 것 같은 상황이었습니다. 몇 달 전, 마감일이 다가오는 온라인 강의를 위해 중요한 프로젝트를 제출해야 했습니다. 몇 주 동안 고생한 끝에 작업을 업로드할 준비가 됐습니다. 그런데 '제출' 버튼을 누르려고 할 때, 인터넷이 심하게 느려지기 시작했습니다. 페이지를 새로 고침할수록 상황은 악화되고 알 수 없는 오류 메시지로 길을 잃은 것 같은 기분이었습니다. 브라우저를 바꿔보았지만 도움이 되지 않았습니다. 설상가상으로, 제 프로젝트를 기다리는 교수님과의 영상 통화 중 심각한 버퍼링 문제가 발생했습니다. 실수 연발이었습니다. 절박함에 저는 인터넷 공급업체에 문의했습니다. 해결 방법을 찾는 과정이 영원한 것처럼 느껴졌지만, 인터넷 연결을 안정화했고 마침내 프로젝트를 제출했습니다. 안도감이 이루 말할 수 없었어요. 그것은 정말 '휴'하는 안도의 순간이었어요. 이 경험은 기술을 다룰 때 백업 계획과 기술에 대한 인내심의 중요성을 깨닫게 했습니다.

추가 아이디어로 답안 늘리기

- The frustration of dealing with technology glitches is a universal experience.
  기술 결함 해결에 대한 불만은 보편적인 경험입니다.

- Despite the hurdles, I learned valuable lessons in problem-solving and resilience.
  장애물이 있었음에도 불구하고, 문제 해결과 회복력에 관한 소중한 교훈을 얻었습니다.

Words looming 서서히 닥쳐오는 slow down 느려지다 crawl 기어가기, 서행 cryptic 수수께끼 같은, 아리송한 in desperation 절망하여 troubleshooting 고장 수리, 분쟁 조정 stabilize 안정시키다 backup plan 백업 계획 patience 인내심

Combo 2 인터넷 접속을 위해 사용하는 기기

What devices do you prefer to use to access the Internet? Is there any reason for choosing a specific gadget? Please describe your experience in as much detail as possible.
인터넷에 접속하기 위해 어떤 기기를 선호하나요? 특정 기기를 선택하는 이유가 있습니까? 당신의 경험을 가능한 한 자세히 설명해 주세요.

Model Answer_IH

I prefer using my laptop to access the Internet. The reason is quite simple: it has a larger screen and a full keyboard, which makes tasks like browsing, typing, and multitasking much more convenient. When I need to get some work done, the laptop is my go-to choice. Additionally, it allows me to have multiple tabs open simultaneously, making research and information gathering a breeze. The experience is just more comfortable and efficient compared to using a smartphone or tablet.

저는 인터넷에 접속하기 위해 제 노트북을 사용하는 것을 선호합니다. 그 이유는 꽤 간단합니다. 화면이 크고, 완전 키보드가 있어서 검색, 타자 치기, 멀티태스킹과 같은 일들을 훨씬 더 편리하게 해줍니다. 제가 일을 좀 해야 할 때, 노트북은 제가 자주 의지할 수 있는 것입니다. 게다가, 그것은 제가 여러 탭을 동시에 열 수 있게 해주어, 연구와 정보 수집을 쉽게 해줍니다. 스마트폰이나 태블릿을 사용하는 것에 비해 그 경험은 더 편안하고 효율적입니다.

추가 아이디어로 답안 늘리기

- The larger screen on a laptop provides a more immersive browsing experience.
  노트북의 큰 화면은 더 몰입감 있는 검색 경험을 제공합니다.

- Having a physical keyboard makes typing long e-mails or documents a breeze.
  물리적 키보드가 있으면 긴 이메일이나 문서 작성이 쉬워집니다.

Words full keyboard 완전 키보드   browsing 검색   multitasking 다중 작업   convenient 편리한   simultaneously 동시에   go-to 도움을 청할 수 있는, 의지할 수 있는   information gathering 정보 수집   make ~ a brezze ~을 용이하게 하다

Model Answer_AL

🎧 2_06_4

I prefer using my desktop computer when accessing the Internet. The main reason for this choice is the versatility it offers. With a large high-resolution monitor, I can comfortably browse Web sites, work on complex tasks, and enjoy multimedia content with ease. Additionally, a full-sized keyboard and a mouse enhance my productivity and overall user experience. The desktop's processing power ensures that I can effortlessly run demanding applications and multitask without experiencing any slowdowns. Although it's not as portable as a laptop or smartphone, when it comes to a comprehensive Internet experience, my trusty desktop computer is unbeatable.

저는 인터넷에 접속할 때 데스크톱 컴퓨터를 사용하는 것을 선호합니다. 이 선택의 가장 큰 이유는 데스크톱이 제공하는 다목적성입니다. 대형 고해상도 모니터를 사용하면 웹사이트를 편안하게 탐색하고 복잡한 작업을 수행할 수 있으며 멀티미디어 콘텐츠를 쉽게 즐길 수 있습니다. 또한 표준 사이즈의 키보드와 마우스는 저의 생산성과 전반적인 사용자 경험을 높여줍니다. 데스크톱의 처리 능력은 까다로운 응용 프로그램과 멀티태스킹을 속도 저하 없이 효율적으로 실행하는 것을 보장합니다. 노트북이나 스마트폰처럼 휴대용은 아니지만, 신뢰할 수 있는 데스크톱 컴퓨터는 종합적인 인터넷 경험에 있어서는 타의 추종을 불허합니다.

추가 아이디어로 답안 늘리기

- The large high-resolution monitor is a game-changer for my work and entertainment needs. 대형 고해상도 모니터는 제 업무와 오락에 매우 중요합니다.

- While not as convenient as a laptop, my desktop's performance is unmatched for demanding tasks. 노트북만큼 편리하진 않지만, 데스크톱의 성능은 까다로운 작업에는 무적입니다.

Words versatility 다용도성 high-resolution 고해상도의 productivity 생산성 processing power 처리 능력 application 응용 프로그램 slowdown (속도의) 둔화 portable 휴대할 수 있는 trusty 믿을 수 있는 unbeatable(=unmatched) 타의 추종을 불허하는

Combo 3 과거와 현재의 인터넷 사용 비교

When was the first time you got into using the Internet? How has your interest in using the Internet changed since then?
인터넷을 처음 사용하기 시작한 것은 언제인가요? 그때 이후로 인터넷 사용에 대한 관심이 어떻게 변했나요?

Model Answer_ IH

I first started using the Internet in the early 2000s. At the time, I was mostly interested in using the Internet for entertainment purposes. I would spend hours browsing the web, reading news articles, and watching videos. However, over time, my interest in the Internet has changed. I am now more interested in using the Internet for educational and professional purposes. I use the Internet to research new topics, to learn new skills, and to stay connected with colleagues and friends. I think this change in my interests is due to the fact that the Internet has become a more powerful and versatile tool. Overall, I am very happy with the way my interest in the Internet has changed over time.

인터넷을 처음 사용하기 시작한 것은 2,000년대 초반이었습니다. 그 당시에는 주로 오락을 목적으로 인터넷을 사용했습니다. 인터넷 정보를 검색하고 뉴스 기사를 읽고 영상을 보는 데 몇 시간을 보냈습니다. 그러나 시간이 지남에 따라 인터넷에 대한 관심이 바뀌었습니다. 이제는 교육 및 직업적인 목적으로 인터넷을 사용하는 데 더 관심이 있습니다. 새로운 주제를 연구하고 새로운 기술을 배우고 동료 및 친구와 연락하기 위해 인터넷을 사용합니다. 제 관심 변화는 인터넷이 더 강력하고 다재다능한 도구가 되었기 때문이라고 생각합니다. 전반적으로, 시간이 지남에 따라 인터넷에 대한 관심이 바뀐 방식에 매우 만족합니다.

추가 아이디어로 답안 늘리기

- I have been able to discover new people and cultures through the Internet and have been exposed to a variety of perspectives.
  저는 인터넷을 통해 새로운 사람들과 문화를 발견하고, 다양한 관점을 접할 수 있었습니다.

- I believe that the Internet can make the world more connected and equal.
  저는 인터넷이 세상을 더 연결되고 평등하게 만들 수 있다고 믿습니다.

Words entertainment 오락   educational 교육의   professional 직업의   versatile 다재다능한   tool 도구

Model Answer_ AL 🎧 2_06_6

I first started using the Internet in the early 2000s. Back then, it was like a wild frontier with new and exciting things to discover every day. I would spend hours surfing the web, getting lost in chat rooms, and playing online games. At first, my interest in the Internet was mostly limited to entertainment. But as I got older, I realized that it was also a powerful tool for learning and connecting with others. I started using the Internet to research school assignments, to learn new skills, and to stay in touch with family and friends all over the world. Today, the Internet is an essential part of my life. I use it for everything from checking the news to shopping for groceries to connecting with loved ones. It's hard to imagine my life without it. As for how my interest in the Internet has changed over time, I would say that it has become more focused and intentional. I'm still interested in using the Internet for entertainment, but I'm also more interested in using it to learn and grow. I'm also more conscious of the potential dangers of the Internet, and I take steps to protect myself and my privacy.

저는 2,000년대 초반에 인터넷을 처음 사용하기 시작했습니다. 그때는 매일 발견해야 할 새롭고 흥미로운 것들이 있는 미개척 영역 같았습니다. 저는 웹을 검색하고 채팅방에 몰두하고 온라인 게임을 하는 데 몇 시간을 보냈습니다. 처음에는 인터넷에 대한 관심이 대부분 오락에 국한되었습니다. 하지만 나이가 들면서, 인터넷이 무언가를 배우고 다른 사람들과 소통할 수 있는 강력한 도구라는 사실을 깨달았습니다. 저는 학교 과제를 연구하고 새로운 기술을 배우고 전세계의 친구 및 가족과 연락하는 데 인터넷을 사용하기 시작했습니다. 오늘날 인터넷은 제 삶의 필수적인 부분입니다. 뉴스 확인부터 식료품 쇼핑, 사랑하는 사람과 연락까지 모든 것을 위해 사용합니다. 인터넷 없는 제 삶은 상상하기 어렵습니다. 시간이 지남에 따라 인터넷에 대한 관심이 어떻게 변했는지에 대해서는 더 집중적이고 의도적으로 되었다고 말할 수 있습니다. 저는 여전히 오락을 위해 인터넷을 사용하는 데 관심이 있지만, 배우고 성장하기 위해 사용하는 데 더 관심이 있습니다. 또한 인터넷의 잠재적 위험에 대해 더 자각하고 있으며, 제 자신과 사생활을 보호하기 위해 조치를 취하고 있습니다.

💡 추가 아이디어로 답안 늘리기

- **The Internet helps connect people and cultures around the world and lets people share ideas.** 인터넷은 전세계 사람들과 문화를 연결하고 아이디어를 공유하는 데 도움이 됩니다.

- **The Internet opens up new opportunities for education and entrepreneurship.** 인터넷은 교육과 기업가 정신을 위한 새로운 기회를 열어줍니다.

Words wild frontier 미개척 분야 get lost in ~에 빠지다 stay in touch 연락하고 지내다
essential part 필수적인 부분 hard to imagine 상상하기 어려운 as for ~에 관해 말하자면
intentional 의도적인 conscious 의식하는 take steps 조치를 취하다

돌발 주제

Unit 01	건강
Unit 02	과학 기술
Unit 03	날씨
Unit 04	대중교통
Unit 05	명절
Unit 06	인터넷
Unit 07	**재활용**
Unit 08	지형 및 야외 활동
Unit 09	호텔

Unit 07 재활용

콤보 질문 중 학생들이 가장 어려워하는 것은 재활용과 관련된 주제입니다. 이에 대비하여 필요한 어휘를 정리하고, 자주 출제되는 문제에 대해 사전에 아이디어를 정리해 두도록 합시다. 특히 재활용과 관련된 문제는 어떤 질문에도 활용할 수 있는 나만의 답변을 준비해 두는 것이 필요합니다. 미리 준비하여 시험장에서 당황하지 않도록 충분히 연습하는 것이 중요합니다.

🔍 기출문제 유형

■ 우리나라의 재활용 현황

> I'd like to know about how recycling is practiced in your country. What specifically do people do? Tell me how things are recycled.
>
> 당신의 나라에서 재활용이 어떻게 실천되고 있는지 알고 싶습니다. 사람들은 구체적으로 무엇을 하나요? 물건들이 어떻게 재활용되는지 알려 주세요.

■ 개인적인 재활용 방법

> Tell me about how you personally recycle. Do you separate the recycling every day? Where do you take the recycling to? Tell me everything about the ways you practice recycling in your daily life.
>
> 자신이 어떻게 재활용하는지 이야기해 주세요. 매일 재활용품을 분리 수거하나요? 재활용품은 어디로 가져가나요? 일상생활에서 재활용을 실천하는 방법에 대해 모두 이야기해 주세요.

■ 재활용 관련 최근 뉴스

> Tell me something that you heard or read about recycling in the news. What was it about? What is being done to address that issue? Give me all the details about that issue on recycling.
>
> 뉴스에서 들었거나 읽은 재활용 관련 내용에 대해 이야기해 주세요. 그것은 무엇에 관한 내용이었나요? 그 문제를 해결하기 위해 무엇이 이루어지고 있나요? 재활용과 관련된 그 이슈에 대해 자세히 이야기해 주세요.

Combo 1 우리나라의 재활용 현황

I'd like to know about how recycling is practiced in your country. What specifically do people do? Tell me how things are recycled.
당신의 나라에서 재활용이 어떻게 실천되고 있는지 알고 싶습니다. 사람들은 구체적으로 무엇을 하나요? 물건들이 어떻게 재활용되는지 알려 주세요.

Model Answer_IH

In Korea, recycling is pretty convenient. Well, recycling in my country is something we all take pretty seriously. First, at home, we usually have separate bins for different kinds of waste. There is one for regular trash, one for recyclables like paper, plastic, and glass, and another for food waste. On designated days, the recycling truck comes around to pick up our recyclables. So we make sure to put the right stuff in the right bins. For paper and cardboard, it's usually turned into new paper products. Plastic gets recycled into various things like bottles and toys, and glass becomes new glass bottles and jars. We also have a designated area that you can take things out like old electronics, batteries, and even clothes to be recycled properly.

한국에서의 재활용은 편리합니다. 음, 저희 나라에서는 재활용을 꽤 진지하게 생각하고 있어요. 먼저, 집에서는 종류별로 쓰레기를 버릴 수 있는 별도의 통이 있어요. 보통 일반 쓰레기와 종이, 플라스틱 및 유리와 같은 재활용 가능한 쓰레기, 그리고 음식물 쓰레기를 버릴 수 있는 통이 따로 있어요. 지정된 요일에는 재활용 트럭이 우리 재활용물을 수거하러 오죠. 그래서 우리는 올바른 쓰레기를 올바른 통에 넣도록 노력해요. 종이와 판지는 대개 새로운 종이 제품으로 바뀝니다. 플라스틱은 병과 장난감과 같은 다양한 제품으로 재활용되며, 유리는 새 유리병으로 만들어집니다. 또한 올바르게 재활용하기 위해 오래된 전자제품, 배터리, 심지어 옷과 같은 물건을 가져다 버릴 수 있는 지정 장소가 있어요.

추가 아이디어로 답안 늘리기

- The government encourages us to reduce, reuse, and recycle, and it has put some strict rules in place to make sure we do it right.
정부는 줄이고, 재사용하고, 재활용하도록 우리를 장려하고, 올바르게 해내도록 엄격한 규칙을 마련했습니다.

Words take seriously 심각하게 받아들이다   separate bin 별도의 통   recyclable 재활용 가능한
designated 지정된   be turned into ~으로 변환되다   properly 올바르게   encourage 촉진하다

Model Answer_ AL 🎧 2_07_2

You know, recycling has become such a big part of our culture here. People are really conscious about separating their recyclables—things like paper, plastics, glass bottles, and metal cans—from their regular trash. In most households, you'll find different bins for each type of recyclable material, making it really easy to toss them in the right place. Then, the local waste management service comes by and collects those separated items and hauls them off to specialized recycling facilities. Once they get there, everything goes through this really thorough sorting process, where it all gets cleaned up nicely and processed to prepare it for reuse and recycling. It's kind of like giving a new life to stuff that would've just been thrown away, you know? It really is one of those "one man's trash is another man's treasure" kind of deals. But more importantly, recycling is great for conserving natural resources and cutting down on waste, which is amazing for the environment. We're doing our part to go green!

여러분도 아시다시피, 재활용은 우리나라 문화의 굉장히 큰 부분을 차지하고 있습니다. 사람들은 종이, 플라스틱, 유리병, 금속 캔 등의 재활용품을 일반 쓰레기와 분리하는 데 정말 철저합니다. 대부분의 가정에는 재활용품이 종류별로 구분된 수거함이 있어서 알맞은 곳에 쉽게 분류할 수 있습니다. 그러면 지역 폐기물 관리 서비스가 와서 분리 배출된 재활용품들을 모두 수거해 전문 재활용 시설로 실어 나릅니다. 일단 거기에 도착하면 모든 것이 철저한 선별 과정을 거치며 깨끗이 세척되고 가공되어 재사용되고 재활용될 준비를 합니다. 그러니까 그냥 버려질 물건들에 새 생명을 주는 셈이죠. 정말 "누군가의 쓰레기가 나의 보물"이라는 말 그대로입니다. 하지만 더 중요한 건 재활용이 천연자원 보존과 쓰레기 감소에 큰 역할을 한다는 거고, 이는 환경에 엄청난 기여를 하는 셈이에요. 우리는 친환경을 위해 각자의 본분을 다하고 있어요.

추가 아이디어로 답안 늘리기

- Collaborating with neighboring countries to develop recycling solutions can optimize resource utilization and reduce cross-border waste.
  인접 국가와 협력하여 재활용 해결책을 모색하는 것은 자원 활용을 최적화하고 국경을 넘는 폐기물을 줄일 수 있습니다.

- Implementing incentive-based programs to reward individuals and businesses for exceptional recycling efforts can further promote a culture of recycling.
  개인 및 기업들에게 우수한 재활용 노력에 대한 보상을 주는 인센티브 기반 프로그램을 시행하여 재활용 문화를 더욱 촉진할 수 있습니다.

Words conscious 의식하는　toss 던지다　haul off to ~로 끌어내다　treasure 보물
cut down on ~을 줄이다　do one's part 자기의 본분을 다하다

Combo 2 개인적인 재활용 방법

🎧 2_07_C2

Tell me about how you personally recycle. Do you separate the recycling every day? Where do you take the recycling to? Tell me everything about the ways you practice recycling in your daily life.
자신이 어떻게 재활용하는지 이야기해 주세요. 매일 재활용품을 분리 수거하나요? 재활용품은 어디로 가져가나요? 일상 생활에서 재활용을 실천하는 방법에 대해 모두 이야기해 주세요.

Model Answer_IH

🎧 2_07_3

Sure, I'd be happy to share how my family and I handle recycling in our daily lives. We're pretty committed to it. During the weekdays, we make it a routine to sort recyclables like plastics, paper, glass, and cans into separate bins. It's a piece of cake, and we're all on the same page about it. On Sundays, we move to a designated area to dispose of our garbage. It's a bit of a chore since we only do it once a week, so we end up making several trips up and down. But it's worth it to keep things tidy and eco-friendly. Once we've done the garbage duty, we head back home with our clean bins and are ready to start the process all over again. It's a simple way to do our part for the environment, and it has become second nature to us.

물론이죠. 저희 가족과 제가 어떻게 일상 생활에서 재활용을 처리하는지 알려드릴게요. 저희는 이 일에 꽤 헌신적이에요. 평일에는 플라스틱, 종이, 유리, 캔과 같은 재활용품을 별도의 상자에 분리 수거하는 것을 습관으로 하고 있어요. 그렇게 하는 것은 꽤 쉽고, 우리 모두 이에 동의합니다. 매주 일요일에는 쓰레기를 처리하기 위해 지정된 장소로 이동합니다. 일주일에 한 번만 하는 일인데, 그래서 그날은 몇 번이나 왔다 갔다 하기 때문에 약간의 번거로움이 있어요. 하지만, 환경을 깨끗하게 유지하고 친환경적으로 생활하기 위해서는 그럴 가치가 있습니다. 쓰레기 처리를 마치면 깨끗한 통을 가지고 집에 돌아와서 모든 과정을 처음부터 다시 시작할 준비를 해요. 이런 간단한 방법으로 우리의 일상에서 환경을 위한 우리의 역할을 수행하고 있는데요, 이제 몸에 배서 힘들지 않습니다.

💡 추가 아이디어로 답안 늘리기

- There's a saying "One man's trash is another man's treasure," and recycling makes me feel like we're doing our part to turn our trash into something valuable for the planet.
  "한 사람의 쓰레기는 다른 사람의 보물"이라는 속담이 있는데, 재활용을 통해 우리가 쓰레기를 세상을 위한 가치 있는 것으로 바꾸고 있다는 느낌을 받습니다.

Words recycling 재활용 routine 습관 a piece of cake 식은 죽 먹기 be on the same page (에 대해) 이해하고 있는 내용이 같다 dispose 버리다 eco-friendly 친환경적인 second nature to someone ~에게 아주 간단한 일

Model Answer_ AL

🎧 2_07_4

Recycling is one of the most important actions we can do to protect the environment, and I am passionate about doing my part. I recycle everything that I can, and I try to reduce the amount of waste I produce as much as possible. I start by separating my recycling every day. I have three bins in my kitchen: one for paper, one for plastic and metal, and one for glass. I also have a bin for compost, which I use for food scraps and yard waste. Once a week, I take my recycling to the local recycling center. It accepts a wide variety of materials, including paper, cardboard, plastic, metal, glass, electronics, and batteries. I also recycle my used motor oil and antifreeze at a local auto parts store. In addition to recycling, I try to reduce the amount of waste I produce in other ways. I use reusable bags when I go shopping, and I bring my own coffee mug when I go to a coffee shop. I also try to buy products in bulk and avoid single-use plastics whenever possible. I know that recycling and reducing waste are just small steps, but I believe that every little bit helps. I am committed to doing my part to protect the environment, and I encourage everyone else to do the same.

재활용은 환경을 보호하기 위해 할 수 있는 가장 중요한 일 중 하나이며, 저는 제 역할을 하는 것에 열정적입니다. 저는 제가 할 수 있는 모든 것을 재활용하고 가능한 한 쓰레기를 줄이려고 노력합니다. 저는 매일 재활용품을 분리하는 것으로 시작합니다. 제 주방에는 세 개의 쓰레기통이 있습니다. 하나는 종이, 다른 하나는 플라스틱과 금속, 그리고 하나는 유리용입니다. 또한 음식물 찌꺼기와 정원 쓰레기를 위해 사용하는 퇴비함도 있습니다. 일주일에 한 번 저는 재활용품을 지역 재활용 센터로 가져갑니다. 그들은 종이, 판지, 플라스틱, 금속, 유리, 전자제품 및 배터리를 포함한 다양한 물질을 받아줍니다. 또한 지역 자동차 부품 매장에서 사용했던 자동차 오일과 부동액을 재활용합니다. 재활용 외에, 다른 방법으로도 쓰레기를 줄이려고 노력합니다. 쇼핑할 때 재사용 가능한 가방을 사용하고 커피숍에 갈 때 제 커피 머그잔을 가져갑니다. 또한 가능한 한 대량으로 제품을 구매하고 일회용 플라스틱 제품을 쓰지 않으려고 노력합니다. 재활용과 폐기물 줄이기는 그저 작은 움직일일 뿐이지만 사소한 것이라도 도움이 된다고 믿습니다. 저는 환경을 보호하기 위해 제 역할에 헌신하며 다른 모든 사람들도 그렇게 하기를 권장합니다.

추가 아이디어로 답안 늘리기

- **Recycling helps conserve energy and natural resources.**
  재활용은 에너지를 절약하고 천연자원을 보존하는 데 도움이 됩니다.

- **Recycling helps create a better environment for future generations.**
  재활용은 미래 세대를 위해 더 나은 환경을 조성하는 데 도움이 됩니다.

Words passionate about ~에 열정적인 separate 분리하다 compost 퇴비 food scraps 음식물 찌꺼기
yard waste 정원 쓰레기 reusable 재사용 가능한 in bulk 대량으로 single-use 1회용의

Combo 3 재활용 관련 최근 뉴스

🎧 2_07_C3

Tell me something that you heard or read about recycling in the news. What was it about? What is being done to address that issue? Give me all the details about that issue on recycling.

뉴스에서 들었거나 읽은 재활용 관련 내용에 대해 이야기해 주세요. 그것은 무엇에 관한 내용이었나요? 그 문제를 해결하기 위해 무엇이 이루어지고 있나요? 재활용과 관련된 그 이슈에 대해 자세히 이야기해 주세요.

Model Answer_IH

🎧 2_07_5

I read in the news that there's a big problem with too much plastic garbage. Since people started going to coffee shops all the time, plastic cups and straws are a new worry. Many folks are also ordering a lot more takeout food because of COVID-19. This is a big problem because most takeout food comes in plastic boxes. To fix this, we're all working together to use less plastic. Lots of restaurants are now using paper boxes for food even though it costs more. People are also bringing their own cups for coffee, and coffee shops are giving out things like paper straws that can be used again. So if we keep doing this, I think Korea will be really good at recycling.

저는 플라스틱 쓰레기가 너무 많아서 문제라는 뉴스를 읽었습니다. 사람들이 자주 커피숍에 가기 시작한 이래로 플라스틱 컵과 빨대가 새로운 걱정거리입니다. 또한 많은 사람들이 COVID-19 때문에 포장 음식을 훨씬 많이 주문하고 있습니다. 이것은 큰 문제인데, 대부분의 포장 음식이 플라스틱 상자로 오기 때문입니다. 이 문제를 해결하기 위해 우리 모두는 플라스틱을 덜 사용하기 위해 힘을 합치고 있습니다. 많은 식당들이 비록 비용이 더 들지라도 음식용으로 종이 상자를 사용하기 시작했습니다. 사람들은 또한 커피를 마실 때 개인용 컵을 가져오고, 커피숍은 재활용할 수 있는 종이 빨대와 같은 것들을 나눠주고 있습니다. 그래서 계속 이렇게 한다면, 한국은 재활용을 아주 잘 할 겁니다.

추가 아이디어로 답안 늘리기

- Giving businesses rewards, like tax benefits or green certificates, when they use less plastic can make them want to be more eco-friendly. 플라스틱 사용을 줄였을 때 세금 혜택이나 친환경 인증 같은 보상을 기업들이 받을 수 있게 하면, 그들이 더 친환경적인 기업이 되고 싶끔 할 것입니다.

- Getting schools and colleges involved in green programs can teach young people to care about the environment and make them more likely to support eco-friendly ways of living. 학교와 대학을 생태 친화적인 프로그램에 참여시키면, 젊은 세대가 환경에 관심을 갖도록 깨우쳐 주어 친환경적인 생활 방식을 더 지지할 가능성이 높아질 것입니다.

Words   plastic garbage 플라스틱 쓰레기   new worry 새로운 걱정거리   takeout food 포장 음식

Model Answer_ AL 🎧 2_07_6

According to recent news, there has been a significant increase in plastic waste. Since frequent visits to coffee shops began, the usage of plastic cups and straws has emerged as a fresh concern. Furthermore, due to the COVID-19 outbreak, the consumption of delivered food has risen substantially. This presents a grave issue as a majority of delivered food is packaged in plastic containers. In response, considerable national endeavors have been dedicated to curbing the utilization of such plastic packaging. Several eateries have opted to serve their meals in paper packaging even though this incurs higher costs. Additionally, individuals are now adopting personal tumblers for their coffee orders, and cafés are introducing recyclable options like paper straws. Consequently, maintaining these actions could transform Korea into an exemplary model for resolving recycling challenges.

최근 뉴스에 따르면, 플라스틱 폐기물이 크게 증가했습니다. 커피숍에 잦은 방문이 시작된 이래로 플라스틱 컵과 빨대 사용이 새롭게 떠오른 문제가 되었습니다. 게다가 COVID-19 발발 이후로 배달 음식 소비가 상당히 증가했습니다. 대부분의 배달 음식이 플라스틱 용기에 포장되어 있기 때문에 이는 심각한 문제를 시사합니다. 이에 대응하여, 플라스틱 용기 사용을 줄이기 위해 상당한 전국적인 노력이 기울여지고 있습니다. 비록 비용이 더 들더라도 여러 식당들이 종이 용기에 음식을 제공하기로 했습니다. 또한 개인들은 이제 커피 주문 시 개인용 텀블러를 사용하며, 카페들은 종이 빨대와 같은 재활용 가능한 옵션을 도입하고 있습니다. 결과적으로, 이러한 노력을 유지한다면 한국은 재활용 문제 해결의 훌륭한 모델이 될 수 있다고 생각합니다.

추가 아이디어로 답안 늘리기

- We should motivate businesses to use less plastic by offering them rewards like tax benefits or certificates for being eco-friendly. It could really push them to be more environmentally conscious.
  기업들이 플라스틱 사용을 줄이도록 세금 혜택이나 친환경 인증 같은 보상을 줘야 합니다. 그렇게 하면 그들이 더 환경을 생각하게 될 것입니다.

- Let's get schools and colleges involved in programs that teach young people about being eco-friendly. This way, we can help them understand their role in taking care of the environment and encourage a culture of sustainability.
  어린 세대에게 친환경에 대해 가르치는 프로그램에 학교와 대학이 참여하도록 합시다. 그러면 그들이 환경을 보호하는 역할을 이해하고 지속가능한 문화를 장려하는 것을 도울 수 있습니다.

Words plastic waste 플라스틱 폐기물 outbreak 발발, 발생 grave issue 심각한 문제 packaging 용기, 포장재 national 전국적인 endeavor 노력 curb 억제하다 opt to ~하기로 선택하다 incur 초래하다

돌발 주제

Unit 01	건강
Unit 02	과학 기술
Unit 03	날씨
Unit 04	대중교통
Unit 05	명절
Unit 06	인터넷
Unit 07	재활용
Unit 08	**지형 및 야외 활동**
Unit 09	호텔

Unit 08 지형 및 야외 활동

돌발 주제 중에서 난이도가 높은 유형입니다. 따라서 즉흥적으로 논리정연하게 답변하는 것은 어려울 수 있습니다. 특히 지형 관련 돌발 문제는 수험자들이 당황할 수 있습니다. 하지만 개인의 취미나 여가, 야외 활동과 연결하여 답변을 만들면 쉽게 대처할 수 있습니다. 또한, 기출 문제를 분석한 후 예상 답변을 연습하면 고득점을 달성할 수 있습니다. 함께 어려운 고비를 넘겨 볼까요?

기출문제 유형

■ 우리나라의 지형

> Can you describe the geographical characteristics and landscape of your country? Is there anything you'd like to highlight or take pride in? Please provide detailed information about the geography and the scenery.
> 당신 나라의 지형적 특성과 경관을 설명해줄 수 있나요? 강조하거나 자랑하고 싶은 것이 있나요? 지리와 풍경에 대한 자세한 정보를 제공해 주세요.

■ 지형적 특성에 따른 야외 활동

> What outdoor activities do people like to do in your country? Are they related to your country's geographical features?
> 당신의 나라에서 사람들은 어떤 야외 활동을 하는 것을 좋아하나요? 그 활동들이 나라의 지리적 특성과 관련이 있나요?

■ 기억에 남는 경험

> Tell me about a special memory from a place with unique natural features.
> 독특한 자연적 특징이 있는 장소에서의 특별한 추억에 대해 이야기해 주세요.

Combo 1 우리나라의 지형

🎧 2_08_C1

Can you describe the geographical characteristics and landscape of your country? Is there anything you'd like to highlight or take pride in? Please provide detailed information about the geography and the scenery.

당신 나라의 지형적 특성과 경관을 설명해줄 수 있나요? 강조하거나 자랑하고 싶은 것이 있나요? 지리와 풍경에 대한 자세한 정보를 제공해 주세요.

Model Answer_IH

🎧 2_08_1

Sure, I can tell you about Korea's geography. We have a diverse landscape. In the north, there are tall mountains, like Baekdusan. In the south, there is another tall mountain, called Halla. And our coasts are pretty special, too, with the East and West seas offering great sea views and lots of islands. When you head to the countryside, you'll see green fields and hills. It's really picturesque. In cities like Seoul, you'll find a mix of tall buildings and traditional ones, making the city look unique. And we can't forget the Han River, which runs through Seoul. It provides great spots to relax and a beautiful city backdrop.

물론이죠, 한국의 지리에 대해 얘기해 드릴 수 있어요. 우리는 다양한 풍경을 가지고 있어요. 북쪽에는 백두산과 같은 높은 산이 있어요. 남쪽에는 한라산이라는 높은 산이 있어요. 그리고 우리의 해안선도 상당히 특별한데, 동해와 서해가 있어서 멋진 바다 풍경과 많은 섬을 볼 수 있습니다. 시골로 가면 녹색 들판과 언덕을 볼 수 있어요. 경치가 정말 아름답죠. 서울과 같은 도시는 고층 빌딩과 전통 건물이 섞여 있어 독특합니다. 그리고 서울을 가로지르는 한강을 빼먹을 수 없죠. 한강은 휴식하기 좋은 장소와 아름다운 도시 환경을 제공해요.

Words geography 지리   diverse 다양한   picturesque 그림 같은   backdrop 배경, 환경

Model Answer_AL ①

🎧 2_08_2

Of course, I'd be happy to talk about South Korea's geography and landscape. It's quite diverse. In the north, we have rugged mountain ranges, with Baekdusan, a dormant volcano, being the most famous. Our eastern and western coastlines are stunning, offering panoramic sea views and numerous islands. In the countryside, you'll encounter fertile plains and hills, all covered in lush greenery. In urban areas like Seoul, you'll see a fascinating blend of modern skyscrapers and traditional Korean architecture, creating a unique cityscape. And the Han River, which flows through Seoul, adds a special touch, providing both excellent leisure spots and a beautiful city backdrop.

물론이죠, 한국의 지리와 경관에 대해 얘기해 드릴 수 있어요. 한국의 지리는 꽤 다양해요. 북쪽에는 백두산이라는 바위 투성이의 산맥이 있는데, 이는 가장 유명한 휴화산입니다. 우리의 동해와 서해에서는 멋진 바다 전경과 많은 섬을 볼 수 있습니다. 시골에서는 무성한 녹색으로 뒤덮인 비옥한 평원과 언덕을 만날 것입니다. 서울과 같은 도시 지역에서는 현대 고층 건물과 한국 전통 건축의 매혹적인 조화를 볼 수 있는데, 이는 독특한 도시 경관을 만들어냅니다. 그리고 서울을 관통하여 흐르는 한강은 특별한 느낌을 더해, 훌륭한 여가 장소와 아름다운 도시 환경을 제공합니다.

Model Answer_ AL ②

🎧 2_08_3

Absolutely. I'd love to share some details about my home country, South Korea. It's located in East Asia and is a peninsula surrounded by the sea on three sides. Jeju Island is down in the south. It's the biggest island in Korea and is home to Halla Mountain, the country's tallest peak. People love going there for beautiful flowers and trees; it's like a nature paradise and a top spot for Korean vacations. Our cities, like Seoul, Busan, and Daegu, are pretty lively. You'll see tall buildings and lots of subways, making getting around super convenient. Rivers like the Han River and the Nakdong River flow through these cities, which adds a nice touch. All in all, I find a lot of happiness living in this diverse and beautiful country.

물론이죠, 저의 조국인 대한민국에 관한 몇 가지 세부 사항을 공유하고 싶습니다. 대한민국은 동아시아에 위치하고 있으며 삼면이 바다로 둘러싸인 반도입니다. 제주도는 남쪽에 위치합니다. 대한민국에서 가장 큰 섬이며, 우리나라에서 가장 높은 한라산이 있습니다. 사람들은 그곳으로 아름다운 꽃과 나무들을 보러 가는데, 마치 자연의 낙원 같아서 한국 최고의 휴가지입니다. 서울, 부산, 대구와 같은 도시들은 상당히 활기찹니다. 높은 건물과 지하철이 많아 편리하게 이동할 수 있습니다. 한강과 낙동강과 같은 강이 이 도시들을 가로지르면서 도시의 아름다움을 더해줍니다. 대체로, 이 다양하고 아름다운 나라에서 살면서 많은 기쁨을 누립니다.

💡 추가 아이디어로 답안 늘리기

- **Many outdoor enthusiasts flock to Seoraksan National Park, known for its breathtaking scenery and challenging hikes.**
  많은 야외 활동 애호가들이 숨 막히는 경치와 어려운 등산 코스로 유명한 설악산 국립공원으로 몰려듭니다.

- **The city of Busan is famed for its beautiful beaches and vibrant seafood markets.**
  부산시는 아름다운 해변과 활기찬 수산 시장으로 유명합니다.

- **In the Jeolla region, you can explore serene traditional villages preserved just as they were hundreds of years ago.** 전라 지역에서는 수백 년 전 그대로 보존된 고즈넉한 전통 마을을 탐험 수 있습니다.

- **The island of Jeju is a natural wonder with its volcanic landscape, waterfalls, and the iconic Halla Mountain.** 제주도는 화산 지형, 폭포, 그리고 상징적인 한라산으로 자연의 경이로움을 자랑합니다.

- **If you head to the eastern side of Korea, you'll find plenty of mountains. They look amazing, especially in fall when the leaves change colors. South Korea has four distinct seasons, and that makes visiting these mountains extra special.**
  대한민국의 동쪽에는 산이 많습니다. 가을에 나뭇잎 색이 변할 때, 특히 그 모습이 멋집니다. 대한민국은 사계절이 뚜렷해서 이러한 산들을 방문하는 것이 더욱 특별하게 느껴집니다.

Words rugged 바위 투성이의   mountain range 산맥   dormant volcano 휴화산   fertile 비옥한
 lush 무성한   greenery 녹색 나뭇잎   skyscraper 고층 건물   peninsula 반도   surround 둘러싸다
 lively 활기찬

Combo 2 지형적 특성에 따른 야외 활동

🎧 2_08_C2

What outdoor activities do people like to do in your country? Are they related to your country's geographical features?
당신의 나라에서 사람들은 어떤 야외 활동을 하는 것을 좋아하나요? 그 활동들이 나라의 지리적 특성과 관련이 있나요?

Model Answer_IH

🎧 2_08_4

In my country, people like doing outdoor things like hiking, biking, and enjoying picnics. We have beautiful mountains, so hiking is quite popular. Biking is fun, too, especially when along scenic routes. As for picnics, well, our parks and open spaces make it a great way to spend time with family and friends. So, yeah, our geography definitely plays a part in these activities.

우리나라에서는 사람들이 등산, 자전거 타기, 소풍과 같은 야외 활동을 좋아합니다. 아름다운 산들이 있어 등산이 꽤 인기가 있어요. 자전거 타기도 재미있고, 특히 경치 좋은 길을 따라갈 때는 더욱 그렇습니다. 그리고 소풍에 관해 말하자면, 공원과 개방된 공간은 가족과 친구들과 함께 시간을 보내기에 좋습니다. 그래서, 네, 우리의 지리는 이러한 활동에 중요한 역할을 합니다.

추가 아이디어로 답안 늘리기

- **Traditional Temple Visits**: Besides hiking, many people also enjoy visiting our beautiful temples, like Bulguksa and Bongeunsa. It's a way to connect with our rich cultural heritage while enjoying the natural surroundings.
  전통 사찰 방문: 등산 외에도 많은 사람들이 불국사나 봉은사처럼 아름다운 절을 방문하는 것을 즐깁니다. 이것은 자연 환경을 즐기면서 우리의 풍부한 문화유산을 접하는 방법입니다.

- *Hanbok* **Strolls**: On special occasions and during festivals, you'll see people donning traditional hanbok attire for outdoor walks or picnics. It adds a touch of cultural elegance to outdoor activities.
  한복 입고 산책하기: 특별한 날이나 축제 기간에는 한복을 입고 야외 산책이나 소풍을 즐기는 사람들을 볼 수 있습니다. 이것은 야외 활동에 문화적 우아함을 더합니다.

Words scenic route 경치 좋은 길   open space 개방된 공간   geography 지리(학)
play a part 역할을 하다, 한몫하다

Model Answer_ AL

🎧 2_08_5

Outdoor activities in my country are often influenced by geographical features. For instance, hiking is a favorite pastime due to the numerous mountains and hills we have. People enjoy exploring nature trails and experiencing the breathtaking views. Biking is another popular choice thanks to the many scenic routes that wind through our countryside and along the coast. Additionally, picnics in our parks and open spaces are a great way to connect with nature and relax. So our country's diverse geography certainly shapes the outdoor activities we cherish.

우리나라의 야외 활동은 주로 지형적 특징에 영향을 받습니다. 예를 들어, 등산은 우리나라에 있는 수많은 산과 언덕 덕분에 인기 있는 여가 활동입니다. 사람들은 자연 산책로를 탐험하고 숨 막히는 경치를 즐깁니다. 자전거 타기는 또다른 인기 있는 선택지인데, 우리나라의 시골 지역과 해안을 따라 지나가는 다양한 경치 좋은 길 덕분입니다. 게다가, 공원과 개방된 공간에서의 피크닉은 자연과의 연결되고 휴식을 즐기는 좋은 방법입니다. 따라서, 우리나라의 다양한 지리는 우리가 소중히 여기는 야외 활동을 형성합니다.

🚨 추가 아이디어로 답안 늘리기

- **Seasonal Festivals**: Throughout the year, we have various festivals celebrating our seasons. For example, the cherry blossom festivals in spring and the lantern festivals in autumn are perfect opportunities for outdoor enjoyment.
  계절별 축제: 일년 내내 계절을 기념하는 다양한 축제가 있습니다. 예를 들어 봄에는 벚꽃 축제, 가을에는 등불 축제가 야외에서 즐길 수 있는 완벽한 기회입니다.

- **Korean Barbecues (*samgyeopsal*)**: Korean barbecues are a unique outdoor dining experience. Gathering with friends and family, grilling delicious meat, and enjoying side dishes in the open air are beloved traditions.
  한국식 바비큐(삼겹살): 한국식 바비큐는 독특한 야외 식사 체험입니다. 친구 및 가족들과 모여 야외에서 고기를 구워 먹고 반찬을 즐기는 것은 사랑받는 전통입니다.

- **Traditional Dance Performances**: Occasionally, you might come across traditional dance performances in outdoor settings. They are chances to witness the grace and beauty of our traditional arts.
  전통 무용 공연: 가끔 야외 무대에서 전통 무용 공연을 볼 수 있습니다. 이것은 우리 전통 예술의 우아함과 아름다움을 목격할 수 있는 기회입니다.

- **Han River Park Activities**: The Han River Park offers numerous activities like kayaking, cycling, and simply strolling along the riverbank. It's a great way to experience the heartbeat of Seoul.
  한강 공원 활동: 한강 공원에서 카약, 자전거 타기 또는 간단히 강변을 산책하는 것과 같이 다양한 활동을 즐길 수 있습니다. 이것은 서울의 핵심 정서를 경험하는 훌륭한 방법입니다.

Words be influenced by ~에 영향을 받다   pastime 취미   numerous 많은   nature trail 자연 산책로
breathtaking view 숨 막히는 경치   connect with nature 자연과 연결되다   cherish 소중히 여기다

Combo 3 기억에 남는 경험

🎧 2_08_C3

Tell me about a special memory from a place with unique natural features.
독특한 자연적 특징이 있는 장소에서의 특별한 추억에 대해 이야기해 주세요.

Model Answer_IH
🎧 2_08_6

Absolutely! I have a wonderful memory from a place that showcased the beauty of nature. It was a family trip to a spacious park located amidst a forested area. The park was like an emerald jewel with tall, majestic trees and colorful flowers that painted the landscape. We spent the entire day there. We spread out our picnic blanket and enjoyed a sumptuous meal surrounded by the wonders of nature. It was such an enjoyable experience that brought immense happiness to my heart. This park felt like a vast, green paradise, and that memory is etched in my mind.

물론이에요! 자연의 아름다움을 보여주는 장소에서 특별한 추억이 있어요. 숲이 우거진 곳에 위치한 넓은 공원으로 가족 여행을 갔을 때였습니다. 공원은 에메랄드빛 보석과 같았고, 높고 장엄한 나무들과 화려한 꽃들이 풍경을 이루고 있었습니다. 우리는 그 멋진 공원에서 하루를 보냈어요. 우리는 담요를 펴고 자연경관에 둘러싸여 호화로운 식사를 즐겼죠. 너무 즐거운 경험이어서 엄청난 행복감에 젖었습니다. 이 공원은 광활하고 푸른 낙원 같았고, 그 기억은 마음 속에 새겨져 있습니다.

💡 추가 아이디어로 답안 늘리기

- Additionally, in Korean culture, nature holds a special place. We believe in the concept of 'Samrimyok', which translates to "forest bathing." It's about immersing oneself in the healing energies of a forest.
  덧붙여, 한국 문화에서는 자연이 갖는 특별한 의미가 있어요. 한국에는 '삼림욕'이라는 개념이 있는데, '숲에서 하는 목욕'이라고 말할 수 있어요. 이는 숲의 치유 에너지에 몰입하는 것을 의미해요.

- In the park, I saw pretty Korean lanterns that made the place feel magical.
  공원에서 공간을 황홀하게 만드는 예쁜 한국 등불을 봤어요.

- Around the park, there were tall mountains and dense forests, which are common in Korea. 공원 주변에는 한국에서 흔한 높은 산과 우거진 숲이 있었어요.

- The park was in an area known for its beautiful natural spots, like calm lakes and lush woods that you often find in the Korean countryside.
  공원은 한국 시골에서 자주 볼 수 있는 고요한 호수와 우거진 숲과 같이 아름다운 자연 경치로 유명한 지역에 위치하고 있었어요.

Words forested 숲으로 우거진   majestic 장엄한   sumptuous 호화로운   immense 엄청난
etch 뚜렷이 새기다

Model Answer_ AL
🎧 2_08_7

Of course! I cherish a remarkable memory from a place endowed with extraordinary natural features. It was a visit to an expansive park nestled within a lush, forested environment. The park, akin to a magnificent emerald jewel, featured towering trees that stretched toward the heavens, creating a verdant canopy. The landscape was adorned with a profusion of vibrant flowers, which painted a mesmerizing tapestry of colors. With my family, we embarked on a day-long adventure in this enchanting park. We set up our picnic amidst the breathtaking beauty of the surroundings and savored a delicious meal in the heart of nature's embrace. As we spent our time playing games and exploring, a sense of tranquility enveloped us. This experience left an indelible mark on my heart, and the park, like a vast, green paradise, became a cherished memory that I carry with me.

물론이에요! 특별한 자연적 특징을 가진 장소에서 소중한 추억이 있어요. 우거진 숲에 자리잡은 넓은 공원을 방문한 것이었습니다. 에메랄드 보석과 같은 멋진 그 공원은 하늘을 향해 우뚝 솟은 나무가 특징이었는데 그 모습이 푸릇푸릇한 우거진 숲을 형성했습니다. 풍경은 생기 넘치는 꽃들의 풍성함으로 가득찼고, 그 모습이 매혹적인 태피스트리의 색감을 그려냈습니다. 가족들과 함께 이 매혹적인 공원에서 하루의 여정을 시작했습니다. 아름다운 경관 속에서 소풍을 시작하고 자연의 품속에서 맛있는 식사를 즐겼습니다. 다양한 게임을 하며 주변을 탐험하는 동안 평온함이 우리를 감쌌어요. 이 경험은 제 마음에 잊을 수 없는 인상을 남겼고, 넓은 초록 낙원 같은 공원은 제 마음에 소중한 기억이 됐어요.

💡 추가 아이디어로 답안 늘리기

- In this park, I couldn't help but notice the harmony between nature and Korean culture. It was adorned with traditional Korean lanterns, creating a magical atmosphere.
  이 공원에서는 자연과 한국 문화 사이의 조화를 알아채지 않을 수 없었습니다. 공원은 전통 한국 등불로 장식되어 황홀한 분위기를 조성했습니다.

- During our visit, we had the chance to witness the traditional Korean tea ceremony, which added a cultural dimension to our day in the park.
  우리가 방문하는 동안 우리는 전통적인 한국 다도를 목격할 기회가 있었으며, 이것은 공원에서의 하루에 문화적인 측면을 더했습니다.

- The park was nestled in a region known for its stunning natural landscape, including serene lakes and dense forests, which are typical of the Korean countryside.
  이 공원은 한국 시골의 전형적인 고요한 호수와 우거진 숲과 같은 멋진 자연 풍경으로 유명한 지역에 자리잡고 있었습니다.

Words be endow with ~을 지닌   akin to ~와 유사한   verdant 푸릇푸릇한   adorn with ~로 꾸미다
vibrant 강렬한   savor 맛보다, 음미하다   indelible 잊을 수 없는

돌발 주제

Unit 01	건강
Unit 02	과학 기술
Unit 03	날씨
Unit 04	대중교통
Unit 05	명절
Unit 06	인터넷
Unit 07	재활용
Unit 08	지형 및 야외 활동
Unit 09	**호텔**

Unit 09 호텔

선택 주제인 국내/해외 여행과 연계하여 답변을 준비할 수 있습니다. 또한, 여가 활동 주제로도 답변을 확장할 수 있기 때문에 비교적 준비하기 수월한 주제입니다.

기출문제 유형

■ 우리나라의 호텔

> Can you tell me about some well-known hotels in your country? What do they look like, and where are they typically situated? Please provide detailed descriptions.
>
> 당신의 나라에 있는 유명한 호텔에 대해 말해줄 수 있나요? 그 호텔은 어떤 모습이며, 보통 어디에 위치해 있나요? 자세히 설명해 주세요.

■ 호텔 숙박 시 하는 일

> Tell me what you usually do when you stay at a hotel. What steps do you usually take? Tell me what you do from the beginning to the end.
>
> 호텔에 머무를 때 당신이 일반적으로 하는 활동을 이야기해 주세요. 보통 어떤 단계를 따르나요? 도착한 순간부터 체크아웃 할 때까지 하는 일을 말해 주세요.

■ 기억에 남는 호텔 관련 경험

> When was your most recent hotel stay, and where did you stay? Tell me about a recent memorable hotel experience you had.
>
> 가장 최근에 호텔을 방문한 것은 언제였고, 어디에서 머물렀나요? 최근에 기억에 남는 호텔 경험에 대해 말해 주세요.

Combo 1 우리나라의 호텔

🎧 2_09_C1

Can you tell me about some well-known hotels in your country? What do they look like, and where are they typically situated? Please provide detailed descriptions.
당신의 나라에 있는 유명한 호텔에 대해 말해줄 수 있나요? 그 호텔은 어떤 모습이며, 보통 어디에 위치해 있나요? 자세히 설명해 주세요.

Model Answer_IH

🎧 2_09_1

One of the most famous hotels in my country is the Hyatt Regency Jeju on Jeju Island. It's close to the pretty Jungmun Saekdal Beach and looks really modern and nice. When you walk inside, you see a big lobby with cool local art and comfy seats. On the second floor, there's a cool gym with big windows, so you can exercise while looking at the pretty views from 6:00 a.m. to 11:00 p.m. Next to the gym, there's an outdoor pool. Even though there are some rules, you can bring your own swimsuit and swim in one nice pool. For a cool night, you can go to the ABC Bar on the 23rd floor and see the city lights. On the hotel's west side, there are many restaurants with tasty local food. I really like how the hotel looks – it's all modern with lots of marble, and the staff is super friendly.

우리나라에서 가장 유명한 호텔 중 하나는 제주도에 있는 제주 하얏트 리젠시입니다. 이 호텔은 예쁜 중문 색달해변에 가깝고 굉장히 현대적이며 멋지게 생겼어요. 안으로 들어가면 큰 로비가 나오는데, 이곳에는 멋진 현지 예술 작품과 편안한 좌석이 있어요. 2층에는 큰 창문이 있는 멋진 체육관이 있어, 새벽 6시부터 밤 11시까지 아름다운 풍경을 보면서 운동할 수 있어요. 체육관 옆에는 야외 수영장이 있어요. 몇 가지 규칙이 있지만 자기 수영복을 가져와 멋진 수영장에서 수영을 즐길 수 있어요. 근사한 저녁을 보내고 싶다면 23층의 ABC 바에 가서 야경을 감상할 수 있어요. 호텔 서쪽에는 맛있는 현지 음식을 즐길 수 있는 레스토랑이 많아요. 저는 이 호텔의 모습을 정말 좋아하는데, 대리석이 많이 사용되어 현대적이고, 직원들도 너무 친절해요.

💡 추가 아이디어로 답안 늘리기

- I wish I could stay at the Shilla Hotel this coming summer. It's situated near the coast and offers breathtaking ocean views from the guest rooms.
  다가오는 여름에는 신라 호텔에 머물고 싶어요. 신라 호텔은 해안 근처에 위치해 있어, 객실에서 멋진 바다 전망을 감상할 수 있어요.

- The hotel also boasts an exquisite restaurant where you can savor local delicacies.
  이 호텔은 지역 특산물을 맛볼 수 있는 훌륭한 레스토랑을 자랑합니다.

Words comfy 편안한 outdoor pool 야외 수영장

Model Answer_ AL 🎧 2_09_2

In my country, we have some fancy hotels known for their grandeur and excellent services. These hotels are often big buildings with many floors and lots of rooms. They are usually in the middle of big cities like Seoul or near famous places like Gyeongbokgung Palace and Myeongdong. The hotels look amazing on the outside with a mix of modern design and our culture's history. They often have beautiful gardens and nice entrances that make you feel welcome. When you go inside, you see stuff like fancy lights, fancy floors, and art that shows what our country is like. The rooms are big and pretty, and you can see the city or nature from them. Many of these hotels have restaurants with different kinds of food, so guests can try many foods without leaving. These hotels also have cool things like gyms, places to relax, and swimming pools to make guests happy. They are in great places for travelers to visit, so people really like them.

우리나라에는 건물의 웅장함과 훌륭한 서비스로 유명한 몇몇 고급 호텔이 있습니다. 이 호텔들은 주로 다층의 대형 건물로, 많은 객실을 가지고 있어요. 이들은 주로 서울 같은 대도시 중심에 위치하거나 경복궁이나 명동 같은 유명한 장소 근처에 있습니다. 이 호텔들은 현대적인 디자인과 우리 문화의 역사가 섞여 있어 외관이 멋집니다. 종종 아름다운 정원과 멋진 입구가 있어 환영 받는 느낌을 줍니다. 내부로 들어가면 화려한 조명과 바닥, 그리고 우리나라의 모습을 담은 예술작품들이 있습니다. 객실은 넓고 예쁘며 도시나 자연을 바라볼 수 있어요. 이 호텔 중 많은 곳은 다양한 음식을 제공하는 레스토랑을 갖추고 있어서 손님들이 나가지 않고도 다양한 음식을 맛볼 수 있어요. 이 호텔들은 손님들이 만족스럽게 지낼 수 있도록 체육관, 휴식 장소, 수영장과 같은 멋진 시설도 제공해요. 여행객들이 방문하기에 좋은 위치에 있어서 사람들이 정말 좋아해요.

추가 아이디어로 답안 늘리기

- For those seeking relaxation, these hotels often have serene spa facilities, where guests can unwind with massages and special treatments. It's the perfect way to rejuvenate after a day of exploring the city or nearby attractions.

  휴식을 원하는 손님들을 위해 이 호텔들은 안락한 스파시설을 갖추고 있는데, 여기서 손님들이 마사지와 특별 관리로 휴식을 취할 수 있습니다. 이런 활동은 도시나 근처 관광지를 돌아본 후 활력을 되찾기에 완벽한 방법입니다.

Words　fancy 화려한　grandeur 장엄함

Combo 2 호텔 숙박 시 하는 일

🎧 2_09_C2

Tell me what you usually do when you stay at a hotel. What steps do you usually take? Tell me what you do from the beginning to the end.
호텔에 머무를 때 당신이 일반적으로 하는 활동을 이야기해 주세요. 보통 어떤 단계를 따르나요? 도착한 순간부터 체크아웃할 때까지 하는 일을 이야기해 주세요.

Model Answer_IH
🎧 2_09_3

When I stay at a hotel, I follow a few simple steps. First, I check in at the front desk, where the clerk gives me a room key. Then, I go to my room, unpack my suitcase, and relax for a bit. I might watch TV or read a book. If I'm hungry, I order room service or go to the hotel restaurant for a meal. After that, I take a shower and get ready for bed. The next morning, I have breakfast, pack my things, and check out at the front desk. It's a straightforward routine. These are the steps that I usually take when I stay at a hotel.

호텔에 머무를 때, 제가 따르는 몇 가지 간단한 단계가 있어요. 먼저, 저는 프런트에서 체크인하고 방 열쇠를 받아요. 그런 다음, 제 방으로 가서 가방을 풀고 잠시 쉬어요. TV를 보거나 책을 읽을 수도 있어요. 배가 고프면 룸 서비스를 주문하거나 호텔 레스토랑에서 식사해요. 그다음으로 샤워를 하고 잘 준비를 해요. 다음날 아침에는 아침 식사를 하고 짐을 싸서 프런트에서 체크아웃해요. 이건 간단한 루틴이에요. 이것들이 제가 호텔에 머무를 때 주로 따르는 절차입니다.

💡 추가 아이디어로 답안 늘리기

- When I stay at a hotel, I enjoy drinking beer at the rooftop bar while looking at the beautiful scenery.
  저는 호텔에 머무를 때, 루프트톱 바에서 아름다운 경치를 보며 맥주를 마시는 것을 즐깁니다.

Words unpack 짐을 풀다   relax 휴식을 취하다   get ready 준비를 하다   pack 짐을 싸다   straightforward 간단한

Model Answer_ AL

🎧 2_09_4

Staying at a hotel is always exciting for me. First, when I arrive, I go to the front desk to check in. The clerk gives me a key card for my room. Then, I go to my room, and it's like opening a surprise gift. I unpack my suitcase, put my clothes in the closet, and make myself comfortable. During my stay, I make the most of the hotel's amenities. I might visit the fitness center for a workout or take a relaxing dip in the pool. Dining is another aspect I thoroughly enjoy; I make it a point to try at least one meal at the hotel restaurant, where I can savor both local and international dishes. In the evening, I like to watch TV or read a book in bed. Before I go to sleep, I make sure all the lights are off and the curtains are closed. In the morning, I have breakfast either at the hotel or at a local café. After that, I pack my things, check out, and return the key card to the front desk. It's the routine I follow every time.

호텔에 머무는 건 항상 제게 설렘을 안겨줍니다. 먼저, 도착하면 프런트로 가서 체크인을 합니다. 직원이 제게 방 카드 열쇠를 줍니다. 그리고 제 방으로 가면, 이때 마치 선물을 열어보는 것처럼 기대감이 들어요. 가방을 풀고 옷장에 옷을 정리하며 편안함을 느낍니다. 머무는 동안 호텔 시설을 최대한 활용합니다. 피트니스 센터에서 운동을 하거나 수영장에 몸을 담그며 휴식을 취하기도 해요. 또한 식사도 즐기는 부분 중 하나인데, 향토 음식과 국제 요리까지 맛볼수 있는 호텔 레스토랑에서 적어도 한끼는 꼭 맛보려고 노력합니다. 저녁에는 TV를 보거나 침대에서 책 읽는 것을 좋아해요. 잠자리에 들기 전에는 모든 불이 꺼져 있고 커튼이 닫혀 있는지 꼭 확인해요. 아침에는 호텔이나 현지 카페에서 아침을 먹곤 합니다. 그 후에는 짐을 싸서 체크아웃하고 카드 열쇠를 프런트에 반납합니다. 이게 매번 따르는 루틴입니다.

💡 추가 아이디어로 답안 늘리기

- During my hotel stays, I also enjoy exploring the city or town where the hotel is located. Whether it's visiting museums, shopping at local markets, or taking a leisurely stroll through the nearby parks, I like to make the most of my travel experience.
  호텔에서 머무는 동안, 호텔이 위치한 도시나 마을을 탐험하는 것도 즐기는 편입니다. 박물관을 방문하거나 현지 시장에서 쇼핑을 하거나 근처 공원을 산책하는 등 여행 경험을 최대한 즐기는 것을 좋아합니다.

- Occasionally, I make new friends during my hotel stays, especially at the hotel bar or lounge. It's fascinating to meet people from different places and to exchange stories.
  가끔은 호텔에서 머무는 동안 바나 라운지에서 새로운 친구를 사귀기도 합니다. 다른 곳에서 온 사람들과 이야기를 나누는 것이 흥미로워요.

Words make the most of ~을 최대한 이용하다 amenity 생활 편의 시설 take a dip 잠깐 수영을 하다

Combo 3 기억에 남는 호텔 관련 경험

🎧 2_09_C3

When was your most recent hotel stay, and where did you stay? Tell me about the recent memorable hotel experience you had.
가장 최근에 호텔을 방문한 것은 언제였고, 어디에서 머물렀나요? 최근에 기억에 남는 호텔 경험에 대해 말해 주세요.

Model Answer_IH
🎧 2_09_5

Recently, I stayed at the ABC Hotel with my family for five days during summer vacation. I stayed at a beautiful beachfront resort in a coastal town. It was a memorable experience because the resort had stunning views of the ocean, and I woke up to the sound of waves crashing on the shore every morning. I enjoyed strolling on the beach, relaxed by the pool, and ate delicious seafood at the resort's restaurant. The most memorable thing was watching the fantastic sunset from my room's balcony. It was a perfect family summer vacation.

최근 저는 여름방학에 가족과 함께 ABC 호텔에 5일간 머물렀습니다. 저는 해변가 도시에 위치한 아름다운 리조트에서 머물렀어요. 그 리조트는 바다 전망이 멋지고, 매일 아침 바닷가에 파도 부딪치는 소리를 들을 수 있어서 즐거운 경험이었어요. 저는 해변을 걷거나 수영장에서 휴식을 취하며 리조트 레스토랑에서 맛있는 해산물을 즐겼어요. 가장 인상적인 순간은 제 방의 발코니에서 멋진 일몰을 감상하는 것이었어요. 그것은 완벽한 가족 여름 휴가였습니다.

추가 아이디어로 답안 늘리기

- I decided to explore the town's cultural offerings further. These experiences enriched my stay even more.
  저는 그 도시의 문화적인 즐길 거리를 더 탐험하기로 결정했습니다. 이런 경험들은 머무는 기간을 더 풍요롭게 만들었어요.

Words　beachfront 해변가　coastal town 해안 도시　stunning view 멋진 경치　sound of waves 파도 소리
stroll 산책하다　sunset 일몰

Model Answer_ AL

🎧 2_09_6

My most recent hotel stay was at a quaint boutique hotel located in a charming coastal town. It was a memorable experience, and one particular moment stands out vividly in my memory. The hotel itself was like a picturesque gem adorned with coastal-themed decor that added to its charm. The room I stayed in offered a breathtaking view of the ocean, and I was lucky enough to witness a mesmerizing sunset from my balcony. As the sun dipped below the horizon, the sky was painted in hues of orange and pink, casting a warm glow over the serene waters. Captivated by the beauty of the moment, I sat on the balcony. It was a perfect blend of nature's splendor and the comfort of the hotel. This memory of the tranquil seaside sunset is something I will always treasure from that hotel stay.

제 가장 최근의 호텔 투숙은 매력적인 해안 마을에 위치한 독특한 부티크 호텔에서 있었습니다. 그것은 잊지 못할 경험이었으며, 특히 한 순간이 생생하게 제 기억에 남습니다. 호텔 자체는 화려한 보석 같았고 해안을 테마로 한 장식으로 꾸며져 매력을 더했습니다. 제가 머무른 방은 바다의 멋진 전망을 제공했고, 운이 좋게도 발코니에서 멋진 일몰을 볼 수 있었습니다. 해가 지평선 아래로 떨어질 때, 하늘이 주황색과 핑크색으로 물들며 고요한 바다에 따뜻한 빛을 던져주었습니다. 저는 발코니에 앉아 그 순간의 아름다움에 사로잡혔습니다. 그것은 자연의 웅장함과 호텔의 편안함이 이루는 완벽한 조화였습니다. 이 평온한 해변 일몰의 기억은 제가 늘 소중히 여길 호텔에서의 순간입니다.

💡 추가 아이디어로 답안 늘리기

- After the sunset, I joined a beachside bonfire organized by the hotel. It was a delightful evening of having conversations under a starry sky.
  일몰 이후에는 호텔에서 주최한 해변 모닥불 행사에 참여했어요. 별빛 하늘 아래에서 사람들과 대화를 나눈, 기억에 남는 즐거운 저녁이었습니다.

Words quaint 독특한   picturesque 화려한   coastal-themed decor 해안을 주제로 한 장식
mesmerizing sunset 황홀한 일몰   serene water 고요한 바다   nature's splendor 자연의 웅장함
tranquil 평온한   treasure 소중히 여기다

롤플레이

유형별

combo 1 질문하기
combo 2   문제 해결하기
combo 3   관련 경험 전달하기

주제별

Unit 1   쇼핑
Unit 2   콘서트
Unit 3   친구, 가족
Unit 4   집
Unit 5   은행
Unit 6   MP3
Unit 7   여행

 **Combo 1 질문하기**

시험 후반부에 11, 12, 13번으로 등장하는 롤플레이 문제는 질문하기, 문제 해결하기, 경험 전달하기로, 3가지 유형이 콤보로 구성되어 출제됩니다.

'질문하기' 유형에서는 실제 상대와 대화하는 느낌으로 현장감을 살려서 이야기하는 연기력이 요구됩니다. 이 유형은 세부적으로, 면접관에게 직접 질문하는 것과 주어진 상황에서 가상의 상대에게 직접 또는 전화로 질문하는 것으로 나뉩니다. 상대방에게 역으로 질문해야 하는 이 유형은 질문에 대답하는 것보다 비교적 쉽습니다. 주의해야 할 점은 면접관이 제시한 상황과 요구 사항에 맞게 질문하는 것입니다.

 기출문제 유형

■ 면접관에게 직접 질문하기

> My family and I live together. Please ask me three to four questions to find out more about my family.
> 저와 제 가족은 함께 살고 있습니다. 제 가족에 대해 더 알아보기 위해 3~4가지 질문을 해보세요.
>
> I also enjoy watching movies in my free time. Please ask me three to four questions about the movies I like.
> 저도 시간이 날 때 영화를 즐겨 봅니다. 제가 좋아하는 영화에 대해 3~4가지 질문을 해보세요.

■ 주어진 상황에서 직접 또는 전화로 질문하기

> Imagine that you are on vacation with your friend. You are at a car rental shop to rent a car to travel. Ask the agent who works at the car rental company three or four questions about renting a car for a week.
> 당신이 친구와 함께 휴가를 보내고 있다고 상상해 보세요. 당신은 여행을 위해 차를 빌리려고 렌터카 매장에 있습니다. 렌터카 회사에서 일하는 직원에게 일주일 동안 차를 빌리는 것에 대해 3~4가지 질문을 해보세요.
>
> There is a situation I need you to act out. You are at a bank. You have to open a bank account. Ask the bank teller three or four questions about opening an account.
> 당신이 역할극을 해야 하는 상황이 있습니다. 당신은 은행에 있습니다. 은행 계좌를 개설해야 합니다. 은행 직원에게 계좌 개설에 관련된 3~4가지 질문을 해보세요.

Combo 1 질문하기

TOPIC 1 가족

> My family and I live together. Please ask me three to four questions to find out more about my family.
> 저와 제 가족은 함께 살고 있습니다. 제 가족에 대해 더 알아보기 위해 3~4가지 질문을 해보세요.

Model Answer_IH

Hello. It's great to hear that you live with your family. That must be a wonderful experience. I have a few questions to learn more about your family. Firstly, how many people are there in your family, and could you tell me a bit about each of them? Interesting. I remember when I used to live with my family as well. Secondly, what does everyone in your family do? Do they work, or are there any students? That's quite fascinating. Lastly, can you share who in your family you have the closest relationship with, and what makes your bond special? Thank you for sharing information about your family. It was nice discussing this topic with you.

안녕하세요. 가족과 함께 생활하고 있다니 기쁘네요. 정말 멋진 경험이겠어요. 당신의 가족에 대해 더 알기 위해 몇 가지 질문이 있어요. 먼저, 당신의 가족 구성원은 몇 명이고, 각자에 대해 조금 얘기해 주실 수 있을까요? 흥미로워요. 저도 예전에 가족과 함께 살았던 시절이 생각나네요. 그 다음으로, 당신의 가족 구성원들은 무슨 일을 하나요? 일을 하나요 아니면 학생이 있나요? 정말 흥미롭네요. 마지막으로, 당신의 가족 중에서 가장 가까운 관계인 사람은 누구이고 그 관계가 특별한 이유가 뭔가요? 당신의 가족에 대해 이야기해 주셔서 감사해요. 이 주제에 대해 이야기하는 게 정말 즐거웠어요.

Words fascinating 매우 흥미로운   realationship 관계   bond 유대감

Model Answer_ AL

Of course, it's great that you live with your family. That can be a really nice experience. I'd like to know more about your family if that's okay with you. First, can you tell me how many people are in your family and give me a quick introduction to each of them? In addition, are there any special things your family likes to do together? I understand how that feels. I remember when I lived with my family, and we had some good times together. Next, I'm interested in what jobs your family members have or if any of them are still going to school. Is there anything cool or special that someone in your family has accomplished or hopes to achieve? That's interesting. It seems like your family has a lot of different talents and interests. Lastly, if you're comfortable sharing this with me, can you tell me about a fun family event or a trip that you all enjoyed a lot? Sometimes these kinds of experiences can bring families closer. Thanks for telling me about your family. I really liked our chat and learning more about your family.

물론이죠. 가족과 함께 생활하고 있다니 좋네요. 그런 경험이 정말 멋진 것 같아요. 괜찮다면, 당신의 가족에 대해 더 알고 싶어요. 먼저, 당신의 가족 구성원은 몇 명이며 각자에 대해 간단히 소개해 줄 수 있을까요? 그리고 가족들이 같이 하기 좋아하는 특별한 활동이 있나요? 그런 느낌 이해해요. 저도 가족과 함께 살았던 추억이 생각나네요. 그다음, 가족 구성원들의 직업이나 학교 다니는 사람이 있는지 궁금해요. 가족 중에 누군가 성취하거나 이루고 싶은 특별한 것이 있나요? 흥미롭네요. 여러분 가족은 다양한 재능과 관심사를 가지고 있는 것 같아요. 마지막으로, 괜찮다면 재미있는 가족 행사나 가족 모두가 매우 즐겼던 여행에 대해 말해줄 수 있나요? 가끔 이런 종류의 경험이 가족을 더 가깝게 만들곤 하죠. 가족에 대해 이야기해 주셔서 감사해요. 당신의 가족에 대해 이야기하고 더 알게 돼서 좋았어요.

Words quick introduction 간단한 소개   accomplish 성취하다   achieve 달성하다

Combo 1 질문하기

TOPIC 2 영화

> I also enjoy watching movies in my free time. Please ask me three to four questions about the movies I like.
> 저도 쉬는 시간에 영화를 즐겨 봅니다. 제가 좋아하는 영화에 대해 3~4가지 질문을 해보세요.

Model Answer_IH

Hello! It's awesome that we share a common interest in movies. They're a fantastic form of entertainment, right? I'd love to learn more about your movie tastes. Could you tell me which specific genres you're into? And if you don't mind, could you share what draws you to those genres? Speaking of favorites, do you have a favorite movie that you watch over and over again? It'd be cool to know about what it keeps you coming back. Lastly, have you ever considered critiquing movies or reviewing them? That can be a fun way to dive deeper into the world of cinema. Have you ever shared your thoughts on movies with others? Thank you very much. I'll talk to you later.

안녕하세요! 우리가 공통적으로 영화에 관심이 있다니 정말 멋지네요. 영화는 정말 멋진 오락 수단이에요. 맞죠? 당신의 영화 취향에 대해 더 알고 싶어요. 특별히 어떤 장르를 선호하시나요? 그리고 괜찮다면, 왜 그런 장르가 마음에 드는지 듣고 싶어요. 제일 좋아하는 영화에 관해서 말해 보자면, 당신이 계속해서 보는 가장 좋아하는 영화가 있나요? 그 영화가 당신을 끌어들이는 이유가 뭔지 궁금해요. 마지막으로, 당신은 영화를 비평하거나 리뷰해 본 적이 있나요? 영화의 세계를 더 깊이 파헤치는 재미있는 방법이 될 수 있어요. 당신은 다른 사람들과 영화에 대한 생각을 공유한 적이 있나요? 감사합니다. 나중에 또 얘기해요.

Words   interest 관심   entertainment 오락   genre 장르   favorite 가장 좋아하는 것   critique 비평하다

Model Answer_AL

🎧 3_01_4

Hey there! It's great to know you enjoy watching movies during your free time. I do, too! It's such a fun way to unwind, and you can really get lost in a good film, right? So I'm curious. What's your favorite movie genre? I'm always on the lookout for good recommendations, and knowing your preferences might help me discover some hidden gems. Whether it's action, romance, science fiction, or something completely different, I'd love to hear about it! In addition, do you have any all-time favorite movies? You know, the ones you could watch a hundred times and never get tired of. It's always fascinating to learn about those films and what makes them so special to you. Plus, it's a great conversation starter when you find someone with the same favorites! I have one last question. Have you ever tried analyzing movies or discussing them with your friends? I find it fascinating to explore different perspectives on films. Do you have any memorable movie discussions or insights you'd like to share? Thank you very much. I'll talk to you later. Have a great day!

여가 시간에 영화를 보는 걸 즐기신다니 정말 멋져요. 저도 그래요! 편안하게 쉴 수 있는 재미있는 방법이죠, 그리고 좋은 영화에 푹 빠질 수 있어요, 맞죠? 그래서 궁금한 게 있는데요. 어떤 영화 장르를 가장 좋아하시나요? 저는 좋은 추천을 항상 찾는데, 당신이 선호하는 것들을 아는 것이 숨겨진 보석을 발견하는 데 도움이 될지도 몰라요. 액션, 로맨스, 공상 과학 영화, 혹은 완전히 다른 장르든 들려주시면 정말 좋을 것 같아요! 그리고 영화 중에서 가장 좋아하는 작품이 있나요? 여러 번 봐도 질리지 않는 영화 같은 거죠. 그런 영화에 대해, 그 영화가 왜 당신에게 특별한지에 대해 알아보는 건 항상 흥미로워요. 더군다나, 좋아하는 작품이 같은 사람을 만났을 때 대화를 시작하는 데 도움이 되거든요! 마지막 질문입니다. 당신은 영화를 분석하거나 친구들과 그것에 대해 이야기 나눠 본 적이 있나요? 영화에 대한 다양한 시각을 탐구하는 건 정말 흥미로워요. 영화에 대한 어떤 인상깊은 이야기나 공유하고 싶은 식견이 있으신가요? 감사합니다. 나중에 또 얘기해요. 좋은 하루 되세요.

Words   enjoy 즐기다   free time 여가 시간   unwind 긴장을 풀다   be on the lookout for ~에 주의를 기울이다   recommendation 추천   action 액션   romance 로맨스   science fiction 공상 과학 영화   all-time 시대를 초월하는   analyze 분석하다   perspective 관점   memorable 기억에 남는   movie discussion 영화 토론   insight 통찰력

Combo 1 질문하기

TOPIC 3 자동차 렌탈

🎧 3_01_T3

> Imagine that you are on vacation with your friend. You are at a car rental shop to rent a car to travel. Ask the agent who works at the car rental company three or four questions about renting a car for a week.
> 당신이 친구와 함께 휴가를 보내고 있다고 상상해 보세요. 당신은 여행을 위해 차를 빌리려고 렌터카 매장에 있습니다. 렌터카 회사에서 일하는 직원에게 일주일 동안 차를 빌리는 것에 대해 3~4개의 질문을 해보세요.

Model Answer_IH

🎧 3_01_5

Hello. I'm here to get some help renting a car for a week with my friend since we are on vacation in this city. I'd like some information before making a reservation. Firstly, considering we'll be driving a lot, can you suggest any car brands or types that are comfortable and suitable for our trip? In addition, do you have automatic cars since I'm not experienced with driving cars with a manual transmission? Insurance is another concern. Could you please explain the coverage limits for your insurance options? Lastly, we're considering an electric car for environmental reasons and cost savings. Do you have any electric cars available to rent? Thank you for your assistance.

안녕하세요. 이 도시에서 휴가를 보내고 있기 때문에 친구와 함께 일주일 동안 차를 빌리는 것에 대해 도움을 받기 위해 왔어요. 예약하기 전에 몇 가지 정보를 알려주시면 감사하겠습니다. 우선, 저희는 운전을 많이 할 예정이므로, 저희 여행을 위해 편하고 적합한 차종이나 브랜드를 추천해 주실 수 있나요? 또한, 저는 수동 변속기 사용에 익숙하지 않아서 그러는데, 오토매틱 차가 있나요? 보험도 관심 있는데요. 귀사의 보험 옵션에 따른 보장 한도를 설명해 주시겠습니까? 마지막으로, 저희는 환경 보호와 비용 절감을 위해 전기차를 고려하고 있습니다. 전기차 대여가 가능한가요? 도와주셔서 감사드립니다.

Words rent a car 차를 대여하다 reservation 예약 automatic 자동의 manual transmission 수동 변속기 insurance 보험 coverage limit 보상 한도 electric car 전기 자동차 cost saving 비용 절약 assistance 도움

Model Answer_AL 🎧 3_01_6

Hello. I'm here to inquire about renting a car from your company for approximately a week during my vacation in this city. I want to make sure we have all the necessary details before proceeding with the reservation. Firstly, given that we plan to do an extensive amount of driving, could you recommend any specific car brands or models that are known for comfort and suitability for longer journeys? Additionally, we'd prefer an automatic transmission as neither of us is proficient with a manual transmission. Do you have automatic cars in your fleet? Another essential aspect is insurance. Could you provide information on the maximum coverage your insurance offers as well as any additional options for extra protection? Lastly, we're interested in environmental sustainability and cost efficiency. Do you have any electric vehicles available to rent, and if so, what are the availability and the pricing like? We appreciate your assistance.

안녕하세요. 이 도시에서 휴가를 위해 차를 약 일주일간 빌리는 것에 대해 문의드립니다. 예약을 진행하기 전에 필요한 모든 정보를 확인하고자 합니다. 먼저, 우리가 장시간 주행을 계획하고 있는 것을 고려하여 긴 여행에 적합하고 편안한 차량 브랜드나 모델을 추천해 주실 수 있을까요? 또한 우리 둘 다 수동 변속기에 익숙하지 않기 때문에 자동 변속기를 선호합니다. 회사 차량 중에 오토매틱 차량이 있나요? 또 다른 중요한 측면은 보험입니다. 보험으로 제공되는 최대 보상 한도와 추가 보장 옵션에 대한 정보를 제공해 주실 수 있을까요? 마지막으로, 우리는 환경적 지속성과 가성비에 관심이 있습니다. 전기 자동차를 대여할 수 있나요? 만약 그렇다면 이용 가능성과 가격은 어떻게 되나요? 도움을 주셔서 감사합니다.

> **Words**   **extensive** 대규모의   **comfort** 편안함   **environmental sustainability** 환경적 지속성
> **electric vehicle** 전기 차량   **availability** 가용성   **pricing** 가격 책정

💡 추가 아이디어로 답안 늘리기

- Considering our extended use of the car, could you recommend any car models that are fuel efficient and suitable for both city and highway driving?
  차량을 장시간 동안 이용할 거라서 연비가 좋고 도시와 고속도로 주행에 적합한 차량 모델을 추천해 주실 수 있을까요?

- In addition, do you have any hybrid vehicles available?
  추가로, 이용 가능한 하이브리드 차량이 있나요?

- I'd like to know the daily rental cost and if there are any discounts for a week-long rental.
  일일 렌탈 비용과 일주일 렌탈에 대한 할인 여부를 알고 싶습니다.

- Can you confirm that your rental cars are allowed for off-road use, or are there any restrictions we should be aware of?
  귀사의 렌트 차량이 비포장도로에서 주행이 허용되는지 혹은 알아야 할 제한 사항이 있는지 확인할 수 있을까요?

Combo 1 질문하기

TOPIC 4 은행

🎧 3_01_T4

> There is a situation I need you to act out. You are at a bank. You have to open a bank account. Ask the bank teller three or four questions about opening an account.
>
> 당신이 역할극을 해야 하는 상황이 있습니다. 당신은 은행에 있습니다. 은행 계좌를 개설해야 합니다. 은행 직원에게 계좌 개설에 관련된 3~4가지 질문을 해보세요.

Model Answer_IH ①

🎧 3_01_7

Hi there. I'm interested in opening a bank account and would appreciate some information about it. Firstly, could you tell me what types of bank accounts are available? Secondly, regarding the account-opening process, what documents are required? Is photo ID necessary, and should I present my resident registration card or driver's license? Additionally, I'm curious about any minimum deposit requirements for the account. Lastly, I would like to know if there are any fees for maintaining the account or for transactions, such as deposits or withdrawals. Thank you for your assistance.

안녕하세요. 저는 은행 계좌 개설에 관심이 있는데 이에 대한 정보를 좀 제공해 주시면 감사하겠습니다. 첫째로, 어떤 종류의 은행 계좌를 제공하시나요? 둘째로, 계좌 개설과 관련하여 어떤 서류가 필요한가요? 사진이 부착된 신분증이 필요한가요, 그리고 제 주민등록증이나 운전면허증을 제시해야 하나요? 추가로, 계좌에 대한 최소 예치금 요건이 있는지 궁금합니다. 마지막으로, 계좌 유지 또는 입금이나 인출과 같은 거래에 수수료가 있는지 알고 싶습니다. 도움을 주셔서 감사합니다.

Words bank account 은행 계좌 document 서류 photo ID 사진이 부착된 신분증 resident registration card 주민등록증 driver's license 운전면허증 minimum deposit requirement 최소 예치금 요건 fee 수수료 maintain the account 계좌를 유지하다 transaction 거래 deposit 예금 withdrawal 인출 assistance 도움

Model Answer_ IH ② 🎧 3_01_8

Hi there. I am here to get some information about opening a bank account. I'm a college student here in Seoul, and I need a new account for my living expenses and tuition fees. Can you provide me with some information, please? Firstly, what specific documents do I need to bring as a student? Secondly, how long does it usually take to open an account here? Oh, I see! Additionally, are there any fees or special offers for students when opening an account? And lastly, does this account have easy mobile banking features for students like me? Thank you for your assistance.

안녕하세요. 은행 계좌를 개설하는 것에 대한 정보를 얻으러 왔습니다. 저는 여기 서울의 대학생으로, 생활비와 학비를 위한 새로운 계좌가 필요합니다. 정보를 제공해주실 수 있나요? 첫째로, 학생으로서 필요한 특정 서류는 무엇인가요? 둘째로, 여기서 계좌를 개설하는 데 보통 얼마나 걸리나요? 아, 알겠습니다! 추가로, 학생이 계좌를 개설할 때 수수료나 특별 혜택이 있나요? 마지막으로, 이 계좌는 저와 같은 학생들을 위한 쉬운 모바일 뱅킹 기능을 가지고 있나요? 도움을 주셔서 감사합니다.

Words college student 대학생   living expenses 생활비   tuition fee 학비
specific document 특정 서류   mobile banking 모바일 뱅킹

추가 아이디어로 답안 늘리기

- Is there a student discount? 학생 할인이 있나요?
- Can I link my transportation card to this account? 이 계좌에 제 교통카드를 연결할 수 있나요?
- Are there any limits on daily withdrawals or transactions? 일일 인출이나 거래에 제한이 있나요?
- Does this bank have a branch near my university? 제가 다니는 대학교 근처에 이 은행 지점이 있나요?

Combo 1 질문하기

Model Answer_AL 🎧 3_01_9

Hi there. I am here to inquire about the process of opening a bank account. As a corporate employee, I'm seeking an account that can handle my salary and personal transactions efficiently. Can you provide me with detailed information, please? Firstly, could you clarify what types of identification and documents are required for a Korean citizen? Secondly, I'm interested in knowing the time frame for the entire account setup process. Oh, I see! Additionally, I'd like to know if there are any account maintenance fees or benefits for employees. And lastly, does this bank provide integrated digital banking solutions for easier financial management? Thank you for your help.

안녕하세요. 은행 계좌 개설 과정에 대해 문의하러 왔습니다. 직장인으로서, 제 월급과 개인 거래를 효율적으로 처리할 수 있는 계좌를 찾고 있습니다. 자세한 정보를 제공해 주실 수 있나요? 첫째로, 한국 국민으로서 필요한 신분증 및 서류 종류에 대해 명확히 해주실 수 있나요? 둘째로, 전체 계좌 설정 과정에 걸리는 시간이 궁금합니다. 아, 알겠습니다! 추가로, 계좌 유지 수수료나 직장인을 위한 혜택이 있는지 알고 싶습니다. 마지막으로, 이 은행은 더 쉬운 재정 관리를 위한 통합 디지털 뱅킹 솔루션을 제공하나요? 도움을 주셔서 감사합니다.

Words   **inquire** 문의하다   **corporate employee** 직장인   **identification** 신분증   **time frame** 시간   **account maintenance** 계좌 유지   **benefit** 혜택

추가 아이디어로 답안 늘리기

- What is the interest rate for a savings account? 예금 계좌의 이자율은 어떻게 되나요?
- Is there a fee for using the ATMs of other banks? 다른 은행의 ATM을 사용할 때 수수료가 있나요?
- Can I link this account to digital payment services? 이 계좌를 디지털 결제 서비스와 연동할 수 있나요?

TOPIC 5 국내/해외 여행

🎧 3_01_T5

I'd like to give you a situation and ask you to act it out. You are planning to travel in your country. Call a travel agency and ask three or four questions to get some information about your trip.
상황을 하나 드릴 테니 역할극을 해보세요. 당신은 국내 여행을 계획하고 있습니다. 여행사에 전화해서 여행에 대한 정보를 얻기 위해 3~4가지 질문을 해보세요.

Model Answer_IH ①

🎧 3_01_10

Hello. I am planning a domestic trip and need some information. Could you help me? I am looking for a travel package. What options do you have for a one-week trip? I am interested in cultural sites and nature. What places are included in your packages? I would also like to know about the cost. How much does a typical package cost? And are meals and transportation included? This will help me plan my budget. Thank you for your help.

안녕하세요, 저는 국내 여행을 계획 중이고 몇 가지 정보가 필요합니다. 도와주실 수 있나요? 여행 상품을 찾고 있습니다. 일주일 여행으로 어떤 옵션이 있나요? 저는 문화적인 장소와 자연에 관심이 있습니다. 패키지에 포함된 장소는 어디인가요? 또한 비용에 대해서도 알고 싶습니다. 전형적인 패키지 가격은 얼마인가요? 식사와 교통이 포함되어 있나요? 이 정보가 예산을 세우는 데 도움이 될 것입니다. 도움을 주셔서 감사합니다.

Words domestic 국내의   trip 여행   travel package 여행 상품   cost 비용   budget 예산

추가 아이디어로 답안 늘리기

- Are there any special deals or discounts available? 이용 가능한 특가 상품이나 할인이 있나요?
- What is the best time to visit these places? 이곳들을 방문하기에 가장 좋은 시기는 언제인가요?
- Can you suggest any unique activities included in the package?
  패키지에 포함된 독특한 활동을 추천해 주실 수 있나요?
- Is travel insurance included or available? 여행자 보험은 포함되어 있나요, 혹은 가입할 수 있나요?

Combo 1 질문하기

Model Answer_IH ②   🎧 3_01_11

Hello. I'm currently organizing an excursion in my country and require some assistance. I'm considering various travel packages. Can you tell me about the different one-week travel options available? My main interests are exploring cultural landmarks and natural scenery. Which destinations are featured in these packages? Additionally, I'm curious about the pricing details. What's the average cost for these travel packages? And do they cover meals and transportation expenses? This information is crucial for my travel budget. Thank you for your assistance. It's greatly appreciated.

안녕하세요, 저는 현재 국내 여행을 계획하고 있으며, 몇 가지 도움을 요청합니다. 다양한 여행 상품을 고려하고 있습니다. 일주일 여행 옵션에 대해 알려주실 수 있나요? 저는 문화적인 대표 명소와 자연 풍경을 탐험하는 데 주로 관심이 있습니다. 이 상품에는 어떤 목적지가 포함되어 있나요? 또한 가격 세부 사항이 궁금합니다. 이 여행 상품의 평균 비용은 얼마인가요? 식사와 교통비는 포함되어 있나요? 이 정보는 제 여행 예산을 세우는 데 중요합니다. 도움을 주셔서 감사합니다. 대단히 감사합니다.

Words   organize 조직하다, 준비하다   excursion (짧은) 여행   consider 고려하다   landmark 대표 명소   scenery 풍경   destination 목적지   pricing detail 가격 세부 사항   travel budget 여행 예산

추가 아이디어로 답안 늘리기

- Could you provide details on accommodation options?
  숙박 옵션에 대한 세부 사항을 제공해 주실 수 있나요?
- Are guided tours part of the package? 가이드 투어가 패키지의 일부인가요?
- What are the cancelation policies for these packages? 이 패키지의 취소 정책은 무엇인가요?
- Is there an option for customizing the itinerary? 여행 일정표를 개인에 맞출 수 있는 옵션이 있나요?

Model Answer_ AL

Hello. I'm calling to gather information about planning an upcoming trip to Jeju Island. I'm particularly interested in visiting popular tourist destinations. Could you provide me with some details, please? Firstly, I'd like to know the top tourist attractions, especially since I'm keen on climbing Mt. Halla. Secondly, when is the best time to visit these places? Regarding the ABC Museum, what's the entrance fee, or is it included in the package? In addition, for car rentals in Jeju, what are the rates, and are there any discounts available? Oh, I see. Additionally, could you inform me about the available transportation options, particularly public transportation in Jeju? Lastly, I need information on accommodation types at these destinations. Which hotels are close to the airport, and could you provide the names? Thank you for your assistance.

안녕하세요, 제가 곧 있을 제주도 여행을 계획하고 있어서 정보를 얻고자 전화했습니다. 특히 인기 있는 관광지 방문에 관심이 있습니다. 자세한 정보를 알려주실 수 있나요? 첫째로, 가장 유명한 관광지는 어디인지, 특히 한라산 등반에 관심이 많아서 그 부분에 대해 알고 싶습니다. 둘째로, 이러한 장소들을 방문하기에 가장 좋은 시기는 언제인가요? ABC 박물관의 입장료는 얼마인지, 아니면 패키지에 포함되어 있는지 궁금합니다. 또한 제주에서 차를 빌릴 때 요금은 얼마이며 할인이 되나요? 아, 알겠습니다. 추가로, 제주에서 이용 가능한 교통 옵션, 특히 대중교통에 대해 알려주실 수 있나요? 마지막으로, 이 관광지의 숙박 시설 유형에 대한 정보가 필요합니다. 어떤 호텔이 공항에서 가까운지 그리고 그 호텔의 이름을 알려주실 수 있나요? 도움을 주셔서 감사합니다.

Words tourist attraction 관광 명소   entrance fee 입장료   accommodation 숙박 시설

Combo 1 질문하기

TOPIC 6 MP3 플레이어

🎧 3_01_T6

There is a situation that I need you to act out. Suppose that you want to borrow an MP3 player from your friend. Explain your situation and ask three questions to borrow the MP3 player.
역할극을 해야 할 상황이 있습니다. 친구에게 MP3 플레이어를 빌리고 싶다고 가정해 봅시다. 당신의 상황을 설명하고 MP3 플레이어를 빌리기 위해 3가지 질문을 해보세요.

Model Answer_ IH

🎧 3_01_13

Hi there. I'm calling because I need to borrow your MP3 player for a short time. Can you provide me with some information, please? Firstly, is your MP3 player available for me to borrow? Secondly, could I use it for about a week? Oh, I see! Additionally, are there any specific care instructions I should follow? And lastly, could I pick it up tomorrow? Thank you for your assistance.

안녕. 네 MP3를 잠깐 빌리고 싶어서 전화했어. 정보 좀 얻을 수 있을까? 먼저, 네 MP3를 빌려줄 수 있어? 두 번째로, 일주일 정도 그걸 사용해도 될까? 아, 알겠어. 추가로, 내가 지켜야 할 특별한 주의 사항이 있어? 그리고 마지막으로, 내일 MP3를 가지러 가도 될까? 도와줘서 고마워.

Words borrow 빌리다 available 이용 가능한 care instruction 취급 주의사항 pick up 가지러 가다

Model Answer_ AL ①

🎧 3_01_14

Hello. I am reaching out with a request to borrow an MP3 player. I'm particularly interested in borrowing yours due to its excellent sound quality. Could you provide me with some details, please? Firstly, is your MP3 player currently available for me to borrow? Secondly, would it be possible to borrow it for approximately one week? Oh, I understand! Additionally, are there any particular handling or care guidelines I need to be aware of? Lastly, is there a convenient time for me to collect it from you? Perhaps tomorrow? Thank you for your assistance.

안녕. MP3를 빌려 달라고 요청하려고 연락했어. 음질이 매우 좋기 때문에 특히 네 MP3를 빌리고 싶어. 몇 가지 정보를 말해줄 수 있니? 먼저, 지금 너의 MP3를 나에게 빌려줄 수 있어? 두 번째로, 일주일 정도 빌리는 게 가능할까? 아, 그렇구나. 추가로, 내가 알아야 할 특별한 사용법이나 주의 사항이 있니? 마지막으로, 내가 그걸 가지러 가기에 편한 시간이 있니? 내일쯤? 도와줘서 고마워.

Words sound quality 음질 handling 다루기 guideline 지침 collect 가져가다

Model Answer_ AL ②

🎧 3_01_15

Hey there! I'm hoping to borrow your MP3 player for a few days. The reason is that I've heard so much about the great playlist you have. Can you help me out, please? Firstly, I wonder if your MP3 player is available for me to borrow sometime this week? Secondly, I'm curious about its battery life. Does it have enough power to last for many hours? That would be really convenient if it did! Additionally, I wonder if it comes with any additional accessories like a protective case or other gear to keep it safe? In addition, are there any specific instructions or care tips I should follow while using it? Lastly, could you let me know when and where the best time and place for me to pick it up from you would be? Thanks so much for considering this favor; I really appreciate your help and am looking forward to enjoying your music collection!

안녕! 며칠 동안 네 MP3를 빌리고 싶어. 네가 가지고 있는 훌륭한 재생 목록에 대해 많이 들어서 그래. 도와줄 수 있니? 첫째로, 이번 주에 네 MP3를 빌릴 수 있는지 궁금해. 둘째로, 배터리 수명이 어떤지 궁금해. 오랫동안 사용할 수 있는 충분한 전력이 있니? 그렇다면 정말 편리할 것 같아! 추가로, 보호 케이스나 다른 안전 장비 같은 추가 액세서리가 함께 있니? 그리고 사용하는 동안 따라야 할 특별한 지침이나 주의 사항이 있을까? 마지막으로, 내가 물건을 가져갈 수 있는 가장 좋은 시간과 장소를 알려줄 수 있어? 이 부탁을 고려해줘서 정말 고마워. 도와줘서 정말 고맙고, 네 음악 컬렉션을 즐길 생각에 기대가 돼!

Words playlist 재생 목록   battery life 배터리 수명   power 전력   protective case 보호 케이스   gear 장비
care tip 주의 사항   favor 부탁   appreciate 감사하다

추가 아이디어로 답안 늘리기

- Could you also lend me the charger for the MP3 player? MP3 충전기도 빌려줄 수 있니?

- Is there any specific software required to transfer music to it?
  음악을 전송하기 위한 특정 소프트웨어가 필요하니?

- Are there any restrictions on the types of files it can play?
  재생할 수 있는 파일 유형에 제한이 있니?

- Has the player ever had any issues or quirks I should be aware of?
  MP3에 문제가 있거나 내가 알아야 할 특이한 점이 있니?

- Do I need to return it with a full battery? 배터리를 완전히 충전해서 돌려줘야 하니?

Combo 1 질문하기

TOPIC 7 호텔

🎧 3_01_T7

> There is a situation I need you to act out. Let's assume that you have to go on a trip, and you have to book a room in advance. Call a hotel and ask three or four questions about reserving a room.
> 역할극을 해야 할 상황이 있습니다. 당신은 여행을 가야 하고, 방을 미리 예약해야 한다고 가정해 봅시다. 호텔에 전화해서 방 예약에 관한 3~4가지 질문을 해보세요.

Model Answer_ IH
🎧 3_01_16

Hi there. I am calling to get some information about booking a room. I'm interested in staying at your hotel. Can you provide me with some information, please? Firstly, what types of rooms are available during my travel dates? Secondly, what is the rate for each room type? Oh, I see! Additionally, are breakfast or other meals included in the room rate? And lastly, what is your cancelation policy? Thank you for your assistance.

안녕하세요. 객실 예약에 대한 정보를 얻고 싶어서 전화드렸습니다. 거기 호텔에 숙박하고 싶습니다. 정보를 제공해 주실 수 있나요? 먼저, 제 여행 기간에 어떤 종류의 객실이 있는지 알려주세요. 두 번째로, 객실 종류별 요금이 어떻게 되나요? 아, 그렇군요! 추가로, 객실 요금에 조식이나 기타 식사가 포함되어 있나요? 그리고 마지막으로, 취소 정책은 어떻게 되나요? 도와주셔서 감사합니다.

Words book 예약하다 rate 요금 breakfast 아침 식사 cancelation policy 취소 정책

추가 아이디어로 답안 늘리기

- Is there Wi-Fi available in the rooms? 방에 Wi-Fi가 제공되나요?
- Do you have an airport shuttle service? 공항 셔틀 서비스를 제공하나요?
- Are pets allowed at the hotel? 호텔에 반려동물이 허용되나요?

Model Answer_ AL ①
🎧 3_01_17

Hello, I'm calling to inquire about booking a room for two people at your hotel. Firstly, could you please check if there are any available rooms on the upcoming weekend? Great, thank you. Now, what are the room rates for a weekend stay? I'm working with a tight budget. Also, is free Wi-Fi available? I need to access e-mail during my stay. Additionally, does the hotel have an infinity pool, and is its use included in the room rate? Furthermore, can you provide turndown service, and are there any extra amenities available? Lastly, I'd like to know if parking fees are included. How much is the parking fee for a three-night stay? Thank you.

안녕하세요. 거기 호텔에 2인용 객실 예약에 대해 문의하고자 전화했습니다. 먼저, 다가오는 주말에 이용 가능한 객실이 있는지 확인해 주시겠어요? 좋습니다, 감사합니다. 주말 숙박 요금은 어떻게 되나요? 예산이 제한적이라서요. 그리고, 무료 Wi-Fi가 제공되나요? 숙박 중에 이메일을 확인해야 해서요. 추가로, 호텔에 인피니티 풀이 있나요? 인피니티 풀 이용이 객실 요금에 포함되어 있나요? 또, 방 정리 서비스랑 추가 편의시설도 제공하나요? 마지막으로, 주차 요금 포함인지 알고 싶어요. 3박의 주차 요금은 얼마인가요? 감사합니다.

Words   room rate 객실 요금   tight budget 제한적인 예산   amenity 생활 편의 시설   parking fee 주차 요금

Model Answer_ AL ②   🎧 3_01_18

Hi there. I am calling to get some information about reserving a room at your establishment. I'm interested in exploring accommodation options. Can you provide me with some details, please? Firstly, could you tell me about the different room categories available and their specific amenities? Secondly, I'd like to know the pricing for each room category during my intended stay. Oh, that's helpful! Additionally, are there any special packages or discounts currently available? And lastly, could you explain the terms and conditions related to cancelations or changes? Thank you for your assistance.

안녕하세요. 귀하의 시설에 객실을 예약하는 것에 대한 정보를 얻고자 전화를 드렸어요. 저는 숙박 옵션을 알아보는 것에 관심이 있습니다. 몇 가지 세부 정보를 알려주실 수 있나요? 첫째, 이용 가능한 객실 종류와 구체적인 편의 시설에 대해 알려주실 수 있나요? 둘째, 숙박하는 동안의 객실 종류별 가격을 알고 싶습니다. 아, 도움이 되네요! 추가로, 현재 특별 패키지나 할인이 있나요? 그리고 마지막으로, 취소나 변경과 관련된 정책을 설명해 주실래요? 도와주셔서 감사합니다.

Words   reserve 예약하다   establishment 시설   accommodation option 숙박 옵션
room category 객실 종류   pricing 가격 책정   discount 할인   terms and conditions 약관

💡 추가 아이디어로 답안 늘리기

- Could you inform me about the hotel's fitness and spa facilities?
  호텔의 피트니스와 스파 시설에 대해 알려주실 수 있나요?

- Are there any local attractions or dining rooms near the hotel?
  호텔 근처에 지역 명소나 식당이 있나요?

- Do you have a loyalty program for frequent guests?
  자주 오는 손님을 위한 고객 보상 프로그램이 있나요?

Combo 1 질문하기

TOPIC 8 외식

🎧 3_01_T8

> There is a situation I need you to act out. You are supposed to have dinner with your family at a recently opened restaurant that your friend recommended. You haven't been there before, but your friend has. Call your friend and ask some questions about this restaurant.
>
> 역할극을 해야 할 상황이 있습니다. 당신은 친구가 추천한 새로 오픈한 식당에서 가족들과 저녁을 먹을 겁니다. 당신은 방문한 적이 없으나, 친구는 가 본 적이 있습니다. 친구에게 전화를 걸어 식당에 대해 몇 가지 질문을 해주세요.

Model Answer_IH

🎧 3_01_19

Hi there! I'm reaching out to gather some details about the new restaurant you mentioned. I'm considering it for a family dinner. Could you help me with some information? Firstly, could you tell me more about the restaurant's ambiance and decor? I'm curious about the atmosphere. Secondly, what are some must-have dishes there? I'm looking for recommendations to ensure a delightful dining experience. Oh, I see! Additionally, how are the vegetarian options? My sister prefers plant-based meals. Lastly, does the restaurant have any special amenities or services, like live music or private dining areas? Thank you for your help!

안녕! 네가 말한 새 식당에 대해 좀 더 알고 싶어서 연락했어. 가족 저녁 식사 장소로 고려 중이야. 몇 가지 정보를 알려줄 수 있을까? 첫째로, 식당의 분위기와 장식에 대해 좀 더 말해줄 수 있어? 분위기가 어떤지 궁금해. 둘째로, 거기서 꼭 먹어봐야 할 요리는 뭐야? 즐거운 식사 경험을 위한 추천을 원해. 알겠어! 또한, 그들의 채식 메뉴는 어때? 내 여동생은 채식 위주의 식사를 선호해. 마지막으로, 라이브 음악이나 개인 식사 공간과 같은 특별한 편의 시설이나 서비스가 있어? 도와줘서 고마워!

Words ambiance 분위기   decor 장식   atmosphere 분위기   must-have dish 꼭 먹어봐야 할 요리
vegetarian 채식의; 채식주의자   private dining area 개인 식사 공간

추가 아이디어로 답안 늘리기

- Can you tell me about the wine selection or the cocktail menu?
  와인 종류나 칵테일 메뉴에 대해 말해줄 수 있어?
- Are there any signature desserts I should try? 먹어봐야 할 대표 디저트가 있어?
- Does the restaurant offer outdoor seating? 식당에 야외 좌석이 있어?

Model Answer_ AL 🎧 3_01_20

Hello! How's everything going? I'm calling to ask about the ABC Italian restaurant you recently mentioned. Next Saturday is my mother's 60th birthday, and I'm planning a celebration for her. I'm considering the ABC Italian restaurant as a potential venue. I have a few questions about the restaurant. Firstly, can you tell me where it is located? I live in the suburbs, and I want to avoid a long drive due to traffic concerns. Secondly, what dishes would you recommend from the menu? What's the restaurant's specialty or signature dish? I'm looking to try some delicious gourmet food. Thirdly, how are the prices there? Roughly how much should I expect to pay per person? Finally, does the restaurant have a parking lot? And if so, is parking free? Thanks for your help! Have a great day and see you soon!

안녕! 요즘 어떻게 지내? 네가 최근에 얘기했던 ABC 이탈리아 식당에 대해 물어보려고 전화했어. 다음 토요일이 우리 엄마 60번째 생신이라서, 그녀를 위한 축하 행사를 계획 중이야. ABC 이탈리아 식당을 행사 장소로 고려하고 있어. 식당에 대한 몇 가지 질문이 있어. 첫째, 식당의 위치를 알려줄 수 있어? 교외에 살고 있어서, 교통 문제로 오래 운전하는 걸 피하고 싶어. 둘째, 메뉴에서 어떤 요리를 추천하겠어? 그 식당의 특별 요리나 대표 메뉴는 뭐야? 맛있고 고급스러운 걸 먹어보고 싶어. 셋째, 그곳의 가격대는 어때? 대략적으로 한 사람당 얼마를 예상해야 할까? 마지막으로, 식당에 주차장이 있어? 있다면 주차는 무료야? 도와줘서 고마워! 좋은 하루 보내고 곧 보자!

Words celebration 기념행사 venue 장소 suburbs 교외 traffic concern 교통 문제
recommend 추천하다 specialty 특별 요리 signature dish 대표 메뉴 gourmet food 고급 요리
parking lot 주차장

추가 아이디어로 답안 늘리기

- Is there a dress code at the restaurant? 식당에 복장 규정이 있어?

- Does it offer any special discounts or promotions? 특별 할인이나 프로모션이 있어?

- What's the average waiting time on weekends? 주말 평균 대기 시간은 어떻게 돼?

Combo 1 질문하기

TOPIC 9 파티 준비

> There is a situation I need you to act out. One of your friends asked you to help her throw a party. Call your friend and ask two or three questions to find out how to prepare for the party.
>
> 역할극을 해야 할 상황이 있습니다. 당신의 친구 중 한 명이 파티를 여는 것을 도와 달라고 부탁했습니다. 그 파티를 어떻게 준비해야 할지 그 친구에게 전화를 걸어 2~3가지 질문을 해주세요.

Model Answer_IH ①

Hi. How's everything? I'm calling to get some details about the party we're planning this weekend. Since I'm new to hosting parties, I have a few questions. Firstly, is there a specific theme or dress code for the party? Secondly, do we have enough food and drinks for the weekend, or is there something specific I should bring? Thirdly, how many guests are we expecting? Do we also have any group games planned? I have a lot of board games at home, so I can bring some if we need more entertainment options. Thank you so much for your guidance.

안녕, 어떻게 지내? 이번 주말에 계획 중인 파티에 대해 몇 가지 자세한 정보를 얻으려고 전화했어. 파티 주최가 처음이라서 몇 가지 질문이 있어. 첫째로, 파티에 특정 테마나 복장 규정이 있니? 둘째로, 주말을 위한 충분한 음식과 음료가 준비되어 있니? 아니면 특별히 가져가야 할 게 있을까? 셋째로, 손님이 얼마나 올 예정이야? 준비된 단체 게임도 있어? 집에 보드게임이 많으니 즐길 거리가 더 필요하면 가져갈 수 있어. 알려줘서 고마워.

Words host a party 파티를 주최하다 theme 테마 dress code 복장 규정 guest 손님 entertainment 오락 guidance 지침, 안내

Model Answer_IH ②

Hi there! I'm calling to get some information about the party you're planning. I'm interested in helping out. Can you provide me with some details, please? Firstly, what's the theme of the party? I want to make sure we have the right decorations. Secondly, how many people are we expecting? This will help me figure out how much food and drink we need. Oh, I see! Additionally, is there anything specific you need me to bring or prepare? Thank you for your assistance!

안녕! 네가 준비하는 파티에 대한 정보를 얻으려고 전화했어. 너를 도와주고 싶어. 자세한 정보 좀 줄 수 있을까? 첫째로, 파티의 테마는 뭐야? 장식이 적절한지 확인하고 싶어. 둘째로, 몇 명이 올 예정이야? 이건 음식과 음료가 얼마나 필요한지 파악하는 데 도움이 될 거야. 알겠어! 그리고, 내가 가져오거나 준비해야 할 특별한 게 있어? 도와줘서 고마워!

Words decoration 장식 expect 예상하다 figure out 파악하다

추가 아이디어로 답안 늘리기

- Should I help set up the music or sound system? 음악이나 음향 시스템 설치를 도와줄까?
- Do we need any games or activities for entertainment? 오락을 위한 게임이나 활동이 필요할까?

Model Answer_ AL 🎧 3_01_23

Hello! I'm reaching out for some insights on the party you're organizing. I'm keen to assist effectively. Could you share some specifics with me? Firstly, could you elaborate on the party's theme or style? I'd like to contribute to creating the perfect ambiance. Secondly, what's the expected guest list like? Knowing the number and preferences of the attendees can help me plan the menu and the activities. Oh, that's informative! Additionally, are there any special requests or roles you'd like me to take on during the event? Thanks a lot for guiding me through this!

안녕! 네가 계획하는 파티에 대한 의견을 얻기 위해 연락했어. 효과적으로 돕고 싶어. 몇 가지 세부 사항을 공유해 줄 수 있을까? 첫째로, 파티의 테마나 스타일에 대해 좀 더 자세히 설명해 줄 수 있어? 완벽한 분위기를 만드는 데 기여하고 싶어. 둘째로, 예상 손님 명단은 어때? 참석자의 수와 선호도를 알면 메뉴와 활동 계획에 도움이 될 거야. 아, 유익한 정보야! 또한, 행사 중에 특별한 요청 사항이나 내게 맡기고 싶은 역할이 있니? 설명해 줘서 고마워!

Words keen to do ~하고 싶어하는   specifics 세부 사항   elaborate 자세히 설명하다   ambiance 분위기   guest list 손님 명단   preference 선호도   special request 특별 요청   role 역할   take on 떠맡다

추가 아이디어로 답안 늘리기

- Would you like me to coordinate with any caterers or vendors?
  케이터링이나 공급업체와 협조해야 할까?
- Should I arrange any special lighting or effects for the party?
  파티를 위해 특수한 조명이나 효과를 준비해야 할까?
- Is there a need for personalized decorations or themes for the guests?
  손님들을 위한 맞춤형 장식이나 테마가 필요해?

Combo 1 질문하기

TOPIC 10 친구 초대

🎧 3_01_T10

> There is a situation that you need to act out. You want to invite your friend to your place this upcoming weekend. Since you are living with your family at the moment, you think that asking your mother about the invitation is a good idea. Call your mother and ask her two or three questions about this issue.
>
> 역할극을 해야 할 상황이 있습니다. 당신은 돌아오는 주말에 친구를 집으로 초대하고 싶습니다. 현재 가족들과 당신은 같이 살고 있기 때문에 친구 초대에 관해 어머니께 물어보는 것이 좋다고 생각합니다. 어머니께 전화를 걸어 이 문제에 관해 2~3가지 질문을 해주세요.

Model Answer_IH

🎧 3_01_24

Hi, Mom! I'm calling to talk about inviting a friend over this weekend. I want to ask a couple of things. Firstly, is it okay if I invite my friend to our house this weekend? I thought it would be nice to have her over. Secondly, could I prepare some snacks or a meal for us? I can make something simple. Oh, I see! Additionally, do you need any help around the house before she comes? Thank you for your advice. I really appreciate it!

안녕하세요, 엄마! 이번 주말에 친구를 우리 집에 초대하려고 하는데 몇 가지 여쭤보고 싶어서 전화했어요. 첫째로, 이번 주말에 제 친구를 우리 집에 초대해도 될까요? 초대하면 좋을 것 같아서요. 둘째로, 간식이나 식사를 준비해도 될까요? 간단한 걸 만들 수 있어요. 아, 알겠어요! 추가로, 친구가 오기 전에 집에서 도와드릴 일이 있나요? 조언해 주셔서 감사합니다. 정말 감사해요!

Words have ~ over ~을 손님으로 맞이하다

🚨 추가 아이디어로 답안 늘리기

- Would it be okay to use the living room for a movie night? 영화의 밤을 위해 거실을 사용해도 될까요?

- Can my friend sleep over if it gets too late? 너무 늦으면 친구가 우리 집에서 자도 될까요?

- Is there a specific time my friend should leave? 친구가 가야 하는 구체적인 시간이 있나요?

- I'm thinking of making some snacks for us. Do you have any suggestions or preferences?
  우리를 위한 간식을 몇 가지 만들 생각이에요. 추천하거나 선호하는 것이 있나요?

- Are there any specific rules or preparations we should consider for the visit?
  방문을 위해 고려해야 할 특정한 규칙이나 준비 사항이 있을까요?

Model Answer_AL

🎧 3_01_25

Hello, Mom. I'm calling to discuss the possibility of having a friend over at our place this coming weekend. I want to get your thoughts and make sure everything is in order. Firstly, would it be possible for us to invite my friend this weekend? I want to ensure it doesn't disrupt any of our family plans. Secondly, are there any specific guidelines or etiquette I should inform my friend about in advance? Oh, I see! Additionally, I'm thinking of preparing a small meal or some special snacks for us. Are there any dietary considerations or preferences that we should keep in mind? Lastly, would you prefer if we spent most of our time in my room, or is using common areas like the living room acceptable? Thank you for your insights. Your input is invaluable for making this a smooth and enjoyable visit.

안녕하세요, 엄마. 이번 주말에 친구를 우리 집에 초대하는 부분에 대해 말씀드리려고 전화했습니다. 엄마 생각을 듣고 모든 것이 잘 진행되도록 하고 싶습니다. 첫째로, 이번 주말에 제 친구를 초대해도 괜찮을까요? 우리 가족의 다른 계획을 방해하지 않도록 하고 싶어요. 둘째로, 미리 친구에게 알려야 할 특정한 지침이나 에티켓이 있나요? 오, 알겠습니다! 추가로, 우리를 위해 가벼운 식사나 특별한 간식을 준비하고 싶어요. 염두에 둬야 할 식단 고려 사항이나 선호도가 있나요? 마지막으로, 우리가 대부분의 시간을 제 방에서 보내는 것을 선호하시나요, 아니면 거실 같은 공용 공간을 사용하는 것이 괜찮나요? 의견 주셔서 감사해요. 엄마 말씀은 친구 방문을 순조롭고 즐겁게 만드는 데 매우 유용해요.

Words possibility 가능성 in order 제대로 된 guideline 지침 dietary consideration 식단 고려 사항 common area 공용 공간 input 의견, 제안

💡 추가 아이디어로 답안 늘리기

- Would you like to join us for a meal or a chat? 함께 식사나 이야기 나누시겠어요?

- Can I use the kitchen to bake something special?
  특별한 걸 구워보려고 하는데, 주방을 사용해도 될까요?

- Is there a quiet area in the house where we can study or work?
  함께 공부하거나 일할 수 있는 조용한 공간이 집에 있나요?

- Are there any upcoming plans that might conflict with her visit?
  그녀의 방문과 겹칠 만한 일정이 있으세요?

- Regarding meals, should I plan to cook something special or order out?
  식사에 관해서는, 특별한 요리를 준비해야 할까요, 아니면 시켜 먹을까요?

롤플레이

유형별

combo 1 질문하기
combo 2 문제 해결하기
combo 3 관련 경험 전달하기

주제별

Unit 1   쇼핑
Unit 2   콘서트
Unit 3   친구, 가족
Unit 4   집
Unit 5   은행
Unit 6   MP3
Unit 7   여행

Combo 2 문제 해결하기

롤플레이에서 '문제 해결하기'는 고난이도 유형에 속합니다. 제시되는 상황에 맞게 문제의 세부 사항과 발생 경위, 그리고 문제가 미치는 영향 등에 대해 설명한 후, 상대방에게 해결책이나 대안을 제시합니다.

기출문제 유형

I'm sorry, but there is a problem I need you to resolve. You discovered that you left your wallet at a restaurant. Call the restaurant immediately. Explain where you were seated and describe your wallet. Then, ask how you can get your wallet back.

유감스럽게도 해결해야 할 문제가 하나 있습니다. 당신은 식당에 지갑을 두고 온 것을 알아차렸습니다. 즉시 식당에 전화하세요. 당신이 어디에 앉아 있었는지 설명하고 지갑을 묘사하세요. 그런 다음, 그들에게 어떻게 지갑을 돌려받을 수 있는지 질문하세요.

I'm sorry, but there is a problem I need you to resolve. Let's assume that you reserved a table at a restaurant for dinner with your family. However, you find out your name is not on the list. Call the restaurant manager and explain the situation. Provide two or three alternatives to resolve the problem.

유감스럽게도 해결해야 할 문제가 하나 있습니다. 당신이 가족과의 저녁 식사를 위해 식당을 예약했다고 가정해 봅시다. 그런데 당신의 이름이 명단에 없다는 것을 알게 되었습니다. 식당 매니저에게 전화를 걸어 상황을 설명하세요. 문제를 해결하기 위한 2~3가지 대안을 제시하세요.

I'm sorry, but there is a problem I need you to resolve. Let's assume that you bought a flight ticket. However, you cannot leave on the day that you are supposed to depart. Call the travel agency and explain the situation. Provide two or three alternatives to resolve the problem.

유감스럽게도 당신이 해결해야 할 문제가 하나 있습니다. 당신이 항공권을 구매했다고 가정해 봅시다. 그러나 예정된 출발일에 떠날 수 없게 되었습니다. 여행사에 전화해서 상황을 설명하세요. 문제를 해결하기 위한 2~3가지 대안을 제시하세요.

I'm sorry, but there is a problem I need you to resolve. Let's assume that the hotel room you were assigned is different from the one you reserved. Call the front desk clerk and explain the situation. Provide two or three alternatives to resolve the problem.

유감스럽게도 해결해야 할 문제가 하나 있습니다. 당신이 배정받은 호텔 방이 예약한 것과 다르다고 가정해 봅시다. 프런트에 전화해서 상황을 설명하세요. 문제를 해결하기 위한 2~3가지 대안을 제시하세요.

Combo 2 문제 해결하기

TOPIC 1 외식

🎧 3_02_T1

I'm sorry, but there is a problem I need you to resolve. You discovered that you left your wallet at a restaurant. Call the restaurant immediately. Explain where you were seated and describe your wallet. Then, ask how you can get your wallet back.
유감스럽게도 해결해야 할 문제가 하나 있습니다. 당신은 식당에 지갑을 두고 온 것을 알아차렸습니다. 즉시 식당에 전화하세요. 당신이 어디에 앉아 있었는지 설명하고 지갑을 묘사하세요. 그런 다음, 그들에게 어떻게 지갑을 돌려받을 수 있는지 질문하세요.

Model Answer_IH

🎧 3_02_1

Hello. I am calling to get some help regarding the wallet I left at your restaurant yesterday. I had my birthday party last night, so I drank a lot of beer. I accidentally left my wallet on table 12 last night. So can you help me with that? Firstly, could you please check table number 12? If you cannot find my wallet on the table, you have to check under table. There is also a possibility that I dropped it under the table. My wallet is made of black leather and it contains my ID card and several credit cards. If you find my wallet, please give me a call ASAP. Thank you for your help in advance.

안녕하세요. 어제 식당에 두고 온 제 지갑에 대해 도움을 요청하려고 전화했습니다. 어젯밤 제 생일 파티를 해서 맥주를 많이 마셨어요. 지난밤 12번 테이블에 실수로 제 지갑을 두고 온 것 같아요. 이 문제를 도와주실 수 있나요? 우선 12번 테이블을 확인해 주실 수 있나요? 테이블 위에서 지갑을 찾을 수 없다면, 테이블 아래도 확인해 주셔야 해요. 지갑을 테이블 아래에 떨어뜨렸을 수도 있어서요. 제 지갑은 검은색 가죽으로 만들어져 있고, 신분증과 몇 장의 신용카드가 들어 있습니다. 지갑을 찾으시면 가능한 한 빨리 전화해 주세요. 도움을 주셔서 미리 감사합니다.

Words possibility 가능성　drop 떨어뜨리다　ID card 신분증　credit card 신용카드
ASAP(as soon as possible) 가능한 한 빨리

추가 아이디어로 답안 늘리기

- If you find any identification that matches my name, please keep it safe until I can come to collect it. 제 이름과 일치하는 신분증을 찾으시면, 제가 찾으러 갈 때까지 안전하게 보관해 주세요.

- Could you please ask your staff if they saw anyone pick up a wallet after our party left? 우리가 떠난 후에 누군가 지갑을 주워가는 것을 봤는지 직원분들께 여쭤봐 주실 수 있으신가요?

Model Answer_ AL 🎧 3_02_2

Hello. I need your help. I think I left my wallet at your restaurant. It happened while I was having dinner tonight between 7:00 and 8:00 p.m. Specifically, I believe I left it on table 12, which is close to the counter. I was sitting there with three other people. My wallet is black and made of soft leather. It has a small silver buckle on the front. Inside the wallet, there are my ID card with my name and photo as well as some credit cards. I also have a few important receipts in it. If you or any of your staff members found my wallet, could you please let me know? I'm really worried because it has some personal and valuable items. If the wallet has been found, could you kindly inform me how I can get it back? I can go to the restaurant as soon as possible to retrieve it. Please contact me at the phone number I provided. Thank you so much for your understanding and assistance. I hope we can solve this problem quickly.

안녕하세요, 도움이 필요해요. 제가 당신의 식당에 지갑을 두고 온 것 같아요. 저녁 7시에서 8시 사이에 저녁을 먹던 중에 일어난 일입니다. 구체적으로 말하자면 카운터와 가까운 12번 테이블에 두고 온 것 같습니다. 거기에 세 명의 사람들과 함께 앉아 있었어요. 제 지갑은 검은색이고 부드러운 가죽으로 만들어졌어요. 앞면에는 작은 은색 버클이 있습니다. 지갑 안에는 제 이름과 사진이 있는 신분증과 몇 장의 신용카드가 있어요. 또 그 안에는 중요한 영수증도 몇 장 있습니다. 만약 당신이나 당신의 직원 중 누군가 제 지갑을 발견했다면 알려주실 수 있나요? 개인적이고 소중한 물건들이 들어 있어서 정말 걱정되거든요. 지갑을 찾았다면 어떻게 돌려받을 수 있는지 안내해 주실 수 있나요? 가능한 한 빨리 식당으로 찾으러 갈 수 있습니다. 제가 드린 전화번호로 연락해 주세요. 이해해 주셔서 정말 감사합니다. 이 문제를 빨리 해결할 수 있기를 바랍니다.

Words receipt 영수증 personal item 개인 물품 valuable 소중한

추가 아이디어로 답안 늘리기

- **Your cooperation in this matter is greatly appreciated.** 이 문제에 대한 귀하의 협력에 매우 감사드립니다.
- **It's really important for me to get it back.** 그것을 되찾는 것이 정말 중요합니다.
- **I am willing to offer a small reward for its return.** 그것을 돌려주시면 작은 보상을 제공할 의향이 있습니다.
- **I can identify the other contents if needed.** 필요하다면 다른 내용물도 확인할 수 있습니다.
- **The wallet also contains some sentimental items.** 지갑에는 애착이 가는 물건들도 있습니다.

Combo 2 문제 해결하기

TOPIC 2 예약

🎧 3_02_T2

I'm sorry, but there is a problem I need you to resolve. Let's assume that you reserved a table at a restaurant for dinner with your family. However, you find out that your name is not on the list. Call the restaurant manager and explain the situation. Provide two or three alternatives to resolve the problem.

유감스럽게도 해결해야 할 문제가 하나 있습니다. 당신이 가족과의 저녁 식사를 위해 식당을 예약했다고 가정해 봅시다. 그런데 당신의 이름이 명단에 없다는 것을 알게 되었습니다. 식당 매니저에게 전화를 걸어 상황을 설명하세요. 문제를 해결하기 위한 2~3가지 대안을 제시하세요.

Model Answer_IH

🎧 3_02_3

Hello. I am calling regarding a problem with my restaurant reservation. I called yesterday to confirm my booking, but the staff member said she could not find my reservation, which was quite frustrating. To resolve this, could you please check again if there is a 7:00 P.M. reservation this evening under my name, Amy Lee, for 6 people? There may have been a mistake. This is a family birthday dinner for my mother, so I do not want to miss this opportunity. If you do not have my booking, would you be able to seat my family if you have any open 6-person tables this evening? As this is a special occasion, I would greatly appreciate if you could accommodate us. If no tables are available tonight, is it possible to rebook my reservation for tomorrow instead? Please advise me on how we can resolve this issue quickly. Thank you for your assistance.

안녕하세요, 식당 예약과 관련된 문제로 전화드렸습니다. 제 예약을 확인하고자 어제 전화를 드렸지만, 직원분이 제 예약을 찾을 수 없다고 하셔서 꽤 당황스러웠습니다. 이 문제를 해결하기 위해 에이미 리라는 이름으로 7시에 6명 예약이 있는지 다시 확인해 주시겠어요? 실수가 있었을 수 있으니까요. 제 어머니 생일 저녁 식사 자리라서 이 기회를 놓치고 싶지 않습니다. 만약 제 예약 내역이 없다면, 오늘 저녁 6인 테이블 자리가 있으면 저희 가족을 안내해 주실 수 있나요? 특별한 자리이기 때문에 협조해 주시면 정말 감사하겠습니다. 만약 오늘 밤에 자리가 없으면, 예약을 내일로 변경해 주실 수 있나요? 빠른 문제 해결을 위해 조언 부탁드립니다. 도와주셔서 감사합니다.

Words reservation 예약   confirm 확인하다   booking 예약   frustrating 좌절감을 일으키는
occasion 때, 행사   accommodate 수용하다

Model Answer_ AL

Good evening. My name's Kevin Lee. I'm calling about a reservation for 6 people that I made at your restaurant for 7:00 P.M. this evening. It's for my mother's 60th birthday dinner and I booked it over a month ago. However, when I called to confirm my reservation yesterday, I was told you don't have our reservation in your system. I was embarrassed that there's no record of the booking. Canceling at the last minute would greatly disappoint my mother and relatives visiting just for this dinner. I sincerely ask that you please double-check your system thoroughly for any mistake with my reservation. If it was accidentally removed, I would greatly appreciate if you could seat us if any 6-person tables are free now. Given that it's a special birthday, I hope you understand how disappointing this situation is. If you truly don't have my booking and can't accommodate us, I request a gift certificate from the restaurant to make up for the oversight. I also ask you to pencil in a reservation for our party for tomorrow night so that we can reschedule the gathering. Please let me know as soon as possible if you can assist me with any of these requests. I appreciate you taking the time to resolve this.

안녕하세요. 제 이름은 케빈 리입니다. 오늘 밤 7시에 6명 식당 예약 건으로 전화 드렸습니다. 제 어머니 60번째 생신 만찬으로, 한 달 전에 예약했습니다. 하지만 예약 확인을 위해 어제 전화했을 때 시스템에 예약이 안 되어 있다고 했습니다. 예약 기록이 없다고 해서 저는 당혹스러웠습니다. 임박해서 취소됐다는 걸 아시면 제 어머니와 이 자리를 위해 방문한 친지들이 매우 실망할 것입니다. 제 예약에 실수가 없는지 시스템을 철저히 재확인 해주시기를 간곡히 부탁드립니다. 만약 실수로 삭제됐다면, 지금 6인 테이블을 이용할 수 있도록 해주시면 정말 감사하겠습니다. 특별한 생신 축하 파티인 점을 고려해서 이 상황이 얼마나 실망스러운지 이해해 주시길 바랍니다. 예약 기록이 전혀 없고 자리가 없다면, 실수에 대한 보상의 의미로 상품권을 제공해 주시길 요청합니다. 또한 모임 일정을 조정할 수 있도록 일단 내일로 예약을 잡아 주실 것을 부탁드립니다. 어떤 요청이든 도와주실 수 있다면 가능한 한 빨리 알려 주세요. 제 문제 해결을 위해 시간 내주셔서 감사합니다.

Words   **book** 예약하다   **concerned** 염려하는   **relative** 친척   **accidentally** 실수로   **gift certificate** 상품권   **pencil in** 일단 예정해 놓다   **resolve** 해결하다

Combo 2 문제 해결하기

TOPIC 3 여행

🎧 3_02_T3

> I'm sorry, but there is a problem I need you to resolve. Let's assume that you bought a flight ticket. However, you cannot leave on the day that you are supposed to depart. Call the travel agency and explain the situation. Provide two or three alternatives to resolve the problem.
>
> 유감스럽게도 당신이 해결해야 할 문제가 하나 있습니다. 당신이 항공권을 구매했다고 가정해 봅시다. 그러나 예정된 출발일에 떠날 수 없게 되었습니다. 여행사에 전화해서 상황을 설명하세요. 문제를 해결하기 위한 2~3가지 대안을 제시하세요.

Model Answer_IH

🎧 3_02_5

Hello. My name is Ashley. I'm calling about a problem with my flight. I am supposed to leave this afternoon, but something unexpected came up, and I won't be able to make it to the airport on time. I'm not sure what to do in this situation. Can you help me? Is it possible to reschedule my flight? Maybe I could take a flight tomorrow morning instead? I would like to know if there are any direct flights available. The sooner, the better for me. Are there any open seats? Thank you for your help. I really appreciate it.

안녕하세요, 저는 애슐리입니다. 비행기에 관한 문제로 전화드렸습니다. 제가 오늘 오후에 출발하기로 되어 있었는데, 예상치 못한 일로 인해 제시간에 공항에 도착할 수 없을 것 같습니다. 이런 상황에서 어떻게 해야 할지 잘 모르겠습니다. 도와주실 수 있나요? 비행 일정을 변경할 수 있을까요? 혹시 내일 아침 비행기로 대신 탈 수 있을까요? 직항편이 있는지 알려주시면 좋겠습니다. 가능한 한 빠른 게 좋습니다. 빈 좌석이 있나요? 도움 주셔서 감사합니다. 정말로 감사합니다.

Words flight 비행기 be supposed to ~하기로 되어 있다 unexpected 예상치 못한 make it on time 제시간에 도착하다 reschedule 일정을 변경하다 direct flight 직항편 seat 좌석 appreciate 감사하다

💡 추가 아이디어로 답안 늘리기

- I hope this can be resolved quickly. 저는 이 문제가 빨리 해결되길 바랍니다.
- I understand there might be a fee involved. 수수료가 있을 수 있다는 것은 이해합니다.
- I'm open to any suggestions you might have. 당신의 제안이라면 뭐든 들어보고 싶습니다.
- This situation was completely unexpected. 이 상황은 전혀 예상치 못했습니다.

Model Answer_ AL 🎧 3_02_6

Good afternoon. My name is Jordan. I'm contacting you due to an unexpected issue with my scheduled flight. I was supposed to leave this afternoon, but a sudden personal matter is preventing me from keeping the original schedule. I realize changing flights can be complicated and may involve extra costs, but I'm hoping for a solution that minimizes the impact of this situation. I've thought of a few alternatives and would like your advice on their feasibility. Firstly, is it possible to reschedule my flight for tomorrow morning? I understand seats might be limited, but if there are any openings on direct flights, that would be ideal. Secondly, if no direct flight is available, I'm willing to consider flights with stopovers, preferably with as short a layover as possible. Lastly, if neither of these options works, can we look into transferring my ticket to someone else? I have a friend who might be able to use it. I appreciate your help in navigating this complex situation. Thank you for your support in this matter. It means a lot to me.

안녕하세요, 제 이름은 조단입니다. 예정된 비행에 생긴 예상치 못한 문제로 연락드립니다. 오늘 오후에 출발할 계획이었는데, 갑작스러운 개인 사정으로 원래 일정을 지키지 못하게 되었습니다. 비행 일정 변경이 복잡하고 추가 비용이 발생할 수 있다는 것을 이해합니다만, 이 상황의 영향을 최소화할 수 있는 해결 방안을 찾기를 희망합니다. 몇 가지 대안을 생각해 보았고, 이것이 실현 가능한지에 대한 조언을 구하고 싶습니다. 첫째, 내일 아침으로 비행 일정을 변경하는 것이 가능할까요? 좌석이 제한되어 있을 수 있다는 점은 이해하지만, 직항편에 자리가 있다면 완벽할 것입니다. 둘째, 직항편이 없다면 경유가 있는 항공편도 고려해 볼 수 있습니다. 단, 경유 시간은 가능한 한 짧은 것이 좋겠습니다. 마지막으로, 위의 두 옵션이 모두 불가능하다면, 제 티켓을 다른 사람에게 양도할 수 있나요? 제 친구가 이 티켓을 사용할 수도 있습니다. 이 복잡한 상황을 해결하는 데 도움을 주셔서 감사합니다. 이 사안에 대한 지원에 감사드립니다. 제게 큰 힘이 되었습니다.

Words unexpected issue 예상치 못한 문제 personal matter 개인적인 일 stopover(= layover) 단기 체류, 도중하차 transfer 양도하다 navigate 탐색하다, 해결하다

💡 추가 아이디어로 답안 늘리기

- If rescheduling is not possible, could I receive credit for a future flight?
  만약 일정 변경이 불가능하다면, 추후 비행에 대한 크레딧을 받을 수 있을까요?

- Are there any penalties or fees for changing the flight?
  항공편 변경에 대한 불이익이나 수수료가 있나요?

- Could you inform me about the next available flight to my destination?
  제 목적지로 가는 다음 항공편에 대해 알려주실 수 있나요?

- In case I can transfer the ticket, what information do you need from my friend?
  티켓을 양도하는 경우, 친구에 대한 어떤 정보가 필요한가요?

Combo 2 문제 해결하기

TOPIC 4 호텔

🎧 3_02_T4

> I'm sorry, but there is a problem I need you to resolve. Let's assume that the hotel room you were assigned is different from the one you reserved. Call the front desk clerk and explain the situation. Provide two or three alternatives to resolve the problem.
>
> 유감스럽게도 해결해야 할 문제가 하나 있습니다. 당신이 배정받은 호텔 방이 예약한 것과 다르다고 가정해 봅시다. 프런트에 전화해서 상황을 설명하세요. 문제를 해결하기 위한 2~3가지 대안을 제시하세요.

Model Answer_IH

🎧 3_02_7

Hello, I need to talk to you regarding some problems I faced with the hotel room. There was a problem with the room I was assigned. Once I entered the room, I noticed a strong smell of smoke, although I had specifically requested a non-smoking room. I would appreciate if you could either assign me to a non-smoking room as I originally reserved or install an air purifier in my current room to improve the air quality. If neither of these solutions are possible, perhaps a discount on my current room would compensate for the inconvenience. Thank you for your understanding and assistance.

안녕하세요, 제 호텔 방과 관련해서 직면한 몇 가지 문제에 대해 이야기하고 싶습니다. 제가 배정 받은 방에 문제가 있었습니다. 방에 들어가자마자, 제가 금연 객실을 특별히 요청했음에도 불구하고 담배 냄새가 심하게 났습니다. 제가 원래 예약했던 금연 객실로 바꿔주시거나, 현재 방에 공기 청정기를 설치하여 공기 질을 개선해 주시면 감사하겠습니다. 이 두 가지 해결책이 불가능하다면, 현재 객실을 할인해 주신다면 불편함에 대한 보상이 될 것입니다. 이해와 도움에 감사드립니다.

Words face with 직면하다   assigned 배정 받은   air purifier 공기 청정기   improve 향상시키다   air quality 공기의 질   compensate for 보상하다

Model Answer_ AL

🎧 3_02_8

Hello, I need to talk to you regarding some problems I faced with my hotel room reservation. There was a problem with the room I was assigned. Once I checked in, I was given a room on a lower floor. Then, I checked my reservation details again, and it clearly stated that I had requested a room on a higher floor. Luckily, I had saved a copy of my reservation details. I would appreciate if you could either assign me to a room on a higher floor as per my original reservation, or if that's not possible, could you perhaps consider an upgrade to a room with a better view on the current floor? If both these options are not possible, I would appreciate if you could offer a discount on my current room or complimentary benefits like free breakfast as compensation for this inconvenience. Thank you for your understanding and assistance.

안녕하세요, 제가 호텔 룸을 예약하면서 직면한 문제에 대해 이야기하고 싶습니다. 제가 배정 받은 방에 문제가 있었습니다. 체크인을 하니, 낮은 층의 방을 배정받았습니다. 그래서, 제 예약 내역을 다시 확인해 보니 제가 높은 층의 방을 요청했다는 것이 명시되어 있네요. 다행히도, 예약 내역의 사본이 저장되어 있습니다. 원래 예약대로 높은 층으로 배정해 주시거나, 그게 불가능하다면 현재 층에서 전망이 더 좋은 방으로 바꾸는 걸 고려해 주시겠어요? 두 가지 옵션 모두 불가능하다면, 이 불편에 대한 보상으로, 현재 객실을 할인해 주시거나 무료 조식 같은 혜택을 제공해 주시면 감사하겠습니다. 이해와 도움에 감사드립니다.

Words　**as per** ~에 따라　**complimentary** 무료의

롤플레이

유형별

combo 1 　질문하기
combo 2 　문제 해결하기
combo 3 　관련 경험 전달하기

주제별

Unit 1 　쇼핑
Unit 2 　콘서트
Unit 3 　친구, 가족
Unit 4 　집
Unit 5 　은행
Unit 6 　MP3
Unit 7 　여행

Combo 3　관련 경험 전달하기

롤플레이에서 '관련 경험 전달하기' 유형은 보통 세 번째 순서로 출제되며, 주어진 상황과 관련된 최근 혹은 최초의 경험에 대한 설명을 요구합니다. 이때 기억에 남거나 인상적인 사건을 중심으로 답변하면 됩니다.

 기출문제 유형

> That's the end of the situation. Have you ever experienced any problems at a bank? For example, sometimes an ATM can be out of order. What kind of problem did you face in that situation, and how did you solve the problem?
>
> 상황극이 종료되었습니다. 은행에서 문제가 있었던 적이 있나요? 예를 들어, 때때로 ATM이 고장 나 있을 수 있습니다. 그런 상황에서 어떤 문제에 직면했고, 어떻게 그 문제를 해결했나요?
>
> That's the end of the situation. Unexpected situations can occur at the airport. Can you tell me a memorable incident you went through? What happened to you, and how did you feel when it happened? Tell me the way you handled this problem in detail.
>
> 상황극이 종료되었습니다. 공항에서는 예상치 못한 상황이 발생할 수 있습니다. 당신이 겪었던 기억에 남는 사건에 대해 말해줄 수 있나요? 무슨 일이 있었고, 그 일이 일어났을 때 당신은 기분이 어땠나요? 이 문제를 어떻게 다루었는지 자세히 말해 주세요.
>
> That's the end of the situation. Have you ever had a memorable experience while you stayed at a hotel? What was it? Why is it memorable? Tell me about the situation that you experienced in detail.
>
> 상황극이 종료되었습니다. 호텔에 머무르는 동안 기억에 남는 경험을 해본 적이 있나요? 어떤 일이었나요? 왜 기억에 남나요? 당신이 경험한 상황에 대해 자세히 말씀해 주세요.
>
> That's the end of the situation. Have you ever broken or damaged something that you borrowed from someone else? When was it, and what did you borrow? How did you solve the problem? Please tell me in detail.
>
> 상황극이 종료되었습니다. 혹시 다른 사람에게 빌린 물건을 망가뜨리거나 손상시킨 적이 있나요? 그게 언제였고, 무엇을 빌렸나요? 그 문제를 어떻게 해결했나요? 자세히 말해 주세요.

Combo 3 관련 경험 전달하기

TOPIC 1 은행

> That's the end of the situation. Have you ever experienced any problems at a bank? For example, sometimes an ATM can be out of order. What kind of problem did you face in that situation, and how did you solve the problem?
>
> 상황극이 종료되었습니다. 은행에서 문제가 있었던 적이 있나요? 예를 들어, 때때로 ATM이 고장 나 있을 수 있습니다. 그런 상황에서 어떤 문제에 직면했고, 어떻게 그 문제를 해결했나요?

Model Answer_IH

Let me tell you about my experience. There were some problems I faced with an ATM at a bank. Once, when I needed to get cash, the ATM didn't work. I was worried because I had to pay for something. But then I saw the help number on the ATM. I made a phone call and asked for some help. The person said that it would be fixed by tomorrow. Luckily, there was another ATM nearby. I went there and withdrew the money I needed. Later, the bank called and said sorry for the trouble. This experience taught me to stay calm and to find solutions when things go wrong. It's good to know that banks have people to help when there are problems.

제가 겪은 문제에 대해 말씀드리겠습니다. 은행에서 ATM과 관련한 문제가 좀 있었습니다. 한번은 현금이 필요했는데 ATM이 작동하지 않았습니다. 내야 할 돈이 있었기 때문에 걱정했습니다. 그런데 ATM에 안내 번호가 적혀 있는 걸 발견했습니다. 전화를 걸어 도움을 요청했습니다. 그들은 내일까지 고치겠다고 했습니다. 다행히 근처에 다른 ATM이 있었습니다. 저는 거기에 가서 필요한 돈을 인출했습니다. 나중에 은행에서 전화가 와서 문제에 대해 사과했습니다. 이 경험을 통해, 문제가 생겼을 때 침착하게 해결 방법을 찾아야 한다는 것을 배웠습니다. 은행에서 문제가 생겼을 때 도와줄 사람들이 있다는 것을 알게 되어 좋습니다.

Words problem 문제 worried 걱정스러운 help number 안내 번호 nearby 인근에 withdraw 인출하다 stay calm 침착함을 유지하다

추가 아이디어로 답안 늘리기

- After noticing the problem, I quickly looked around for a bank staff member.
  문제를 발견한 후, 저는 빠르게 은행 직원을 찾아봤습니다.

- I felt relieved when the bank acknowledged the issue and promised to fix it.
  은행이 문제를 인정하고 고칠 것을 약속했을 때 안도감을 느꼈습니다.

- It was a lesson in the importance of being proactive.
  이 경험은 주도적으로 행동하는 것의 중요성에 대한 교훈이 되었습니다.

- I learned that always having a backup plan is essential.
  항상 대안을 갖는 것이 필수적이라는 것을 배웠습니다.

Model Answer_ AL 🎧 3_03_2

Yes, I have experienced some problems at banks, especially with ATMs. One time, I needed to take out money from an ATM, but it didn't work properly. I was worried because I had to pay for something urgently. However, I remembered seeing a phone number on the ATM to report issues. Without wasting any time, I called the number and explained what happened to the person on the line. He assured me that someone would fix it as soon as possible. While waiting for help, I took a deep breath to stay calm and thought of an alternative solution. Luckily, there was another ATM nearby, so I went there and successfully withdrew the money I needed. Later, the bank called me to apologize for the inconvenience and said someone would investigate the problem. This experience taught me to be prepared for unexpected situations and to stay calm when things don't go as planned. It's good to know that banks have support systems to assist customers in such situations.

네, 특히 ATM과 관련해서 은행에서 몇 가지 문제를 겪었습니다. 한번은 급하게 현금을 인출해야 했는데 ATM이 제대로 작동하지 않았습니다. 급하게 무언가를 지불해야 했기 때문에 걱정이 되었습니다. 그러나 ATM에 적힌 문제 신고용 연락처를 본 것을 기억해 냈습니다. 지체 없이 그 번호로 전화를 걸어 상황을 설명했습니다. 그는 가능한 한 빨리 고치겠다고 약속했습니다. 도움을 기다리는 동안, 저는 침착함을 유지하기 위해 심호흡을 하며 대안을 생각했습니다. 다행히 근처에 다른 ATM이 있었고, 그곳으로 가서 필요한 현금을 성공적으로 인출했습니다. 나중에 은행에서 전화가 와서 불편에 대해 사과하고 문제를 조사하겠다고 했습니다. 이 경험을 통해, 계획대로 일이 되지 않을 때 예상하지 못한 상황에 대비하고 침착함을 유지해야 한다는 것을 배웠습니다. 이러한 상황에서 고객을 돕는 지원 시스템이 은행에 있다는 것을 알게 되어 좋습니다.

Words urgently 급히   assure 확실하게 하다, 확신하다   alternative 대안의   successfully 성공적으로
inconvenience 불편   investigate 조사하다   unexpected situation 예기치 못한 상황
support system 지원 시스템

추가 아이디어로 답안 늘리기

- I keep the phone number for the customer service center saved on my phone just in case an issue like that happens.
  이러한 문제에 대비해 고객 서비스 센터 번호를 제 핸드폰에 저장해 두었습니다.

- The experience emphasized the value of patience and clear communication.
  이 경험은 인내와 명확한 의사소통의 가치를 역설했습니다.

- Reflecting on the incident, I appreciated the bank's prompt response.
  사건을 돌이켜보며, 저는 은행의 신속한 대응에 감사했습니다.

- This situation proved the efficiency of having multiple ATMs in one location.
  이 상황으로 인해, 한 장소에 여러 대의 ATM이 있는 것이 효율적이라는 것이 입증되었습니다.

Combo 3 관련 경험 전달하기

TOPIC 2 여행

> That's the end of the situation. Unexpected situations can occur at the airport. Can you tell me a memorable incident you went through? What happened to you, and how did you feel when it happened? Tell me the way you handled this problem in detail.
> 상황극이 종료되었습니다. 공항에서는 예상치 못한 상황이 발생할 수 있습니다. 당신이 겪었던 기억에 남는 사건에 대해 말해줄 수 있나요? 무슨 일이 있었고, 그 일이 일어났을 때 당신은 기분이 어땠나요? 이 문제를 어떻게 다루었는지 자세히 말해 주세요.

Model Answer_ IH

I want to share a memorable incident that happened to me at an airport. I was departing Geneva, Switzerland, and going to Korea and had bought many souvenirs during my trip. The problem started at the check-in counter in Geneva. I realized that my suitcase was heavy and exceeded the weight limit. The airline staff member told me I had to pay an extra fee for the extra weight. I felt really frustrated when I heard this. I didn't know what to do. I had to make a tough decision and leave some of my new items with a friend in Switzerland. This experience taught me an important lesson about paying attention to baggage weight limits. It was a challenging and disappointing situation for me at the airport.

공항에서 있었던 기억에 남는 일을 공유하고 싶습니다. 스위스 제네바에서 한국으로 돌아오는 길에 기념품을 많이 샀어요. 문제는 제네바의 체크인 카운터에서 시작되었습니다. 제 가방이 무거워서 무게 제한을 초과했다는 걸 알게 되었죠. 항공사 직원들은 초과 무게에 대한 추가 요금을 내야 한다고 했습니다. 이 말을 듣고 정말 좌절했습니다. 어떻게 해야 할지 몰랐습니다. 어려운 결정을 내려서, 몇 가지 새로 산 물건을 스위스에 있는 친구에게 맡겨야 했어요. 이 경험을 통해 수하물 무게 제한에 주의해야 한다는 중요한 교훈을 얻었습니다. 이는 제가 공항에서 겪은 힘들고 실망스러운 상황이었습니다.

Words
memorable 기억에 남는 souvenir 기념품 exceed 초과하다 weight limit 무게 제한
extra fee 추가 요금 frustrated 좌절한 tough decision 어려운 결정 leave with ~에게 맡기다
pay attention to ~에 주의하다, 관심을 기울이다 challenging 어려운 disappointing 실망스러운

추가 아이디어로 답안 늘리기

- I remember feeling a mix of disappointment and stress as I reluctantly handed over some of my favorite souvenirs to my friend.
  좋아하는 기념품들을 마지못해 친구에게 건네면서 실망과 스트레스가 섞인 감정을 느꼈던 기억이 납니다.

- I had to think fast to decide what to leave behind.
  무엇을 두고 갈지 결정하기 위해 신속히 생각해야 했습니다.

- Next time, I'll check how heavy my shopping bags are.
  다음에는 쇼핑한 것들이 얼마나 무거운지 확인할 겁니다.

Model Answer_ AL 🎧 3_03_4

Let me share a memorable incident that happened to me at the airport. It was during my trip from Geneva, Switzerland, to my home country. I had bought a lot of souvenirs and clothes during my visit. The problem occurred when I reached the check-in counter at the Geneva airport. I hadn't realized that my suitcase was too heavy and exceeded the weight limit. The airline staff member told me that I had to pay an extra fee for the excess weight. I felt really frustrated when I heard this news. I didn't know what to do. I had to make a difficult decision to leave some of my new items behind with a friend in Switzerland. This experience taught me a valuable lesson about being careful with luggage limits when traveling by plane. It was quite a challenging and disappointing situation for me at the airport. I had to choose between leaving my new things or paying more money, which was very difficult. However, this experience helped me understand the need to follow travel rules for an easier trip the next time.

> 공항에서 있었던 기억에 남는 일을 말씀드리겠습니다. 그 일은 스위스 제네바에서 우리 나라로 돌아오는 여행 중에 있었습니다. 머무는 동안 저는 많은 기념품과 옷을 샀습니다. 문제는 제네바 공항의 체크인 카운터에서 발생했습니다. 저는 제 여행 가방이 너무 무거워서 무게 제한을 초과했다는 것을 몰랐습니다. 공항 직원은 저에게 무게 초과에 대한 추가 요금을 내야 한다고 했습니다. 그 얘기를 듣고 정말 당황했습니다. 어떻게 해야 할지 몰랐습니다. 저는 어려운 결정을 내려, 새로 산 물건 일부를 스위스에 있는 친구에게 맡기기로 했습니다. 이 경험을 통해, 비행기로 여행 시 수화물 무게 제한에 주의해야 한다는 중요한 교훈을 얻었습니다. 이 일은 제가 공항에서 겪은 정말 힘들고 실망스러운 상황이었습니다. 저는 새 물건을 두고 가거나 추가 요금을 지불하는 것 중 선택해야 해서 매우 힘들었습니다. 하지만 이번 일로 인해, 다음번에는 더 수월한 여행을 위해 관련 규정을 잘 지켜야 한다는 것을 알게 되었습니다.

Words   souvenir 기념품   exceed 초과하다   weight limit 중량 초과   extra fee 추가 요금

추가 아이디어로 답안 늘리기

- **I had to quickly decide which items were less important and could be left behind.**
  어떤 물건이 덜 중요해서 남겨둘지 신속히 결정해야 했습니다.

- **After this incident, I now always check the weight of my luggage before heading to the airport.** 이 사건 이후, 저는 이제 항상 공항에 가기 전에 짐의 무게를 확인합니다.

- **I've learned to distribute the weight of my items more evenly when packing.**
  짐을 쌀 때 물건의 무게를 더 고르게 분산시키는 법을 배웠습니다.

- **Since then, I started to prioritize what I pack to avoid any similar issues.**
  그 이후로, 비슷한 문제를 피하기 위해 무엇을 챙길지 우선순위를 정하기 시작했습니다.

Combo 3 관련 경험 전달하기

TOPIC 3 호텔

> That's the end of the situation. Have you ever had a memorable experience while you stayed at a hotel? What was it? Why is it memorable? Tell me about the situation that you experienced in detail.
>
> 상황극이 종료되었습니다. 호텔에 머무르는 동안 기억에 남는 경험을 해본 적이 있나요? 어떤 일이었나요? 왜 기억에 남나요? 당신이 경험한 상황에 대해 자세히 말씀해 주세요.

Model Answer_IH ①

Let me tell you about a memorable experience I had in a hotel. Two years ago, I traveled to Jeju with my family and stayed for three nights and four days at a famous hotel. We had a great time on the island, but something unexpected happened. During our stay, the toilet got clogged, and for two days, I couldn't flush it. I also called the front desk to ask for extra toilet paper, but nobody answered my call. I was furious about the poor hospitality and made a complaint on the hotel's Web site. After I returned to Seoul, someone at the hotel's headquarters called me. She gave me a free voucher so that I can stay there whenever I want. In the end, it wasn't a terrible experience, but I still don't want to stay at the hotel ever again. That's it. This is my memorable experience at the hotel.

> 호텔에서의 기억에 남는 제 경험에 대해 말씀드리겠습니다. 2년 전에 가족과 함께 제주도에 갔고, 유명한 호텔에서 3박 4일을 머물렀습니다. 우리는 섬에서 정말 좋은 시간을 보냈지만, 예상치 못한 일이 발생했습니다. 숙박하는 동안 화장실이 막혀서 이틀 동안 물을 내릴 수 없었습니다. 또한 화장지를 더 달라고 요청하기 위해 프런트에 전화했지만, 아무도 전화를 받지 않았습니다. 저는 그들의 형편없는 서비스에 화가 나서 그들의 웹사이트에 불만을 남겼습니다. 서울로 돌아온 후, 그 호텔 본사에서 전화가 왔습니다. 거기 직원이 제가 원할 때 언제든지 머무를 수 있는 무료 바우처를 제공해 주었습니다. 결국 그렇게 나쁜 경험은 아니었지만, 저는 더 이상 그 호텔에 머물고 싶지 않습니다. 이야기는 여기까지입니다. 이것이 호텔에서의 기억에 남는 경험입니다.

Model Answer_IH ②

Let me tell you about a memorable experience at a hotel. Two years ago, I stayed in Busan for a summer program. One evening, I lost my room key. I searched everywhere but couldn't find it. So, I asked the hotel staff for help, and they were very kind. They made a new key for me without any trouble. On the last day, I found the key under the bed! I was both relieved and embarrassed. The staff just laughed and wished me well. This experience is memorable because it showed me the kindness of strangers in Busan. That's all. This is my memorable experience at a hotel.

> 호텔에서의 기억에 남는 제 경험에 대해 말씀드리겠습니다. 2년 전, 저는 여름 프로그램에 참여하기 위해 부산에서 머물렀습니다. 어느 저녁, 제 방 열쇠를 잃어버렸습니다. 모든 곳을 뒤져봤지만, 찾을 수 없었습니다. 그래서 호텔 직원에게 도움을 요청했고, 그들은 매우 친절했습니다. 그들은 열쇠를 새로 만들어 주었습니다. 마지막 날, 저는 침대 밑에서 열쇠를 찾았습니다! 다행스럽기도 하고 민망하기도 했습니다. 직원들은 웃으면서 제게 잘 가라고 인사했습니다. 이 경험은 부산에서 낯선 사람의 친절함을 보여 주었기 때문에 기억에 남습니다. 이야기는 여기까지입니다. 이것이 호텔에서의 기억에 남는 경험입니다.

Words relieved 안도한, 다행스러운   embarrassed 당황스러운   kindness 친절함

추가 아이디어로 답안 늘리기

- I had to explain my situation at the front desk. 프런트에서 제 상황을 설명해야 했습니다.
- The staff member offered to look with me. 직원이 함께 찾아보겠다고 제안했습니다.
- They told me not to worry about the key. 그들은 열쇠에 대해서는 걱정하지 말라고 말했습니다.
- This kindness made me feel at home. 이 친절함이 저를 편안하게 해줬습니다.

Model Answer_AL

Let me share a remarkable encounter during my stay at a hotel in Gyeongju during a history project trip two years ago. While in my room, I accidentally spilled coffee on the bed, resulting in quite a mess. Summoning courage, I promptly informed the receptionist of the mishap and braced for the worst. To my immense relief, the receptionist's response was unexpectedly reassuring. He assured me that accidents happen, which alleviated my worries. Then, the cleaning team swiftly replaced the soiled sheets and assured me that there was no need to fret. What truly touched me was the additional care extended by the hotel manager. Not only did he offer understanding, but he also provided valuable recommendations on exploring Gyeongju's attractions, making me feel truly valued as a guest. This experience is memorable because it taught me that honesty is important, and it also showed the warmth of hospitality in Gyeongju. That's it. This is a memorable experience I had at a hotel in Gyeongju.

> 2년 전, 역사 프로젝트 출장 중 묵었던 경주의 한 호텔에서의 놀라운 만남을 공유하고자 합니다. 방에서 실수로 침대에 커피를 쏟아 침대가 엉망이 되었습니다. 용기를 내어 즉시 프런트에 이 상황을 알리며 최악에 대비했습니다. 다행스럽게도, 프런트 직원의 반응은 예상외로 저를 안심시켰습니다. 그는 사고는 발생할 수 있다고 말하며 제 걱정을 덜어주었습니다. 그 다음에, 청소팀이 더러워진 시트를 빠르게 교체해 주었고, 걱정할 필요 없다고 안심시켜 주었습니다. 정말 감동적이었던 것은 호텔 매니저가 보여준 특별한 배려였습니다. 그는 이해심이 깊었고 경주의 관광 명소를 탐험하는 데 유용한 것들도 추천해 주었는데, 이는 제가 손님으로서 진정으로 귀하게 대접받는다는 느낌을 받도록 해주었습니다. 이 일은 정직함의 중요성을 알려주고, 경주의 환대 속 따뜻함을 느끼게 해주었기 때문에 기억에 남습니다. 이야기는 여기까지입니다. 이것이 제가 경주의 한 호텔에서 겪었던 인상 깊은 경험입니다.

Words remarkable 놀라운 encounter 만남, 접촉 summon (용기 등을 어렵게) 내다 mishap 작은 사고 brace for ~에 대비하다 reassuring 안심시키는 alleviate 경감시키다 hospitality 환대

추가 아이디어로 답안 늘리기

- The manager's advice helped me enjoy Gyeongju even more.
  매니저의 조언 덕분에 경주를 더 즐길 수 있었습니다.
- The staff's understanding eased my embarrassment. 직원의 이해가 제 민망함을 덜어주었습니다.
- They said that accidents happen and that they are normal.
  그들은 사고는 일어나는 것이며, 자연스러운 일이라고 말했습니다.

Combo 3 관련 경험 전달하기

TOPIC 4 빌린 물건 파손

🎧 3_03_T4

That's the end of the situation. Have you ever broken or damaged something that you borrowed from someone else? When was it, and what did you borrow? How did you solve the problem? Please tell me in detail.
상황극이 종료되었습니다. 혹시 다른 사람에게 빌린 물건을 망가뜨리거나 손상시킨 적이 있나요? 그게 언제였고, 무엇을 빌렸나요? 그 문제를 어떻게 해결했나요? 자세히 말해 주세요.

Model Answer_IH

🎧 3_03_8

The last time I went to Jeju Island alone, a similar thing happened to me. My own MP3 player stopped working right before my trip, so I borrowed one from my friend. I was careful, but I broke it accidentally. I think I dropped it on the street, and since then, it wouldn't turn on. I called my friend to explain and offered to pay for it. First, I offered to get it repaired at a service center, but he didn't want that. Instead, he asked for a new one, so I purchased the latest model for him. It was expensive, but I wanted to make it right.

저번에 제주도에 혼자 갔을 때, 비슷한 일이 있었습니다. 제 MP3 플레이어가 여행 전에 고장 나서 친구의 것을 빌렸어요. 조심히 사용했지만, 실수로 망가뜨렸어요. 길에 떨어뜨렸는데, 그 뒤로는 전혀 켜지지 않았죠. 친구에게 전화해서 모든 일을 설명하고 배상하겠다고 했습니다. 먼저 서비스 센터에서 수리하는 것을 제안했지만 친구는 그걸 원하지 않았어요. 대신 새로운 것을 원했기 때문에, 최신 모델을 사줬습니다. MP3는 비쌌지만, 제가 저지른 실수에 대한 보상을 하고 싶었습니다.

Words accidentally 우연히, 실수로 latest model 최신 모델 make right 저지른 실수에 대한 보상을 하다

💡 추가 아이디어로 답안 늘리기

- I could also check online for a secondhand or discounted MP3 player as a replacement.
  대체품으로 중고나 할인 중인 MP3 플레이어를 온라인으로도 확인해 볼 수 있습니다.

- Another option could be to split the cost of a new MP3 player.
  새 MP3 플레이어 비용을 절반으로 나눠서 부담하는 것도 하나의 방법이 될 수 있습니다.

- I considered apologizing with a small gift in addition to the replacement of MP3 player.
  MP3 플레이어 대체품과 함께 작은 선물로 사과하는 것도 고려했습니다.

Model Answer_ AL 🎧 3_03_9

On my last solo trip to Jeju Island, an unfortunate event mirrored a past incident. I had to use my friend's MP3 player because mine broke just before I left. I handled it with care; however, it got damaged when I accidentally dropped it. I guess it stopped working entirely because it fell on the street. I reached out to my friend, described the incident, and presented multiple compensation options. Initially, I suggested repairing it at a service center, but he preferred a replacement item. I reluctantly agreed and bought a new MP3 player, incurring a significant expense. It was a very unpleasant experience to say the least.

제주도로 혼자 간 지난 여행에서, 운이 나빴던 일이 있었습니다. 떠나기 직전에 제 MP3 플레이어가 고장 나서 친구 것을 써야 했습니다. 조심히 다루었지만, 실수로 떨어뜨려 망가졌습니다. 아마도 바닥에 떨어져서 아예 작동을 멈춘 것 같았습니다. 저는 친구에게 연락해서 이를 자세히 설명하고 여러 보상 방안을 제시했습니다. 처음에는 서비스센터에서 수리하는 것을 제안했지만, 그는 대체품을 원했습니다. 마지못해 동의하고 새 MP3 플레이어를 구입했는데, 상당한 비용이 들었습니다. 이것은 조금도 과장하지 않고 정말 불쾌한 경험이었습니다.

Words mirror 잘 보여주다, 반영하다 incident (불쾌한) 일 entirely 완전히 compensation 보상
reluctantly 마지못해 incur 초래하다 significant 상당한 to say the least 조금도 과장하지 않고

추가 아이디어로 답안 늘리기

- I contemplated negotiating with the retailer for a discounted rate on the new model.
새 모델의 할인된 가격에 대해 소매업체와 협상하는 것을 고려해 보았습니다.

- I pondered offering to cover all expenses related to the acquisition of a new device.
새 기기 구매와 관련된 모든 비용을 부담하기로 제안하는 것을 고민했습니다.

- I also thought about extending his subscription to a music service as part of my apology.
사과의 일환으로 그의 음악 서비스 구독을 연장해주는 것도 생각해 보았습니다.

롤플레이

유형별

combo 1 질문하기
combo 2 문제 해결하기
combo 3 관련 경험 전달하기

주제별

Unit 01	**쇼핑**
Unit 2	콘서트
Unit 3	친구, 가족
Unit 4	집
Unit 5	은행
Unit 6	MP3
Unit 7	여행

Unit 01 쇼핑

🔍 기출문제 유형

■ 질문하기

> I'd like to give you a situation and ask you to act it out. You've discovered that a store you love is holding a big sale. Call the store and ask three or four questions to get as much information as possible about the sale.
>
> 당신이 역할극을 해야 하는 상황이 있습니다. 당신이 좋아하는 매장에서 대규모 할인 행사를 한다는 것을 알게 됐습니다. 매장에 전화해서 세일에 대한 정보를 최대한 많이 얻기 위해 3~4가지 질문을 해보세요.

■ 문제 해결하기

> I'm sorry, but there is a problem that you need to resolve. After returning home with your purchases, you noticed that a discount wasn't applied to your clothes. Get in touch with the store to explain the oversight and propose two or three solutions.
>
> 유감스럽게도, 당신이 해결해야 할 문제가 하나 있습니다. 구매한 물건을 가지고 집에 돌아온 후, 옷에 할인이 적용되지 않았다는 것을 알게 되었습니다. 매장에 연락해서 누락된 부분을 설명하고, 해결책을 2~3가지 제안해 보세요.

■ 관련 경험 전달하기

> That's the end of the situation. Think about a time you bought something in the past. What things did you buy, and what happened? How did you handle the situation? Tell me what steps you took to solve the problem.
>
> 상황극이 끝났습니다. 과거에 무언가를 산 경험에 대해 생각해 보세요. 무엇을 샀고 어떤 일이 있었나요? 그 상황을 어떻게 처리했나요? 문제를 해결하기 위해 어떤 조치를 취했는지 설명해 주세요.

Combo 1 질문하기

🎧 4_01_C1

I'd like to give you a situation and ask you to act it out. You've discovered that a store you love is holding a big sale. Call the store and ask three or four questions to get as much information as possible about the sale.
당신이 역할극을 해야 하는 상황이 있습니다. 당신이 좋아하는 매장에서 대규모 할인 행사를 한다는 것을 알게 됐습니다. 매장에 전화해서 세일에 대한 정보를 최대한 많이 얻기 위해 3~4가지 질문을 해보세요.

Model Answer_IH

🎧 4_01_1

Hi there. I am calling to get some information about the sale your store is having. I'm interested in finding out more about the items on sale. Firstly, could you tell me how long the sale will last? Secondly, I wonder if the discounts apply to all items or just selected products. Oh, I see! Additionally, are there any special deals for early birds? And lastly, could I also reserve items in advance to pick up at the store later? Thank you for your assistance.

안녕하세요. 그 매장에서 진행 중인 대규모 할인 행사에 대해 알아보려고 전화했습니다. 세일 품목에 대해 더 알고 싶습니다. 첫째로, 할인 행사 기간은 얼마나 되나요? 둘째로, 할인이 모든 품목에 적용되는지 일부 제품에만 해당하는지 궁금합니다. 알겠습니다! 또한, 일찍 가면 특가 상품이 있나요? 마지막으로, 나중에 매장에서 수령할 수 있도록 물품을 미리 예약해 두는 것이 가능한가요? 도움을 주셔서 감사합니다.

Words   special deal 특가 상품   early bird 일찍 오는 사람   reserve 예약하다

추가 아이디어로 답안 늘리기

- Do I need to have a membership to access the sale? 세일을 이용하려면 회원권이 필요한가요?

- Can you tell me if the most popular items are included in the sale?
  가장 인기 있는 품목들도 세일에 포함되나요?

- Is there a limit on the number of items I can purchase at a discounted price?
  할인된 가격으로 구매할 수 있는 품목에 수량 제한이 있나요?

Model Answer_ AL 🎧 4_01_2

Hello. I'm reaching out to inquire about the extensive sale I've heard your store is currently holding. I'm particularly interested in understanding the full breadth of this sale. To begin with, could you clarify the duration of the sale? Subsequently, I'm interested in discerning whether the discount is across the board or limited to certain items. Oh, I see! In addition, are there any additional incentives for customers who arrive early or who make purchases promptly? Lastly, is there an option for customers to put items on hold for later collection at the store? Thank you for your help.

안녕하세요. 현재 매장에서 진행 중이라고 들은 광범위한 할인 행사에 대해 문의하려고 연락했습니다. 이 세일의 전체 범위에 특히 관심이 있습니다. 우선, 이 할인 행사 기간을 분명히 해주실 수 있나요? 그 다음으로, 이 할인이 전체 품목에 적용되는지, 아니면 특정 상품에만 한정되는지 알고 싶습니다. 알겠습니다! 더불어, 일찍 오거나 즉시 구매하는 고객을 위한 추가 혜택이 있나요? 마지막으로, 고객이 나중에 매장에서 수령할 수 있도록 품목을 킵해 두는 옵션이 있나요? 도움을 주셔서 감사합니다.

Words   **extensive** 광범위한   **breadth** 폭, 너비   **duration** (지속) 기간   **discern** 인지하다, 식별하다   **across the board** 전반적인   **incentive** 장려책, 혜택   **put ~ on hold** ~을 보류하다

추가 아이디어로 답안 늘리기

- Could you delineate whether there are exclusive discounts for frequent customers?
  단골 고객을 위한 독점 할인이 있는지 설명해 주실 수 있나요?

- Are there any special offers that provide an additional discount on multiple purchases?
  여러 제품을 구매할 때 추가 할인을 제공하는 특가 판매가 있나요?

- How does the store ensure that the sale items are still of high quality and not just clearance stock? 세일 품목이 단순한 재고 정리용이 아니라 고품질이라는 것을 매장이 어떻게 보장하나요?

Combo 2 문제 해결하기

🎧 4_01_C2

I'm sorry, but there is a problem that you need to resolve. After returning home with your purchases, you noticed that a discount wasn't applied to your clothes. Get in touch with the store to explain the oversight and propose two or three solutions.
유감스럽게도, 당신이 해결해야 할 문제가 하나 있습니다. 구매한 물건을 가지고 집에 돌아온 후, 옷에 할인이 적용되지 않았다는 것을 알게 되었습니다. 매장에 연락해서 누락된 부분을 설명하고, 해결책을 2~3가지 제안해 보세요.

Model Answer_IH

🎧 4_01_3

Hello. I'm reaching out because I've encountered a problem with my recent purchase at your store. After coming home, I realized that a discount wasn't applied to the clothes I bought. I believe there might have been a misunderstanding at the checkout. Could you please look into this? I was thinking that perhaps you could process a partial refund for the discount amount, or if possible, I could return to the store to have the correct price applied. This situation has taught me to always double-check my receipts before leaving a store. Thank you for your help with this matter.

안녕하세요. 최근 귀하의 매장에서 구입한 물건과 관련해 문제가 발생하여 연락드립니다. 집에 돌아와 보니 제가 구매한 옷에 할인이 적용되지 않은 것을 발견했습니다. 계산대에서 착오가 있었던 것 같습니다. 이 문제를 확인해주실 수 있나요? 할인 금액만큼 부분 환불로 처리하거나, 가능하다면 매장에 다시 가서 가격 조정을 받을 수도 있습니다. 이런 상황을 겪으며 매장을 떠나기 전에 항상 영수증을 다시 확인해야 한다는 것을 배웠습니다. 이 문제를 도와주셔서 감사합니다.

Words encounter 직면하다   misunderstanding 오해   checkout 계산대   partial refund 부분 환불
double-check 다시 확인하다

🚨 추가 아이디어로 답안 늘리기

- I had expected the sale price to be reflected at the checkout counter.
  계산대에서 할인 가격이 반영되기를 기대했습니다.

- Maybe a system update could prevent something like this in the future.
  아마도 시스템 업데이트가 앞으로 이런 일을 방지할 수 있을 것입니다.

- It would be helpful if the staff could remind customers to check their receipts.
  직원이 고객에게 영수증을 확인하라고 상기시켜 준다면 도움이 될 것입니다.

Model Answer_ AL

🎧 4_01_4

Hello, I'm calling to address an issue regarding a recent transaction at your establishment. Upon reviewing my receipt after returning home, I noted that the discounts offered during the sale were not reflected on the clothing items purchased. It appears there was a lapse at the cash register. I would like to suggest a few potential remedies: issuing a refund equivalent to the discount or allowing me to revisit the store to have the charges changed. Your assistance is greatly valued.

안녕하세요. 최근 귀하의 매장에서 이루어진 거래와 관련하여 문제를 말하고자 연락드립니다. 집으로 돌아와 영수증을 확인해 보니, 세일 기간에 제공되는 할인이 구입한 옷에 반영되지 않은 것을 알게 되었습니다. 계산대에서 실수가 있었던 것 같습니다. 몇 가지 해결책을 제안하고자 합니다. 할인 금액에 상응하는 환불을 해주시거나, 제가 다시 매장에 방문하면 요금을 조정해 주시는 것입니다. 귀하의 도움은 대단히 가치 있습니다.

Words transaction 거래   lapse 실수   remedy 해결책, 처리 방안   equivalent 동등한

💡 추가 아이디어로 답안 늘리기

- **A refresher training for checkout staff members may ensure accurate promotions are applied.** 계산대 직원에 대한 재교육 과정이 정확한 프로모션 적용을 보장할 수 있습니다.

- **Implementing a double-verification system for discounts could enhance customer trust.** 할인에 대한 이중 검증 시스템을 도입하면 고객 신뢰를 향상시킬 수 있습니다.

Combo 3 관련 경험 전달하기

🎧 4_01_C3

That's the end of the situation. Think about a time you bought something in the past. What things did you buy, and what happened? How did you handle the situation? Tell me what steps you took to solve the problem.

상황극이 끝났습니다. 과거에 무언가를 산 경험에 대해 생각해 보세요. 무엇을 샀고 어떤 일이 있었나요? 그 상황을 어떻게 처리했나요? 문제를 해결하기 위해 어떤 조치를 취했는지 설명해 주세요.

Model Answer_IH

🎧 4_01_5

Last year, I bought a laptop for my university studies. It was a popular model, well-suited for my major in computer science. However, after a few months, it suddenly turned off. I tried to fix it myself but it didn't work. So, I contacted the customer service. They guided me through some steps but it didn't solve the problem. So, they suggested me to bring it to a service center. It took about a week to get it fixed. Now, it works perfectly and I learned a valuable lesson to handle these situations in the future.

작년에 저는 대학 공부를 위해 랩톱 컴퓨터를 샀습니다. 그것은 인기 있는 모델로, 제 전공인 컴퓨터 공학에 적합했습니다. 그러나 몇 달 후, 갑자기 전원이 꺼졌습니다. 저는 혼자 그것을 고쳐보려고 했지만 되지 않았습니다. 그래서 저는 고객 서비스 센터에 연락했습니다. 그들은 저에게 몇 가지 조치를 안내했지만 문제를 해결하지 못했습니다. 그래서 그들은 저에게 서비스 센터에 가져올 것을 제안했습니다. 그것을 수리하는 데 일주일 정도 걸렸습니다. 지금은 잘 작동하고 있고 저는 앞으로 이런 상황을 처리하는 방법에 대한 귀중한 교훈을 얻었습니다.

Words laptop 랩톱 컴퓨터   well-suited 적절한   handle 다루다

추가 아이디어로 답안 늘리기

- I researched online for solutions. 저는 온라인으로 해결책을 조사했습니다.
- I asked my friends for help. 저는 친구들에게 도움을 청했습니다.
- I considered buying a new laptop. 저는 새 노트북을 사는 것을 고려했습니다.

Model Answer_ AL 🎧 4_01_6

The last time I bought something new was last year and it was a laptop from an online marketplace. Shortly afterward, I faced a problem: the laptop would not turn on. I believed it might be due to the shipping process because it had been well-packed but had a slight dent on the side. I contacted the seller and described the issue. Initially, I proposed sending it to a service center, but the seller refused and said that it might void the warranty. We agreed that I would return the laptop and that the store would send me a new one. The whole process was time consuming, and having to reinstall all my software was tedious. Still, this experience reminded me to be more cautious when buying electronics online.

제가 마지막으로 새로운 것을 샀던 때는 작년이었고 그것은 온라인 마켓플레이스에서 산 노트북이었습니다. 얼마 후, 저는 노트북이 켜지지 않는 문제에 직면했습니다. 저는 그것이 아마도 배송 과정 때문이라고 생각했는데, 왜냐하면 노트북이 포장은 잘 되어 있었지만 옆쪽에 살짝 흠집이 있었기 때문입니다. 저는 판매자에게 연락해서 문제를 설명했습니다. 처음에는 노트북을 서비스 센터에 보내는 것을 제안했지만 판매자는 거절하며 그로 인해 보증이 무효화될 수도 있다고 말했습니다. 우리는 노트북을 반납하고 매장에서 새 노트북을 저에게 보내주는 것으로 합의했습니다. 전체 과정에 많은 시간이 소요됐고 모든 소프트웨어를 다시 설치하는 것은 지루했습니다. 그래도 이 경험을 통해, 온라인으로 전자제품을 살 때는 더 신중해야 한다는 것을 알게 되었습니다.

Words shipping 배송　dent 움푹 들어간 곳　void 무효로 하다　warranty 보증　reinstall 재설치하다
tedious 지루한　electronics 전자제품

💡 추가 아이디어로 답안 늘리기

- In the future, I plan to purchase items from sellers with high ratings and good return policies. 앞으로는 높은 평점과 좋은 반품 정책을 가진 판매자로부터 물건을 구매할 계획입니다.

- I backed up my data regularly after the incident to avoid losing important files.
중요한 파일을 잃지 않기 위해 이 사건 이후로 정기적으로 데이터를 백업했습니다.

- The experience prompted me to do more research on laptop brands and their customer service. 이 경험은 제가 노트북 브랜드와 그들의 고객 서비스를 더 조사하도록 상기시켰습니다.

롤플레이

유형별

combo 1 질문하기
combo 2 문제 해결하기
combo 3 관련 경험 전달하기

주제별

Unit 01 쇼핑
Unit 02 콘서트
Unit 3 친구, 가족
Unit 4 집
Unit 5 은행
Unit 6 MP3
Unit 7 여행

Unit 02 콘서트

🔍 기출문제 유형

■ **질문하기**

> I would like to give you a situation and ask you to act it out. You want to buy two tickets to a concert. Call a theater, and ask three or four questions on how to purchase tickets.
>
> 당신이 역할극을 해야 하는 상황이 있습니다. 당신은 콘서트 티켓 두 장을 구매하고 싶습니다. 극장에 전화해서 티켓을 구매하는 방법에 대해 3~4가지 질문을 해보세요.

■ **문제 해결하기**

> I'm sorry, but there is a problem that you need to resolve. You bought some concert tickets and were supposed to go to a concert with your friend. But you become very sick at the last minute. Call your friend, explain the situation, and suggest two or three alternatives.
>
> 유감스럽게도 해결해야 할 문제가 있습니다. 당신은 콘서트 티켓을 구매했고 친구와 함께 콘서트에 가기로 했습니다. 그러나 임박해서 매우 아프게 되었습니다. 친구에게 전화해서 상황을 설명하고, 2~3가지 대안을 제시해 보세요.

■ **관련 경험 전달하기**

> That's the end of the situation. Have you ever bought concert tickets or made other plans, but had to cancel at the last minute because something came up? What was the problem, and how did you solve it? Tell me what happened in detail.
>
> 상황극이 끝났습니다. 콘서트 티켓을 구매했거나 다른 계획을 세웠다가 일이 생겨서 마지막 순간에 취소해야 했던 적이 있나요? 문제는 무엇이었고, 어떻게 해결했습니까? 있었던 일을 자세히 설명해 주세요.

Combo 1 질문하기

I would like to give you a situation and ask you to act it out. You want to buy two tickets to a concert. Call a theater, and ask three or four questions on how to purchase tickets.
당신이 역할극을 해야 하는 상황이 있습니다. 당신은 콘서트 티켓 두 장을 구매하고 싶습니다. 극장에 전화해서 티켓을 구매하는 방법에 대해 3~4가지 질문을 해보세요.

Model Answer_IH

Hi there. I am calling to get some information about purchasing concert tickets. I'm interested in the performance next Saturday night. Can you provide me with some information, please? Firstly, what payment methods do you accept for the tickets? Secondly, I'd like to know if there's a discount for students. Oh, I see! Additionally, could you tell me how early I need to book the tickets to ensure I get good seats? And lastly, is it possible to pick up the tickets at the venue on the day of the concert? Thank you for your assistance.

안녕하세요. 저는 콘서트 티켓 구매에 대한 정보를 얻고 싶어 전화했습니다. 다음주 토요일 밤에 하는 공연에 관심이 있습니다. 정보를 주실 수 있나요? 첫째로, 어떤 결제 수단으로 티켓을 살 수 있나요? 둘째로, 학생 할인이 있는지 알고 싶습니다. 알겠습니다! 그리고, 좋은 자리를 확보하려면 티켓을 얼마나 일찍 예약해야 하는지 알려주시겠어요? 마지막으로, 콘서트 당일 현장에서 티켓을 수령하는 것이 가능한가요? 도움을 주셔서 감사합니다.

Words payment method 결제 수단   discount for students 학생 할인   book a ticket 티켓을 예약하다   pick up the ticket 티켓을 수령하다

추가 아이디어로 답안 늘리기

- Is there a service charge for online ticket purchases? 온라인 티켓 구매에 서비스 요금이 부과되나요?
- How can I verify the authenticity of the tickets? 티켓의 진위를 어떻게 확인할 수 있나요?
- Are there any package deals if I buy multiple tickets?
  티켓을 여러 장 구매할 경우 일괄 거래가 가능한가요?

Model Answer_ AL   🎧 4_02_2

Hello. I'm reaching out for some clarity on buying tickets for an upcoming concert. I'm particularly intrigued by the performance that's been scheduled for the forthcoming Saturday evening. Initially, may I inquire as to what payment options are available for ticket acquisition? Subsequently, as a student currently studying in Korea, I am curious about whether there are any concessions on prices. Oh, I see! In addition to this, will there be an option to collect the tickets at the box office on the event's date? Lastly, Could you elucidate the refund policy for any unforeseen cancelations? Thank you for your help.

안녕하세요. 곧 있을 콘서트의 티켓 구매 방법에 대해 명확히 알고 싶어 연락드립니다. 특히 이번 주 토요일 저녁에 예정된 공연이 특히 눈에 띄는데요. 먼저, 티켓 구매 시 사용할 수 있는 결제 옵션에 대해 여쭤봐도 될까요? 그 다음으로, 한국에서 공부 중인 학생으로서, 가격 할인이 있는지 궁금합니다. 알겠습니다! 더불어, 행사 당일 매표소에서 티켓을 수령할 수 있나요? 마지막으로, 예상치 못한 취소가 발생했을 때의 환불 정책을 설명해 주실 수 있나요? 도와주셔서 감사합니다.

Words clarity 명확성 intrigue 흥미를 돋우다 acquisition 습득 subsequently 그 뒤에
concession (~의) 할인 elucidate (더 자세히) 설명하다

추가 아이디어로 답안 늘리기

- Is priority seating available for early bookings? 조기 예약 시 우대석을 제공하나요?

- Are there any other services for overseas customers regarding ticket purchases?
티켓 구매와 관련하여 해외 고객을 위한 다른 서비스가 있나요?

Combo 2 문제 해결하기

> I'm sorry, but there is a problem that you need to resolve. You bought some concert tickets and were supposed to go to a concert with your friend. But you become very sick at the last minute. Call your friend, explain the situation, and suggest two or three alternatives.
>
> 유감스럽게도 해결해야 할 문제가 있습니다. 당신은 콘서트 티켓을 구매했고 친구와 함께 콘서트에 가기로 했습니다. 그러나 임박해서 매우 아프게 되었습니다. 친구에게 전화해서 상황을 설명하고, 2~3가지 대안을 제시해 보세요.

Model Answer_ IH

Hello. I need to discuss an issue with our concert plans that just arose. I was once excited and counting down the days, but I have fallen very ill at the last minute. Specifically, I unexpectedly caught a severe flu. This has messed up our plans. However, luckily, I've thought about some alternatives. We can sell these tickets and purchase ones for a later concert when I have recovered. Alternatively, you can attend this concert with another friend of ours. We can discuss these options in more detail later. I appreciate your understanding and cooperation. I apologize for the inconvenience caused by my health issue. Thanks once again for your understanding.

안녕. 우리의 콘서트 계획에 생긴 문제에 대해 의논하고 싶어. 나는 한동안 들떠 있었고 손꼽아 기다렸는데, 막판에 몸에 탈이 났어. 구체적으로 말하면, 심한 독감에 걸렸어. 그래서 우리 계획이 엉망이 됐네. 하지만, 다행히 몇 가지 대안을 생각해 봤어. 이 티켓을 팔고 내가 건강을 회복하면 다음 공연의 티켓을 구매할 수 있어. 그렇지 않으면, 네가 다른 친구와 함께 이번 공연에 가는 거야. 나중에 이 방법들에 대해 더 자세히 이야기하자. 이해하고 협조해 줘서 고마워. 내 건강 문제로 상황이 이렇게 돼서 미안해. 다시 한번 고마워.

Words count down the days 손꼽아 기다리다   severe flu 심한 독감   mess up 엉망으로 만들다
alternative 대안

추가 아이디어로 답안 늘리기

- If we act quickly, we might minimize losses and ensure someone else can enjoy the show. 우리가 빠르게 행동한다면 손실을 최소화하고 다른 사람이 공연을 즐길 수 있도록 할 수 있어.

- If it's hard for you to find someone, I can help you find someone else.
만약 네가 다른 사람을 찾기 힘들다면, 내가 다른 사람을 찾는 것을 도와줄 수 있어.

- We can also plan to watch the concert online if there's live streaming.
만약 온라인 생중계 방송이 있으면, 우리는 콘서트를 온라인으로 보는 것을 계획할 수도 있어.

Model Answer_ AL

🎧 4_02_4

Hello. I need to discuss an issue regarding the upcoming concert we planned to attend. Unfortunately, I unexpectedly fell ill, which has disrupted our plans. I was eagerly anticipating the concert and counting down the days, but then I suddenly became sick. I've thought of a few solutions to address this situation. Firstly, would you be open to attending the concert with another friend? That person might enjoy the event just as much as I would, and it would be a shame for the tickets to go to waste. Alternatively, would you be up for attending the concert with me once I've recovered? If so, we could sell these tickets and use the funds to purchase tickets for a future concert when I'm feeling better. Furthermore, it might be worth checking the concert venue's ticket transfer policy. Could we explore if there are any options available to us that we haven't considered yet? Thank you for your understanding and flexibility in handling this situation and I hope we can work together to find the best solution.

안녕, 우리가 참석할 예정이었던 다가오는 콘서트에 관련된 몇 가지 문제에 대해 이야기할 게 있어. 불행하게도, 내가 예상치 못하게 아프게 돼서 우리 계획에 차질이 생겼어. 나는 콘서트를 엄청 기대하고 손꼽아 기다려 왔는데, 갑자기 몸에 탈이 났네. 이 상황을 해결할 수 있는 몇 가지 해결책을 생각해 봤어. 먼저, 너가 다른 친구랑 콘서트에 가는 게 어때? 나만큼 그 친구도 이 공연을 즐길 수도 있고, 티켓을 썩히면 아쉽잖아. 아니면, 일단 내가 회복한 후에 나랑 콘서트에 가는 게 어때? 만약 좋다면, 우리는 이 티켓을 팔고 그 돈으로 내가 나아진 후에 다음 콘서트 티켓을 구입하면 돼. 그리고, 콘서트 장소의 티켓 양도 정책을 확인해 보는 게 좋을 것 같아. 아직 우리가 생각하지 못한 선택지를 더 찾아볼까? 이 상황을 처리하는 데 있어 너의 이해와 너그러움에 고마워. 우리 함께 최상의 해결책을 찾아보자.

Words upcoming 다가오는 fall ill 아프게 되다 eagerly 간절하게 alternatively 그 대신에, 그렇지 않으면

추가 아이디어로 답안 늘리기

- We could offer the extra ticket to a mutual acquaintance who enjoys similar music.
  우리는 비슷한 음악을 좋아하는 서로 아는 지인에게 여분의 티켓을 줄 수 있어.

- We could post the tickets on a reputable online marketplace to sell them quickly.
  우리는 평판이 좋은 온라인 마켓플레이스에 티켓을 올려 빨리 팔 수 있어.

Combo 3 관련 경험 전달하기

🎧 4_02_C3

> That's the end of the situation. Have you ever bought concert tickets or made other plans, but had to cancel at the last minute because something came up? What was the problem, and how did you solve it? Tell me what happened in detail.
> 상황극이 끝났습니다. 콘서트 티켓을 구매했거나 다른 계획을 세웠다가 일이 생겨서 마지막 순간에 취소해야 했던 적이 있나요? 문제는 무엇이었고, 어떻게 해결했습니까? 있었던 일을 자세히 설명해 주세요.

Model Answer_IH

🎧 4_02_5

Last year, I had tickets to see BTS, my favorite group, in Seoul. But just before the concert, my grandpa got really sick. I had to stay home and help him. I sold my tickets online fast. I lost some money, but family comes first. It was hard to miss the concert, but I knew I did the right thing. Later, I watched videos from the concert and felt a bit better. I hope to see BTS another time.

지난해, 저는 가장 좋아하는 밴드인 BTS를 서울에서 볼 수 있는 티켓을 가지고 있었습니다. 하지만 콘서트 바로 전에 할아버지가 매우 편찮으셨어요. 저는 집에 머물며 할아버지를 도와야 했습니다. 저는 온라인으로 티켓을 빨리 팔았습니다. 돈을 조금 잃었지만 가족이 먼저죠. 콘서트를 가지 못해서 힘들었지만, 올바른 결정을 했다고 생각해요. 나중에 콘서트 영상을 보고 기분이 조금 나아졌습니다. 다음에 BTS를 볼 수 있기를 바랍니다.

Words   **favorite** 가장 좋아하는   **come first** 최우선 고려 사항이다, 가장 먼저다   **miss** 놓치다

💡 추가 아이디어로 답안 늘리기

- My family was proud of my decision. 가족은 제 결정을 자랑스러워했습니다.
- I received concert updates on social media. 소셜 미디어로 콘서트 업데이트를 받았습니다.
- I learned to balance my priorities better. 우선 사항들의 균형을 더 잘 맞추는 법을 배웠습니다.

Model Answer_ AL 🎧 4_02_6

Quite recently, I experienced the disappointment of canceling my plans to attend a Blackpink concert here in Seoul. I had been anticipating this event for months after having secured tickets amid a rush of eager fans. However, a critical project deadline at my university coincided with the concert date. Prioritizing my academics, I chose to stay home. After discussing the issue with some friends, I managed to resell the tickets to another enthusiast. Despite the setback, I dedicated myself to studying, and fortunately, it paid off with good grades. I still hope to catch Blackpink live in the future.

아주 최근에, 저는 서울에서 Blackpink 콘서트에 가려던 계획을 취소해서 실망했습니다. 열성적인 팬들 사이에서 티켓을 확보한 후, 수개월 동안 기대하고 있었죠. 하지만 대학의 중요한 프로젝트 마감일이 콘서트 날짜와 겹쳤습니다. 학업을 우선으로 하여, 저는 집에 남기로 결정했습니다. 친구들과 상의한 끝에, 다른 열광적인 팬에게 티켓을 되팔 수 있었습니다. 좌절했음에도 불구하고 공부에 전념했고, 다행히 좋은 성적으로 보상을 받았습니다. 앞으로 Blackpink를 직접 볼 수 있기를 여전히 바랍니다.

Words disappointment 실망 anticipate 기대하다 secure 확보하다 coincide with ~와 동시에 일어나다 prioritize 우선시하다 enthusiast 열광적인 팬 setback 좌절 dedicate 전념하다 pay off 성과를 올리다

추가 아이디어로 답안 늘리기

- The university project opened doors for future opportunities.
  대학 프로젝트는 장래의 기회에 문을 열어 주었습니다.

- I connected with other fans who shared their concert experiences.
  콘서트 경험을 공유하는 다른 팬들과 연락했습니다.

- This challenge taught me the importance of time management.
  이 도전은 시간 관리의 중요성을 가르쳐 주었습니다.

롤플레이

유형별
combo 1 질문하기
combo 2 문제 해결하기
combo 3 관련 경험 전달하기

주제별
Unit 01 쇼핑
Unit 02 콘서트
Unit 03 친구, 가족
Unit 4   집
Unit 5   은행
Unit 6   MP3
Unit 7   여행

Unit 03 친구, 가족

🔍 기출문제 유형

■ 질문하기

> I would like to give you a situation and ask you to act it out. One of your relatives is going on vacation, and his or her house will be empty. You have agreed to take care of your relative's home while he or she is on the trip. Make a call to your relative and ask three or four questions about what you need to do for him or her.
>
> 당신이 역할극을 해야 하는 상황이 있습니다. 당신의 친척 중 한 명이 휴가를 가서 집을 비우게 됩니다. 친척이 여행하는 동안 당신은 집을 봐주기로 했습니다. 친척에게 전화를 걸어 무엇을 해야 하는지에 대해 3~4가지 질문을 해보세요.

■ 문제 해결하기

> I'm sorry, but there is a problem that you need to resolve. You've arrived at your relative's house. But you can't get into the house because the door is locked, and you can't find the key. Contact your relative and leave a message explaining the situation. Provide two or three ways to solve the problem.
>
> 유감스럽게도 해결해야 할 문제가 있습니다. 당신은 친척 집에 도착했습니다. 그러나 문이 잠겨 있고 열쇠를 찾을 수 없어 집에 들어갈 수 없습니다. 친척에게 연락하여 상황을 설명하는 메시지를 남기세요. 그리고 문제를 해결할 2~3가지 방법을 제안해 보세요.

■ 관련 경험 전달하기

> That's the end of the situation. Tell me about a memorable experience in which you couldn't keep a promise to your family or friend or had to cancel an appointment. What happened? What was the reason you couldn't keep your promise? How did you deal with the situation?
>
> 상황극이 끝났습니다. 가족이나 친구에게 약속을 지키지 못했거나 약속을 취소해야 했던 기억에 남는 경험에 대해 말해 보세요. 무슨 일이 있었나요? 약속을 지키지 못한 이유는 무엇이었나요? 그 상황을 어떻게 처리했나요?

Combo 1 질문하기

I would like to give you a situation and ask you to act it out. One of your relatives is going on vacation, and his or her house will be empty. You have agreed to take care of your relative's home while he or she is on the trip. Make a call to your relative and ask three or four questions about what you need to do for him or her.
당신이 역할극을 해야 하는 상황이 있습니다. 당신의 친척 중 한 명이 휴가를 가서 집을 비우게 됩니다. 친척이 여행하는 동안 당신은 집을 봐주기로 했습니다. 친척에게 전화를 걸어 무엇을 해야 하는지에 대해 3~4가지 질문을 해보세요.

Model Answer_IH

Hi. I hope you're doing great. I'm calling to get some more details about what I'll be doing at your home while you're away. Firstly, are there any specific days and times I should collect the mail and the newspaper? Secondly, could you let me know how often the plants need watering? Oh, I see! Additionally, is there a particular way you want your pets fed and walked? And lastly, would you like me to routinely check on anything else inside or outside the house? Thank you so much for your assistance. I'll make sure everything is taken care of just as you would.

안녕하세요, 잘 지내시죠? 여행 가시는 동안 제가 하게 될 집안일에 대해 좀 더 자세히 알고 싶어서 전화했습니다. 첫째로, 우편과 신문을 받는 특별한 요일과 시간이 있나요? 둘째로, 식물에 물을 얼마나 자주 줘야 하나요? 아, 이해했습니다! 추가로, 반려동물에게 밥을 주고 산책을 시키는 특정한 방식이 있나요? 마지막으로, 집 안팎에 정기적으로 확인해야 할 것이 또 있나요? 도움 주셔서 정말 감사합니다. 당신이 하는 것처럼 모든 것을 잘 처리하겠습니다.

Words   specific 특정한   feed 먹이를 주다   routinely 일과로서   take care of ~을 돌보다

추가 아이디어로 답안 늘리기

- Do you have any specific instructions for garbage disposal and recycling days?
  쓰레기 처리 및 재활용 요일에 대한 구체적인 지침이 있나요?
- Should I leave a light on at night for security reasons?
  보안을 위해 밤에 불을 켜 두어야 하나요?
- Is there an emergency contact number I should have on hand?
  알고 있어야 할 비상 연락처가 있나요?
- Would you like me to collect any deliveries or packages?
  배달물이나 택배를 찾으러 갈까요?

Model Answer_ AL

🎧 4_03_2

Hello. I trust you're preparing well for your upcoming trip. I'm calling to clarify some details regarding the household responsibilities I've agreed to take on during your absence. Firstly, I'd like to know how you would prefer me to handle any parcels or mail that arrive while you're away. Secondly, in terms of plant care, how often should I water them, and are there any specific things I need to be cautious about? Also, are there any specific things like gas valves, windows, doors that I need to check for the safety of the house? Lastly, during your absence, is there any neighbor or management office that I should specifically be in contact with? Thank you for guiding me on these matters. Don't worry, I'll take care of everything as best as I can.

안녕하세요. 다가오는 여행을 잘 준비하고 계시리라 믿습니다. 안 계시는 동안 제가 맡기로 한 집안일에 대해 몇 가지 세부 사항을 명확히 하기 위해 전화했습니다. 먼저, 안 계시는 동안 도착하는 택배나 우편물을 제가 어떻게 처리하길 원하시는지 알고 싶습니다. 두 번째로, 식물 관리에 있어서 얼마나 자주 물을 주어야 하는지, 그리고 특별히 주의해야 할 사항이 있는지 알고 싶습니다. 또한, 가스 밸브, 창문, 문 등 집의 안전을 위해 특별히 확인해야 할 것들이 있나요? 마지막으로, 부재 기간 동안 특별히 연락해야 하는 이웃이나 관리사무소가 있나요? 이 사안에 대한 지침에 감사드립니다. 걱정하지 마세요, 제가 최선을 다해 모든 것을 돌보겠습니다.

Words household responsibility 집안일 take on 떠맡다 parcel 소포 in terms of ~의 면에서 plant care 식물 관리 management office 관리사무소 be in contact with ~와 접촉하고 있다

추가 아이디어로 답안 늘리기

- Is there a preferred service technician I should call in case of any home appliance issues?
  가전제품에 문제가 생겼을 때 먼저 연락해야 할 기술자가 있나요?

- How should I manage any unexpected visitors or solicitors?
  예상치 못한 방문객이나 판촉원을 어떻게 대응해야 하나요?

- Would you like regular updates on the status of the house via text message or e-mail?
  집 상태에 대해 문자나 이메일로 정기적인 업데이트를 받으시겠어요?

Combo 2 문제 해결하기

🎧 4_03_C2

I'm sorry, but there is a problem that you need to resolve. You've arrived at your relative's house. But you can't get into the house because the door is locked, and you can't find the key. Contact your relative and leave a message explaining the situation. Provide two or three ways to solve the problem.

유감스럽게도 해결해야 할 문제가 있습니다. 당신은 친척 집에 도착했습니다. 그러나 문이 잠겨 있고 열쇠를 찾을 수 없어 집에 들어갈 수 없습니다. 친척에게 연락하여 상황을 설명하는 메시지를 남기세요. 그리고 문제를 해결할 2~3가지 방법을 제안해 보세요.

Model Answer_IH

🎧 4_03_3

Hello. I've just arrived at your place, but unfortunately, it appears that the door is locked, and the key is nowhere to be found. I've checked the usual spots without success. In this situation, I wonder if you can guide me on the whereabouts of a spare key. Alternatively, if there's someone nearby with a spare key, or if there's a specific code or another entrance I'm not aware of, that information would be incredibly helpful. I'm currently outside and would appreciate any assistance you can provide to resolve this little snag. I'm looking forward to hearing from you soon. Thank you!

안녕하세요. 방금 당신 집에 도착했어요. 그런데 불행히도, 문이 잠겨 있고, 열쇠가 어디에도 보이지 않아요. 늘 있던 곳들은 확인해 봤지만 못 찾았어요. 이런 상황에서 여분의 열쇠가 어디에 있는지 알려주시겠어요? 그렇지 않으면, 혹시 주변에 여분의 열쇠를 누가 가지고 있거나, 제가 모르는 특정 비밀번호나 다른 출입구가 있는지 알려 주시면 정말로 도움될 거예요. 저는 현재 밖에 있으며, 이 작은 문제를 해결하는 데 어떠한 도움이든 주시면 감사하겠습니다. 답장 기다리고 있겠습니다. 감사합니다!

Words　whereabout 소재, 행방　　spare key 여분의 열쇠　　alternatively 그 외에도, 대안적으로　　snag 문제

🚨 추가 아이디어로 답안 늘리기

- If the key is lost, we might need to call a locksmith.
  열쇠를 잃어버렸다면, 우리는 자물쇠 수리공을 불러야 할 수도 있습니다.

- Do you have a hidden key anywhere outside that I haven't checked yet?
  제가 아직 확인하지 않은 바깥쪽에 숨겨진 열쇠가 있나요?

- Maybe you can authorize a nearby friend to let me in.
  근처에 있는 친구에게 저를 들여보내도록 허가해 주실 수 있겠네요.

Model Answer_ AL 🎧 4_03_4

Hello. it's your cousin, Noah. I'm currently standing outside your house, and I've run into a bit of a problem. The door is locked, and I can't seem to find the key anywhere. It's quite chilly outside and this situation was unexpected. Could you possibly assist me in this matter? Perhaps you could provide some information on the whereabouts of a spare key, or maybe you could arrange for a locksmith to come and help me out. I'm certain a locksmith would be able to rectify the situation immediately. Alternatively, is there a neighbor who might have a spare key? If there are any other solutions you can think of, I'm all ears. I understand this is an inconvenience, but your help would be greatly appreciated. Thank you in advance for your understanding and assistance.

안녕, 네 사촌 노아야. 지금 집 밖에 서 있고, 문제가 좀 생겼어. 문이 잠겨 있고, 열쇠가 어디에 있는지 모르겠어. 바깥 날씨가 꽤 춥고, 이런 상황은 예상치 못했어. 이것 좀 도와줄 수 있어? 혹시 여분의 열쇠가 어디 있는지 알려줄 수 있을까? 아니면 자물쇠 수리공을 불러 줘도 돼. 그들이 상황을 즉시 해결할 수 있을 것 같아. 그렇지 않으면, 여분의 열쇠를 가지고 있는 이웃이 있어? 다른 해결책이 있다면 듣고 싶어. 귀찮겠지만, 도와준다면 정말 고마울 거야. 이해와 도움에 미리 고마워.

Words run into (곤경 등을) 겪다   locksmith 자물쇠 수리공   rectify 바로잡다
be all ears 귀를 기울이다, 경청하다

💡 추가 아이디어로 답안 늘리기

- In case we cannot locate a spare, is there a local locksmith you recommend?
  여분의 열쇠를 찾을 수 없는 경우, 추천할 만한 지역 자물쇠 수리공이 있니?

- Would it be possible for you to remotely grant access? 원격으로 출입을 허용해 줄 수 있니?

- Can you remotely unlock the door? 원격으로 문을 열어줄 수 있을까?

- I will check nearby windows and other entrances in case any of them are unlocked.
  잠겨 있지 않은 창문이나 다른 출입구가 있는지 주변을 확인해 볼게.

Combo 3 관련 경험 전달하기

🎧 4_03_C3

That's the end of the situation. Tell me about a memorable experience in which you couldn't keep a promise to your family or friend or had to cancel an appointment. What happened? What was the reason you couldn't keep your promise? How did you deal with the situation?

상황극이 끝났습니다. 가족이나 친구에게 약속을 지키지 못했거나 약속을 취소해야 했던 기억에 남는 경험에 대해 말해 보세요. 무슨 일이 있었나요? 약속을 지키지 못한 이유는 무엇이었나요? 그 상황을 어떻게 처리했나요?

Model Answer_ IH 🎧 4_03_5

I once had a memorable experience when I couldn't keep a promise to my friend. We were supposed to meet up for lunch, but I had to cancel at the last minute because I was feeling really sick. I felt really bad about it, but I knew that I couldn't go out in my condition. I called my friend and explained the situation, and she was very understanding. We rescheduled our lunch for the following week, and I made sure to take care of myself so that I wouldn't have to cancel again. I also made sure to apologize to my friend for the inconvenience, and she was very gracious about it.

한번은 친구에게 약속을 지키지 못해 기억에 남는 경험이 있습니다. 우리는 점심 약속을 잡았지만, 제가 너무 아파서 마지막 순간에 취소해야 했습니다. 그 일로 정말 미안한 마음이 들었지만, 제 상태로는 나갈 수 없었습니다. 저는 친구에게 전화를 걸어 상황을 설명했고, 친구는 잘 이해해 주었습니다. 우리는 점심 약속을 다음 주로 잡았고, 저는 다시 취소하지 않도록 몸조심했습니다. 또한, 불편함을 끼친 데 대해 친구에게 사과했고, 그녀는 매우 자비롭게 사과를 받아줬습니다.

Words memorable 기억에 남는   keep a promise 약속을 지키다   meet up for lunch 점심 식사를 하기 위해 만나다
at the last minute 임박해서   understanding 이해심 있는   reschedule 일정을 변경하다
apologize 사과하다   inconvenience 불편   gracious 자애로운

💡 추가 아이디어로 답안 늘리기

- I suggested rescheduling our dinner for another day when I was feeling better.
  저는 컨디션이 좋은 다른 날로 저녁 식사 일정을 변경하는 것을 제안했습니다.

- I made sure to apologize sincerely and to express my regret for the inconvenience caused. 저는 진심으로 사과하고 불편을 끼친 점에 대한 유감을 표현했습니다.

Model Answer_ AL

🎧 4_03_6

Once, I had a situation in which I couldn't keep a promise to my family. We had planned a trip to Jeju Island, but I had to cancel at the last minute because I had to work. I got a sudden call from my boss saying I had to go into work because of a big project we were working on. We were exporting our product to the global market. It wasn't the first time something like this happened, but it still made me feel really sorry for my family. Thanks to their support, I managed to successfully finish the project, and I wanted to do something special to make it up to them. So I planned a short 2-night, 3-day vacation to Gangwon Province instead of to Jeju Island. Although it was shorter than our original plan, we had a meaningful time together. The project's success even led to a promotion for me, and I was able to gift my family a vacation at a luxurious resort in Gangwon Province. It was a really special time for me.

한번은 가족에게 약속을 지키지 못한 적이 있었습니다. 우리는 제주도 여행을 계획했었지만, 일 때문에 임박해서 취소해야 했습니다. 진행 중인 큰 프로젝트 때문에 제가 출근해야 한다는 상사의 갑작스러운 전화를 받았습니다. 우리는 세계 시장으로 제품을 수출하고 있었습니다. 이런 일이 생긴 게 처음이 아니었지만, 가족에게 정말 미안한 마음이 들었습니다. 가족의 지지 덕분에 저는 프로젝트를 성공적으로 마무리할 수 있었고, 가족들에게 특별한 무언가로 보상해 주고 싶었습니다. 그래서 저는 제주도 대신 강원도로 짧은 2박 3일 휴가를 계획했습니다. 비록 원래 계획보다는 짧았지만, 우리는 함께 의미 있는 시간을 보냈습니다. 프로젝트의 성공으로 인해 승진까지 했고, 저는 가족들에게 강원도의 고급 리조트에서의 휴가를 선물할 수 있었습니다. 그것은 정말 특별한 시간이었습니다.

Words   **make up to** ~에게 보상하다   **promotion** 승진

추가 아이디어로 답안 늘리기

- I proposed making up for the canceled trip by planning a special family outing in the future. 저는 특별한 가족 외출을 계획하여 취소된 여행을 보상하는 것을 제안했습니다.

- I assured my family that their support and understanding were invaluable to me.
저는 가족에게 그들의 지원과 이해가 매우 값지다는 것을 확신시켰습니다.

- Balancing work and family life can be challenging, but depending on the situation, seeking understanding from family members is important.
일과 가족 생활 사이에서 균형을 유지하는 것은 어려울 수 있지만, 상황에 따라 가족의 이해를 구하는 것이 중요합니다.

롤플레이

유형별

combo 1   질문하기
combo 2   문제 해결하기
combo 3   관련 경험 전달하기

주제별

Unit 01   쇼핑
Unit 02   콘서트
Unit 03   친구, 가족
Unit 04   집
Unit 5   은행
Unit 6   MP3
Unit 7   여행

Unit 04 집

🔍 기출문제 유형

■ 질문하기

I would like to give you a situation and ask you to act it out. You are looking for a new house. Call a real estate agency and ask three or four questions about getting a house and a list of homes it has.

당신이 역할극을 해야 하는 상황이 있습니다. 당신은 새집을 찾고 있습니다. 부동산 중개소에 전화해서 집을 구하는 것과 부동산이 갖고 있는 집 목록에 대해 3~4가지 질문을 해보세요.

■ 문제 해결하기

I'm sorry, but there is a problem that you need to resolve. You've arrived at your new house. But you found out that a window is broken. Contact a window repair shop and leave a message about how the window broke. Then, tell the person why you need to get it fixed today.

유감스럽게도 해결해야 할 문제가 있습니다. 당신은 새집에 도착했습니다. 그러나 창문이 깨져 있는 것을 발견했습니다. 창문 수리점에 연락하여 창문이 깨진 것에 대해 메시지를 남기세요. 그 다음, 오늘 수리가 필요한 이유도 말해 주세요.

■ 관련 경험 전달하기

That's the end of the situation. Have you ever discovered something broken or damaged in your house? What was it? How did it get broken, and how did you solve the problem? Tell me the steps you took.

상황극이 끝났습니다. 집에서 깨지거나 손상된 물건을 발견한 적이 있나요? 그것은 무엇이었나요? 어떻게 깨졌으며 어떻게 문제를 해결했습니까? 당신이 취한 조치를 말해 주세요.

Combo 1 질문하기

🎧 4_04_C1

I would like to give you a situation and ask you to act it out. You are looking for a new house. Call a real estate agency and ask three or four questions about getting a house and a list of homes it has.

당신이 역할극을 해야 하는 상황이 있습니다. 당신은 새집을 찾고 있습니다. 부동산 중개소에 전화해서 집을 구하는 것과 부동산이 갖고 있는 집 목록에 대해 3~4가지 질문을 해보세요.

Model Answer_IH
🎧 4_04_1

Hi there. I am calling to get some information about finding a new house. I'm interested in the properties you have available. Can you provide me with some information, please? Firstly, I'd like to know about the types of homes you currently have listed. Secondly, could you give me an idea of the neighborhoods where these houses are located? Oh, I see! Additionally, I am curious about the price range of the homes you offer. Also, are there any upcoming open-house events? Thank you for your assistance.

안녕하세요. 저는 새집을 찾고 있는데 관련 정보를 알고 싶어 전화드렸습니다. 현재 판매 중인 주택에 관심이 있어서요. 정보를 제공해 주실 수 있을까요? 먼저, 현재 판매 중인 주택의 종류에 대해 알고 싶습니다. 둘째로, 이 집들이 위치한 동네에 대한 정보를 얻을 수 있을까요? 아, 알겠어요! 추가로, 제시하시는 주택 가격대가 궁금합니다. 그리고 예정된 오픈하우스 행사가 있나요? 도움 주셔서 감사합니다.

Words property 재산, 부동산   neighborhood 동네   price range 가격대

추가 아이디어로 답안 늘리기

- Could you tell me about the condition of the houses? 집들의 상태에 대해 알려주실 수 있나요?
- Do you offer any services after I buy the house? 집을 사고 난 후에 서비스를 제공하나요?
- Can you tell me about the facilities around these houses?
  이 집의 주변 시설에 대해 말해 주실 수 있나요?

Model Answer_ AL
🎧 4_04_2

Hi, I'm reaching out to gather information regarding the process of acquiring a new residence. I am keenly interested in exploring the housing options your agency provides. Can you provide me with some information, please? Firstly, I'd appreciate details on a variety of houses currently available in your portfolio. Secondly, could you offer insights into the surrounding neighborhoods and their amenities? Oh, I see! Additionally, I am curious about the pricing structures for the different homes you represent. Also, do you offer virtual tours for more detailed views? Thank you for your assistance.

안녕하세요, 새로운 주택을 구입하는 과정에 대한 정보를 수집하려고 전화 드립니다. 귀사에서 제공하는 주택 옵션에 관심이 많습니다. 정보를 주실 수 있을까요? 먼저, 귀사가 현재 보유한 여러 주택에 대한 자세한 내용을 알고 싶습니다. 둘째로, 주변 동네와 그들의 편의시설에 대한 의견을 얻을 수 있을까요? 아, 알겠어요! 추가로, 귀사가 제시하는 주택들의 가격 구조가 궁금합니다. 그리고, 더 자세하게 둘러볼 수 있는 가상 투어를 제공하나요? 도움 주셔서 감사합니다.

Words   acquire 습득하다   residence 주택   keenly interested in ~에 매우 흥미를 느끼는   explore 탐색하다
surrounding 인근의   pricing structure 가격 구조   virtual 가상의

추가 아이디어로 답안 늘리기

- Can I also inquire about the condition of the houses? 그 주택들의 상태에 대해 여쭤봐도 될까요?

- Do you offer any after-sales services? 애프터 서비스도 제공하나요?

- Can you give me some information about the surrounding facilities?
  주변 시설에 대한 정보를 주실 수 있나요?

Combo 2 문제 해결하기

🎧 4_04_C2

I'm sorry, but there is a problem that you need to resolve. You've arrived at your new house. But you found out that a window is broken. Contact a window repair shop and leave a message about how the window broke. Then, tell the person why you need to get it fixed today.

유감스럽게도 해결해야 할 문제가 있습니다. 당신은 새집에 도착했습니다. 그러나 창문이 깨져 있는 것을 발견했습니다. 창문 수리점에 연락하여 창문이 깨진 것에 대해 메시지를 남기세요. 그 다음, 오늘 수리가 필요한 이유도 말해 주세요.

Model Answer_ IH

🎧 4_04_3

Hello. I need to talk to you regarding a problem I have with a window in my new house. I came home and noticed that a window is broken. It must have broke due to the strong wind last night. Luckily, it didn't rain, so there was no water damage. I covered the window with plastic to prevent any further damage. I need to get it fixed today because I am expecting some guests tomorrow. Thank you for your help. I really appreciate it.

안녕하세요, 새집의 창문에 생긴 문제에 대해 드릴 말씀이 있습니다. 집에 돌아와서 창문이 깨져 있는 것을 발견했습니다. 어젯밤 강한 바람이 불어서 깨진 게 분명해요. 다행히도 비가 오지 않아서 물 피해는 없었습니다. 플라스틱으로 창문을 덮어서 추가 피해는 막았습니다. 내일 손님이 오기 때문에 오늘 창문을 수리해야 합니다. 도움을 주셔서 감사합니다. 정말 감사드립니다.

Words notice 알아차리다   wind 바람   damage 피해   prevent 막다   further 추가의   guest 손님

💡 추가 아이디어로 답안 늘리기

- I also need to get it fixed today because I have guests coming over tomorrow.
  내일 손님이 오기 때문에 오늘 안에 수리해야 합니다.

- I was surprised to see the broken window. 깨진 창문을 보고 놀랐습니다.

- I hope the repairs can be done quickly. 수리가 빨리 될 수 있기를 바랍니다.

Model Answer_ AL 🎧 4_04_4

Hello. I need to talk to you regarding a problem with a window in my new house. After a long day at work, I came home to find that one of the windows is broken. I remembered that there was a strong wind last night, and I figured that must have caused the damage. Luckily, it didn't rain, so there was no water damage inside the house. I managed to cover the window with a piece of plastic to prevent any further damage. I need to get it fixed today because I am expecting some guests tomorrow, and I want to make sure my house is in perfect condition. Thank you for your help. I really appreciate it.

안녕하세요, 새집의 창문에 생긴 문제에 대해 드릴 말씀이 있습니다. 회사에서 긴 하루를 보내고 집에 왔는데 창문 중 하나가 깨져 있는 것을 발견했습니다. 어젯밤 강한 바람이 불었던 것이 기억났고, 그것이 피해의 원인일 거라고 생각했습니다. 다행히도 비가 오지 않아서 집 안에 물 피해는 없었습니다. 저는 간신히 창문을 플라스틱 조각으로 덮어서 추가 피해를 막을 수 있었습니다. 내일 손님이 오고 저는 집이 완벽한 상태이길 원하기 때문에 창문이 오늘 수리되었으면 합니다. 도움을 주셔서 감사합니다. 정말 감사드립니다.

Words figure ~라고 생각하다 manage to 간신히 ~하다, ~을 해내다 perfect condition 완벽한 상태

추가 아이디어로 답안 늘리기

- I need to get it fixed today because I have guests coming over tomorrow and I want my house to look perfect.
  내일 손님이 오고, 제 집이 완벽하게 보이길 원하기 때문에 오늘 안에 수리해야 합니다.

- I was surprised to see the broken window, but I knew I had to act quickly.
  깨진 창문을 보고 놀랐지만, 재빨리 행동해야 한다고 생각했습니다.

- I hope the repairs can be done quickly and efficiently.
  수리가 빠르고 효율적으로 이루어질 수 있기를 바랍니다.

Combo 3 관련 경험 전달하기

🎧 4_04_C3

That's the end of the situation. Have you ever discovered something broken or damaged in your house? What was it? How did it get broken, and how did you solve the problem? Tell me the steps you took.
상황극이 끝났습니다. 집에서 깨지거나 손상된 물건을 발견한 적이 있나요? 그것은 무엇이었나요? 어떻게 깨졌으며 어떻게 문제를 해결했습니까? 당신이 취한 조치를 말해 주세요.

Model Answer_IH

🎧 4_04_5

Recently, I had an issue with a broken laptop in my dormitory. One day, I found my laptop screen was cracked. I was confused because I always handle it carefully. After asking around, I learned my roommate accidentally dropped it on the floor. I was upset but knew I needed to fix it. Firstly, I searched online for a repair shop nearby. Then, I took it to the shop, and the person there told me it would take a week to repair. During that week, I borrowed a laptop from my friend for my university assignments. Finally, I got my laptop back fully repaired. It was a hassle, but I learned the importance of having a backup plan.

최근에 기숙사에서 노트북이 고장나는 문제가 있었습니다. 어느 날, 저는 제 노트북 화면이 깨진 것을 발견했습니다. 저는 항상 그것을 조심스럽게 다루기 때문에 혼란스러웠습니다. 주변에 물어본 후, 저는 룸메이트가 실수로 바닥에 떨어뜨렸다는 것을 알게 되었습니다. 저는 화가 났지만 고쳐야 한다고 생각했습니다. 우선 저는 근처에 있는 수리점을 온라인으로 검색했습니다. 그러고 나서, 저는 그 곳에 노트북을 가져갔는데 거기서 수리하는 데 일주일이 걸릴 거라고 말했습니다. 그 주 동안, 저는 대학교 과제를 위해 친구로부터 노트북을 빌렸습니다. 마침내, 저는 완전히 수리된 제 노트북을 돌려받았습니다. 번거로웠지만, 저는 대안을 갖는 것의 중요성을 깨달았습니다.

Words laptop 노트북 컴퓨터   cracked 금이 간   repair shop 수리점   borrow 빌리다   assignment 과제   backup plan 대안

추가 아이디어로 답안 늘리기

- I also checked online for possible DIY fixes but found them risky.
  저는 또한 직접 수리하는 방법을 온라인으로 찾아봤지만 위험해 보였습니다.

- I had to use the library's computer in the meantime. 그동안 도서관의 컴퓨터를 사용해야 했습니다.

- I learned to always keep my valuables in a safe place.
  저는 귀중품을 항상 안전한 곳에 보관하는 것을 배웠습니다.

- The repair fee was less than I had expected, which was a relief.
  수리 비용이 예상보다 적어서 안도했습니다.

Model Answer_ AL 🎧 4_04_6

A while back, I encountered a frustrating situation with my digital camera. I discovered that the lens was not functioning properly. Initially, I was baffled as I had always been cautious with my gadgets. Upon closer inspection, I realized that it had been damaged during our recent family trip to Jeju Island. To resolve the issue, I first checked the warranty and user manual for any helpful information. Realizing the warranty had expired, I searched for some reputable repair services online. After comparing prices and reviews, I chose a reliable service center. I sent the camera for repairs and patiently waited. In the meantime, I used my smartphone for photography. Eventually, the camera was returned in perfect working condition. This experience taught me to always double-check my belongings after a trip.

얼마 전에, 저는 디지털카메라와 관련하여 좌절스러운 상황에 직면했습니다. 저는 렌즈가 제대로 작동하지 않는다는 것을 알았습니다. 저는 항상 제 기기를 조심스럽게 다루었기 때문에 처음에는 당황스러웠습니다. 자세히 살펴보니, 최근에 가족과 제주도로 여행을 갔을 때 손상된 것으로 파악되었습니다. 문제를 해결하기 위해, 먼저 보증서와 사용 설명서를 확인하여 도움이 될 만한 정보가 있는지 확인했습니다. 보증 기간이 지났음을 인지하고, 저는 온라인으로 평판 좋은 수리 서비스를 찾았습니다. 가격과 리뷰를 비교한 후, 신뢰할 수 있는 서비스 센터를 선택했습니다. 수리를 위해 카메라를 보내고, 차분히 기다렸습니다. 그 동안에, 스마트폰을 이용하여 사진을 찍었습니다. 결국 카메라는 완벽하게 작동하는 상태로 돌아왔습니다. 이 경험은 여행 후에 항상 소지품을 다시 확인해야 한다는 것을 가르쳐 주었습니다.

Words frustrating 좌절감을 주는   function 작동하다   baffled 당혹스러운   cautious 조심스러운
warranty 품질 보증서   expire 만료되다   reputable 신뢰할 수 있는   belongings 소유물

추가 아이디어로 답안 늘리기

- I also considered sending the camera to the manufacturer for repairs.
  저는 또한 제조사에 카메라를 보내서 수리받는 것도 고려했습니다.

- During the repair period, I explored mobile photography techniques.
  수리하는 동안, 저는 휴대폰의 사진 기법을 살펴보았습니다.

- Now, I always carry a protective case for my camera.
  이제 저는 항상 카메라 보호 케이스를 가지고 다닙니다.

롤플레이

유형별
combo 1   질문하기
combo 2   문제 해결하기
combo 3   관련 경험 전달하기

주제별
Unit 01   쇼핑
Unit 02   콘서트
Unit 03   친구, 가족
Unit 04   집
Unit 05   은행
Unit 06   MP3
Unit 07   여행

Unit 05 은행

🔍 기출문제 유형

■ 질문하기

I would like to give you a situation and ask you to act it out. You are at a bank and want to open a new bank account. Ask a bank teller three or four questions about opening a new bank account.

당신이 역할극을 해야 하는 상황이 있습니다. 당신은 지금 은행에 있고 새 은행 계좌를 개설하고 싶습니다. 은행 직원에게 새 계좌 개설에 대해 3~4가지 질문을 해 보세요.

■ 문제 해결하기

I'm sorry, but there is a problem that you need to resolve. You need a credit card, but you just discovered that you left your credit card at a restaurant. Contact the restaurant, explain the situation, and describe what table you sat at and what the card you left looks like. Discuss how to get your card back.

유감스럽게도 해결해야 할 문제가 있습니다. 당신은 신용카드가 필요한데 식당에 신용카드를 놓고 온 것을 방금 알았습니다. 식당에 연락해서 상황을 설명하고, 당신이 앉았던 테이블과 놓고 온 카드를 설명하세요. 카드를 어떻게 되찾을지 논의해 보세요.

■ 관련 경험 전달하기

That's the end of the situation. Tell me about a time when you had a problem at a bank. What was the problem? And how did you deal with the situation? Please describe all the details.

상황극이 끝났습니다. 은행에서 문제를 겪었던 때를 말해 주세요. 문제가 무엇이었나요? 그리고 그 상황을 어떻게 처리했나요? 모든 자세한 내용을 설명해 주세요.

Combo 1 질문하기

🎧 4_05_C1

I would like to give you a situation and ask you to act it out. You are at a bank and want to open a new bank account. Ask a bank teller three or four questions about opening a new bank account.

당신이 역할극을 해야 하는 상황이 있습니다. 당신은 지금 은행에 있고 새 은행 계좌를 개설하고 싶습니다. 은행 직원에게 새 계좌 개설에 대해 3~4가지 질문을 해 보세요.

Model Answer_IH

🎧 4_05_1

Hi there. I am here to get some information about opening a new bank account. I'm particularly interested in the types of accounts available. Can you provide me with some details, please? Firstly, what are the different types of accounts I can open, and what are their benefits? Secondly, what documents do I need to provide in order to open an account? Oh, I see! Additionally, could you explain the minimum balance requirements, if any, for these accounts? And lastly, are there any special services or benefits for students from Korea? Thank you for your assistance.

안녕하세요. 저는 새로운 계좌를 개설하는 것에 대해 정보를 얻기 위해 왔습니다. 이용 가능한 계좌의 종류에 특히 관심이 있습니다. 자세한 정보를 제공해 주실 수 있나요? 첫째로, 개설할 수 있는 계좌의 종류와 그 혜택은 무엇인가요? 둘째로, 계좌를 개설하기 위해 제공해야 하는 서류는 무엇인가요? 알겠습니다! 추가로, 이러한 계좌에 대한 최소 잔액 요건이 있다면 설명해 주실 수 있나요? 마지막으로, 한국의 학생들을 위한 특별 서비스나 혜택이 있나요? 도움을 주셔서 감사합니다.

Words bank account 계좌   benefit 혜택   document 서류   minimum balance 최소 잔액

추가 아이디어로 답안 늘리기

- Are there any fees for using ATMs outside the bank's network?
  은행 네트워크 외의 ATM을 이용할 때 수수료가 있나요?

- How long does the account opening process take? 계좌 개설 과정이 얼마나 걸리나요?

- Can I access my account through mobile banking?
  모바일 뱅킹을 통해 제 계좌에 접근할 수 있나요?

Model Answer_ AL 🎧 4_05_2

Hello. I've come to gather some information on creating a new bank account. I'm interested in the range of account options tailored for someone in my situation as a student studying in Korea. First of all, could you outline the account types that you offer and their respective advantages? Secondly, I'd appreciate it if you could detail the paperwork necessary to open an account. Oh, I see! Furthermore, I'm curious about the minimum balance stipulations for each type of account and whether they differ. Finally, are there any distinct benefits or facilities provided for international students? Thank you for your help.

안녕하세요. 저는 새 계좌를 개설하는 것에 대해 정보를 얻기 위해 왔어요. 저는 한국에서 공부하는 학생으로서, 제 상황에 맞는 계좌 옵션의 범위에 관심이 있습니다. 우선, 제공하시는 계좌 유형과 각각의 장점을 설명해 주실 수 있나요? 둘째로, 계좌 개설에 필요한 서류에 대한 상세한 정보를 알고 싶습니다. 알겠습니다! 또한, 각 계좌의 최소 잔액 규정과 그것이 계좌별로 다른지 궁금합니다. 마지막으로, 유학생들을 위한 특별한 혜택이나 기능이 있나요? 도움을 주셔서 감사합니다.

Words tailor (특정한 목적 등에) 맞추다   outline 개요를 설명하다   respecitve 각자의   stipulation 규정, 조건   international student 유학생

추가 아이디어로 답안 늘리기

- Could you elaborate on the security features of your online banking services?
  온라인 뱅킹 서비스의 보안 기능에 대해 자세히 설명해 주실 수 있나요?

- Is it possible to get an overdraft facility as a student?
  학생으로서 마이너스 통장을 이용할 수 있나요?

- What are the implications of currency fluctuations for international accounts?
  국제 계좌에 대해 화폐 가치 변동이 어떤 영향을 미치나요?

Combo 2 문제 해결하기

🎧 4_05_C2

I'm sorry, but there is a problem that you need to resolve. You need a credit card, but you just discovered that you left your credit card at a restaurant. Contact the restaurant, explain the situation, and describe what table you sat at and what the card you left looks like. Discuss how to get your card back.
유감스럽게도 해결해야 할 문제가 있습니다. 당신은 신용카드가 필요한데 식당에 신용카드를 놓고 온 것을 방금 알았습니다. 식당에 연락해서 상황을 설명하고, 당신이 앉았던 테이블과 놓고 온 카드를 설명하세요. 카드를 어떻게 되찾을지 논의해 보세요.

Model Answer_IH

🎧 4_05_3

I'm terribly sorry, but I think I've left my credit card at your restaurant. I dined there this evening, and I sat at a corner table near the window. My card is a Samsung Card, and it's blue with my name, Kim Dina, embossed on it. I apologize for the inconvenience. Can you arrange for me to pick it up? I'm free tomorrow after 3:00 PM, or I can go there early in the morning. What time do you open on weekdays?

정말 죄송하지만, 제 신용카드를 귀하의 식당에 놓고 온 것 같습니다. 제가 오늘 저녁에 창가 근처에 있는 구석 테이블에서 식사를 했습니다. 제 카드는 삼성 카드이고 파란색으로 제 이름인 김디나가 새겨져 있습니다. 불편을 끼쳐 드려 죄송합니다. 제가 찾으러 가도록 해주시겠어요? 내일 오후 3시 이후나 아침 일찍 거기에 갈 수 있습니다. 평일에는 문을 몇 시에 여시나요?

Words   dine 식사를 하다   emboss 양각으로 새기다

💡 추가 아이디어로 답안 늘리기

- I will also notify my bank about the missing card for extra security.
  추가 보안을 위해 은행에도 실종된 카드에 대해 알릴 것입니다.

- Could you please check with your staff to see if they found a card?
  직원들이 카드를 찾았는지 확인해 주실 수 있나요?

- If you locate the card, can we discuss the best way to return it?
  카드를 찾으시면, 돌려받는 가장 좋은 방법에 대해 논의할 수 있을까요?

Model Answer_ AL 🎧 4_05_4

I regret to inform you that I appear to have mistakenly left my credit card at your restaurant. I had the pleasure of dining at your restaurant earlier this evening and was seated at a secluded corner table adjacent to the window that provides a splendid view of the city. The card in question is a Samsung Card and is blue in color and has my name, Kim Minjun, embossed on it in silver letters. I deeply apologize for any inconvenience this may have caused. Could you arrange a convenient time for me to retrieve my card? I'm available to swing by after 3:00 PM tomorrow or first thing in the morning, as per your convenience.

유감스럽게도, 제가 실수로 신용카드를 귀하의 식당에 놓고 온 것 같습니다. 저는 오늘 저녁 일찍 귀하의 식당에서 식사를 즐기며, 도시의 멋진 전망이 보이는 창가 옆 조용한 구석 테이블에 앉았습니다. 문제의 카드는 파란색의 삼성 카드로, 은색 글씨로 제 이름인 김민준이 새겨져 있습니다. 이로 인해 불편을 끼쳐드려 깊이 사과드립니다. 카드를 찾으러 갈 테니 편한 시간을 정해 주시겠어요? 저는 내일 오후 3시 이후나 아침 일찍 갈 수 있습니다.

Words mistakenly 실수로   secluded 격리된, 한적한   splendid 정말 좋은, 훌륭한   arrange 마련하다, 정하다
convenient 편리한   retrieve 되찾아오다

💡 추가 아이디어로 답안 늘리기

- I'm aware that time is of the essence to prevent any misuse of the card.
  카드 오용을 방지하기 위해 시간이 중요하다는 것을 알고 있습니다.

- May I ask for a confirmation call once the card is found?
  카드를 찾는 즉시 확인 전화를 해주실 수 있으신가요?

- I would appreciate it if you could secure the card until I can retrieve it.
  제가 되찾을 때까지 카드를 안전하게 보관해 주시면 감사하겠습니다.

Combo 3 관련 경험 전달하기

🎧 4_05_C3

That's the end of the situation. Tell me about a time when you had a problem at a bank. What was the problem? And how did you deal with the situation? Please describe all the details.
상황극이 끝났습니다. 은행에서 문제를 겪었던 때를 말해 주세요. 문제가 무엇이었나요? 그리고 그 상황을 어떻게 처리했나요? 모든 자세한 내용을 설명해 주세요.

Model Answer_IH
🎧 4_05_5

Last year, I had an issue at ABC Bank in Seoul. I noticed some strange transactions on my account. I was really worried. So I went to the nearest branch to talk about it. First, I showed the bank staff member my account details. I pointed out the transactions I didn't recognize. She was very helpful and checked everything carefully. It turned out that my card had been used fraudulently. ABC Bank blocked my card to stop more transactions. Then, the staff member helped me get a new card. She also advised me on how to manage my account better. I learned to check my account regularly and to be more careful with my card.

작년에, 저는 서울에 있는 ABC은행에서 문제를 겪었습니다. 제 계좌에 이상한 거래들이 있었어요. 정말 걱정됐죠. 그래서 근처 가장 가까운 지점에 가서 이야기했습니다. 먼저 은행 직원에게 제 계좌 내역을 보여줬어요. 제가 알지 못하는 거래들을 지적했습니다. 그녀는 매우 도움이 됐고 모든 것을 꼼꼼히 확인했습니다. 결국, 제 카드가 부정하게 사용된 것으로 밝혀졌습니다. ABC은행은 더 이상의 거래를 막기 위해 제 카드를 차단했습니다. 그리고 새 카드를 받도록 도움을 주었습니다. 또한 계좌를 더 잘 관리하는 방법에 대해 안내해 주었습니다. 저는 정기적으로 계좌를 확인하고 카드를 더 조심해야 한다는 것을 배웠습니다.

Words   notice 알아차리다   transaction 거래   fraudulently 부정하게, 사기용으로   block 차단하다

추가 아이디어로 답안 늘리기

- I also changed my online banking password for extra safety.
  추가적인 안전을 위해 온라인 뱅킹 비밀번호도 바꿨습니다.

- I asked the bank staff member for tips on avoiding future issues.
  향후 문제를 피하는 방법에 대해 은행 직원에게 조언을 구했습니다.

Model Answer_ AL 🎧 4_05_6

A few months ago, I experienced a significant problem at ABC Bank that I mainly use. I discovered some unauthorized charges on my account, which was alarming. I immediately visited the bank for assistance. Initially, I presented my account statement to the bank representative and highlighted the unrecognized charges. The staff member conducted a thorough investigation. It appeared my card details had been compromised and used for fraudulent activities. ABC Bank promptly froze my card to prevent further unauthorized access. The staff member issued me a new card and advised me on enhanced security measures for my account. This incident illustrated the importance of regularly monitoring my bank statements and exercising caution with personal financial information.

몇 개월 전, 제가 주로 이용하는 ABC은행에서 큰 문제를 겪었습니다. 제 계좌에서 허가되지 않은 청구 내역을 발견했고, 이는 매우 걱정스러웠습니다. 저는 즉시 은행을 찾아 도움을 요청했습니다. 처음에, 은행 직원에게 제 계좌 명세서를 보여주며 모르는 청구 내역을 강조했습니다. 그 직원은 철저히 알아봐 주었습니다. 제 카드 정보가 탈취되어 사기 활동에 사용된 것으로 보였습니다. ABC은행은 추가적인 무단 접근을 방지하기 위해 즉시 제 카드를 동결했습니다. 그들은 저에게 새로운 카드를 발급하고, 계좌에 대한 보안 조치를 강화하라고 했습니다. 이번 일은 은행 명세서를 정기적으로 확인하고 개인 금융 정보에 주의를 기울이는 것이 중요하다는 것을 분명하게 보여주었습니다.

Words unauthorized 허가되지 않은 charge 청구 alarming 걱정스러운 present 보여주다
representative 직원 fraudulent activity 사기 활동 promptly 즉시 freeze 동결하다
enhanced 강화된 security measure 보안 조치 illustrate 분명히 보여주다

추가 아이디어로 답안 늘리기

- The bank staff member suggested setting up transaction alerts for high-value activities.
  은행 직원이 고액 거래에 대한 알림 설정을 제안했습니다.

- I decided to use a separate card for online purchases to reduce risk.
  위험을 줄이기 위해 별도로 온라인 구매용 카드를 사용하기로 결정했습니다.

롤플레이

유형별

combo 1 질문하기
combo 2 문제 해결하기
combo 3 관련 경험 전달하기

주제별

Unit 01 쇼핑
Unit 02 콘서트
Unit 03 친구, 가족
Unit 04 집
Unit 05 은행
Unit 06 MP3
Unit 07 여행

Unit 06 MP3

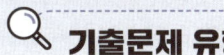

■ 질문하기

I would like to give you a situation and ask you to act it out. You want to borrow your friend's MP3 player. Call your friend, explain your situation, and ask him or her three or four questions to borrow the MP3 player.

당신이 역할극을 해야 하는 상황이 있습니다. 당신은 친구의 MP3를 빌리고 싶습니다. 친구에게 전화를 해서 상황을 설명하고 MP3를 빌리기 위해 3~4가지 질문을 하세요.

■ 문제 해결하기

I'm sorry, but there is a problem that you need to resolve. You borrowed an MP3 player from your friend, but unfortunately, you accidentally broke it. Contact your friend and describe how it broke and its current condition. Then, suggest two or three alternatives to deal with the problem.

유감스럽게도, 해결해야 할 문제가 있습니다. 친구에게서 MP3를 빌렸지만 불행히도 실수로 그것을 망가뜨렸습니다. 친구에게 연락해서 어떻게 망가졌고 현재 상태가 어떤지 설명하세요. 그런 다음, 문제를 해결하기 위해 2~3가지 대안을 제시하세요.

■ 관련 경험 전달하기

That's the end of the situation. Have you ever been in a situation where you had some equipment that broke or was not working properly? What was the problem, and how did you solve it? Provide as many details as possible.

상황극이 끝났습니다. 당신은 어떤 기기가 고장 났거나 제대로 작동하지 않았던 상황에 처한 적이 있나요? 문제가 무엇이었고 그것을 어떻게 해결했나요? 가능한 한 많은 세부 사항을 설명해 주세요.

Combo 1 질문하기

🎧 4_06_C1

I would like to give you a situation and ask you to act it out. You want to borrow your friend's MP3 player. Call your friend, explain your situation, and ask him or her three or four questions to borrow the MP3 player.

당신이 역할극을 해야 하는 상황이 있습니다. 당신은 친구의 MP3를 빌리고 싶습니다. 친구에게 전화를 해서 상황을 설명하고 MP3를 빌리기 위해 3~4가지 질문을 하세요.

Model Answer_IH

🎧 4_06_1

Hi there. I hope I'm not interrupting anything. Firstly, I wonder if I could borrow your MP3 player for a couple of days. Secondly, do you have any particular conditions for borrowing it? Oh, I see! Additionally, could you tell me if it comes with a charger, or should I use my own? And lastly, is there any music already loaded on it, or should I transfer my own playlist? Thanks a lot for considering my request. I really appreciate your help.

안녕, 내 연락이 방해가 되지 않았으면 좋겠어. 우선, 며칠만 네 MP3를 빌릴 수 있을까? 둘째로, 빌릴 때 특별한 조건이 있어? 아, 그렇구나! 추가로, 충전기도 함께 빌려주는 거야, 아니면 내 충전기를 써야 해? 마지막으로, 음악이 들어 있어? 아니면 내 플레이 리스트를 옮겨야 해? 내 요청을 고려해 줘서 고마워. 도와줘서 정말 고마워.

Words interrupt 방해하다 condition 조건 charger 충전기

💡 추가 아이디어로 답안 늘리기

- Would it be all right if I picked it up tomorrow? 내일 찾아가도 될까?

- Just to confirm, there's no issue with the battery life, right?
  확인하고 싶은데, 배터리 수명에 문제는 없지?

- Do you have a case for it that I can use to protect it while I'm borrowing it?
  빌리는 동안 보호하기 위해 쓸 수 있는 케이스가 있어?

Model Answer_ AL 🎧 4_06_2

Hello! I hope you're doing well. I'm reaching out today because I find myself in need of a favor. Firstly, is your MP3 player currently available for me to borrow for about a week? I'm going to take a trip to Japan tomorrow, but my MP3 player is broken now. It will take a few days to get it fixed. Secondly, are there any specific care instructions I should follow while I have it? Oh, that's clear. Thanks! Additionally, does it support Bluetooth connectivity for my wireless headphones? And lastly, would you mind if I added a few of my own tracks to the library when I'm using it? I'll take a good care of it. So you don't have to worry. Thank you for your assistance with this. Your help is greatly appreciated!

안녕! 잘 지내지? 도움이 필요해서 연락했어. 먼저, 네 MP3를 일주일 동안 빌릴 수 있을까? 내일 일본으로 여행 가는데 내 MP3가 고장 났어. 수리하는 데 며칠 걸릴 거야. 둘째로, 사용하는 동안 지켜야 할 특별한 주의 사항이 있어? 아, 알겠어. 고마워! 추가로, 네 MP3는 내 무선 헤드폰과 블루투스 연결이 돼? 마지막으로, 사용하는 동안 내가 몇 곡을 추가해도 될까? 조심히 사용할게. 그러니 걱정하지 마. 이 문제를 도와줘서 고마워. 너의 도움을 정말 고맙게 생각해!

Words   in need of ~이 필요한   care instructions 관리 지침   connectivity 연결   wireless 무선의

추가 아이디어로 답안 늘리기

- Should I format the MP3 player before I return it?
  돌려주기 전에 MP3를 포맷해야 해?

- Are there any particular brands or types of headphones that work best with it?
  그것과 잘 맞는 헤드폰의 특정 브랜드나 종류가 있어?

- Is there a maximum storage capacity I should be aware of when adding new tracks?
  새 곡을 추가할 때 알아야 할 최대 저장 용량이 있어?

Combo 2 문제 해결하기

🎧 4_06_C2

I'm sorry, but there is a problem that you need to resolve. You borrowed an MP3 player from your friend, but unfortunately, you accidentally broke it. Contact your friend and describe how it broke and its current condition. Then, suggest two or three alternatives to deal with the problem.

유감스럽게도, 해결해야 할 문제가 있습니다. 친구에게서 MP3를 빌렸지만 불행히도 실수로 그것을 망가뜨렸습니다. 친구에게 연락해서 어떻게 망가졌고 현재 상태가 어떤지 설명하세요. 그런 다음, 문제를 해결하기 위해 2~3가지 대안을 제시하세요.

Model Answer_IH

🎧 4_06_3

Hello. I need to talk to you regarding a problem with your MP3 player. I accidentally dropped it, and now it's not working. Once I realized what happened, I tried turning it on, but there was no response. Luckily, the exterior doesn't have much damage. I checked online, and it might be fixable. It's good to know that these things can often be repaired. To resolve this, I can either take it to a repair shop or replace it with a new one. If a new player is needed, I will consult with you on the choice.

안녕, 너의 MP3 플레이어와 관련된 문제에 대해 이야기하고 싶어. 실수로 그걸 떨어뜨려서 지금 작동이 되지 않아. 일단 무슨 일이 일어났는지 알고 난 후 켜보려고 했지만 반응이 없었어. 다행히 외관은 크게 손상되지 않았어. 인터넷에서 확인해 보니 고칠 수 있을 것 같아. 이런 것들은 대개 수리가 가능하다는 것을 알게 돼서 다행이야. 이 문제를 해결하기 위해, 수리점에 맡길 수도 있고, 새 것으로 교체할 수도 있어. 만약 새로운 플레이어가 필요하다면 선택에 대해 너랑 상의할게.

Words accidentally 우연히　exterior 외관　repair 수리하다　replace 교체하다　consult with ~와 상의하다

🚨 추가 아이디어로 답안 늘리기

- I'm looking into how to prevent such accidents in the future.
  앞으로 이런 사고를 방지하는 방법을 알아볼게.

- I found a local shop that offers affordable repair services.
  저렴한 수리 서비스를 제공하는 지역 상점을 찾았어.

- I'll make sure to keep it in a protective case from now on.
  앞으로는 보호 케이스에 넣어 보관할게.

Model Answer_ AL

🎧 4_06_4

Hello. I need to talk to you about an unfortunate incident with the MP3 player you lent me. It slipped from my grasp and fell to the ground. I immediately picked it up and attempted to turn it on, but the screen remained blank. Thankfully, the damage seems superficial as there are no cracks or scratches. I consulted a technician online, and he suggested that it might be a simple internal disconnection. It's reassuring to know that a professional may be able to restore it. As for the next steps, we can either send it for professional repairs, or if that proves impractical, I am prepared to purchase a replacement.

안녕, 네가 빌려준 MP3와 관련된 불행한 일에 대해 할 얘기가 있어. 내가 쥐고 있던 MP3가 손에서 미끄러져 땅에 떨어졌어. 즉시 그것을 집어서 전원을 켜 봤지만 화면이 계속 꺼져 있었어. 다행히 깨지거나 긁힌 곳은 없는 걸 보니 가벼운 손상처럼 보여. 기술자와 온라인으로 상담했는데 단순한 내부 단선 문제일 수도 있대. 전문가가 복원할 수 있다고 하니 안심이 돼. 다음 단계로는, 전문적인 수리를 위해 보내거나, 그게 터무니없다는 게 입증되면, 대체품을 살 준비가 되어 있어.

Words incident 사고, 일 slip 미끄러지다 ground 땅 attempt to ~하려고 시도하다 turn on 전원을 켜다
superficial 가벼운, 피상적인 internal disconnection 내부 연결 끊김 professional 전문적인
impractical 실행 불가능한 purchase a replacement 대체품을 구입하다

💡 추가 아이디어로 답안 늘리기

- I've learned a valuable lesson about electronic device care.
  전자 장치 관리에 대해 귀중한 교훈을 얻었어.

- I will research a model with better durability as a potential replacement.
  잠재적인 대체품으로 내구성이 더 뛰어난 모델을 찾아볼게.

- We could look at this as an opportunity to upgrade to a more advanced model.
  이것을 더 발전된 모델로 업그레이드할 기회로 볼 수 있어.

- I'm also prepared to cover all costs related to repair or replacement.
  나는 수리 또는 교체와 관련된 모든 비용을 지불할 준비도 되어 있어.

Combo 3 관련 경험 전달하기

🎧 4_06_C3

> That's the end of the situation. Have you ever been in a situation where you had some equipment that broke or was not working properly? What was the problem, and how did you solve it? Provide as many details as possible.
> 상황극이 끝났습니다. 당신은 어떤 기기가 고장 났거나 제대로 작동하지 않았던 상황에 처한 적이 있나요? 문제가 무엇이었고 그것을 어떻게 해결했나요? 가능한 한 많은 세부 사항을 설명해 주세요.

Model Answer_IH

🎧 4_06_5

Last semester, my laptop suddenly stopped working. It was right before my final exams, so I was really stressed. The screen went blank, and it wouldn't start. First, I tried simple troubleshooting like restarting it, but that didn't work. Then, I checked online for common issues and solutions. I realized it could be a battery problem. I borrowed a charger from a friend to test it. Luckily, that was the issue. I bought a new charger, and everything was fine again.

지난 학기에, 제 노트북이 갑자기 작동을 멈췄어요. 기말고사 바로 직전이라 스트레스가 정말 심했습니다. 화면이 나가서 켜지지 않았어요. 처음에는 재기동과 같은 간단한 해결책을 시도해 봤지만, 효과가 없었어요. 그래서 인터넷에서 일반적인 문제와 해결책을 찾아봤습니다. 배터리 문제일 수도 있다는 것을 깨달았어요. 친구한테 충전기를 빌려서 테스트해 봤습니다. 다행히 그게 문제였습니다. 저는 새 충전기를 샀고 모든 것이 다시 괜찮아졌습니다.

Words suddenly 갑자기   stop working 작동을 멈추다   stressed 스트레스 받은
troubleshooting 문제 해결   battery 배터리   charger 충전기

추가 아이디어로 답안 늘리기

- I also considered buying a new laptop, but it was too expensive.
  새 노트북을 사는 것도 고려했지만, 너무 비쌌습니다.

- My friend suggested using an external hard drive for backup in the future.
  친구가 앞으로는 백업용으로 외장 하드를 사용하는 것을 제안했습니다.

- I now regularly update my laptop's software to prevent problems.
  이제는 문제를 예방하기 위해 정기적으로 노트북 소프트웨어를 업데이트합니다.

Model Answer_ AL

🎧 4_06_6

Recently, I faced a major issue with my DSLR camera. I was preparing for a photography project in Seoul when it suddenly malfunctioned. The lens wouldn't focus, and the error was occurring. I attempted to reset the camera settings, but that was ineffective. Seeking a solution, I consulted the camera's manual and online forums. It seemed like a lens calibration problem. I found a nearby camera repair shop and took it there. The technician confirmed my suspicion and repaired it quickly. This experience taught me to be proactive in understanding and maintaining my equipment as it's crucial for my photography hobby.

최근에 저는 제 DSLR 카메라와 관련된 큰 문제에 직면했습니다. 서울에서 사진 프로젝트를 준비하던 중 갑자기 제대로 작동하지 않았습니다. 렌즈가 초점을 맞추지 못했고, 오류 메시지가 떴습니다. 카메라 설정을 다시 맞춰 봤지만 효과가 없었습니다. 해결책을 찾기 위해 카메라 설명서와 온라인 포럼을 참고했습니다. 렌즈 보정 문제 같았습니다. 근처 카메라 수리점을 찾아가서 카메라를 맡겼습니다. 기술자가 제 의심을 사실로 확인하고 빠르게 수리해 줬습니다. 이 경험은 제 취미인 사진에 필수적인 장비를 이해하고 관리하는 데 적극적이어야 한다는 것을 가르쳐 줬습니다.

Words face 직면하다   malfunction 오작동하다   lens 렌즈   focus 초점을 맞추다   reset 재설정하다
calibration 보정   repair shop 수리점   technician 기술자   proactive 적극적인   maintain 관리하다

추가 아이디어로 답안 늘리기

- I started learning about basic camera maintenance to avoid future problems.
  향후 문제를 피하기 위해 기본적인 카메라 유지 관리에 대해 배우기 시작했습니다.

- I invested in additional lenses to have alternatives in case of issues.
  문제가 발생할 경우를 대비해 추가 렌즈를 구매했습니다.

- I keep a list of reliable repair services for emergency situations.
  비상 상황에 대비해, 신뢰할 수 있는 수리 서비스점 목록을 갖고 있습니다.

롤플레이

유형별

combo 1   질문하기
combo 2   문제 해결하기
combo 3   관련 경험 전달하기

주제별

Unit 01   쇼핑
Unit 02   콘서트
Unit 03   친구, 가족
Unit 04   집
Unit 05   은행
Unit 06   MP3
Unit 07   여행

Unit 07 여행

🔍 기출문제 유형

■ 질문하기

> I would like to give you a situation and ask you to act it out. You're planning a trip with a friend. Call a travel agency and ask three or four questions about the trip you want to go on.
>
> 당신이 역할극을 해야 하는 상황이 있습니다. 당신은 친구와 함께 여행을 계획하고 있습니다. 여행사에 전화를 걸어 가고 싶은 여행에 대해 3~4가지 질문을 하세요.

■ 문제 해결하기

> I'm sorry, but there is a problem that you need to resolve. For some reason, the travel agency informs you that the trip you wanted to go on is unavailable. Call your friend, leave a message to explain the situation, and give two or three options to solve this problem.
>
> 유감스럽게도, 해결해야 할 문제가 있습니다. 어떤 이유로, 여행사에서 당신이 원하던 여행이 불가능하다고 통보합니다. 친구에게 전화해서 상황을 설명하는 메시지를 남기고, 이 문제를 해결하기 위한 2~3가지 선택지를 제시하세요.

■ 관련 경험 전달하기

> That's the end of the situation. Reflect back to a time when you had a problem while you were planning a trip. What was the problem, and how did you deal with it? Tell me what happened from the beginning to the end.
>
> 상황극이 끝났습니다. 여행 계획을 세우면서 문제가 있었던 때를 생각해 보세요. 문제가 무엇이었고 그 문제를 어떻게 처리했나요?

Combo 1 질문하기

🎧 4_07_C1

I would like to give you a situation and ask you to act it out. You're planning a trip with a friend. Call a travel agency and ask three or four questions about the trip you want to go on.

당신이 역할극을 해야 하는 상황이 있습니다. 당신은 친구와 함께 여행을 계획하고 있습니다. 여행사에 전화를 걸어 가고 싶은 여행에 대해 3~4가지 질문을 하세요.

Model Answer_IH

🎧 4_07_1

Hi there. I am calling to get some information about planning a trip. I'm interested in exploring options for a vacation in Jeju Island. Can you provide me with some information, please? Firstly, I'd like to know what travel packages you offer for Jeju Island, including the pricing details. Secondly, could you tell me about the accommodation options? Oh, I see! Additionally, how many people can a room accommodate? Lastly, could you inform me about the cancelation policy? Thank you for your assistance.

안녕하세요. 저는 여행 계획에 대한 정보를 얻기 위해 전화했습니다. 제주도에서 휴가를 보내는 상품을 알아보고 싶습니다. 정보를 좀 제공해 주실 수 있나요? 첫째로, 가격 세부 정보와 제주도의 어떤 여행 상품을 제공하는지 알고 싶습니다. 둘째로, 숙박 옵션에 대해서 말씀해 주실 수 있나요? 알겠습니다! 추가로, 방에 몇 명까지 숙박할 수 있나요? 마지막으로, 취소 정책에 대해 알려 주실 수 있나요? 도움 주셔서 감사합니다.

Words travel package 여행 상품 pricing details 가격 세부 정보 accommodation 숙박 accommodate 수용하다 cancelation policy 취소 정책

🚨 추가 아이디어로 답안 늘리기

- Is breakfast included with the accommodations? 숙박에 조식이 포함되어 있나요?
- Do you have any special promotions or discounts? 특별한 행사나 할인이 있나요?
- Are there any cultural events included in the travel package?
  여행 패키지에 포함된 문화 행사가 있나요?

Model Answer_ AL

🎧 4_07_2

Hello. I'm interested in arranging a trip with you. I'm looking to travel to Jeju Island and would appreciate some details. First off, could you outline the different travel plans you have for Jeju Island, especially any packages that might include flights and hotels? I'm also curious about the types of accommodations you provide. Are there any budget-friendly choices? Oh, that's great to hear! Moreover, do you offer any special rates for students or early bookings? Finally, I'd like to understand the procedure for cancelations or date changes just in case of any unforeseen circumstances. Thanks for your help.

안녕하세요, 여행을 계획하려고 하는데요. 제주도로 여행을 가고 싶어서 자세한 정보가 필요합니다. 우선, 제주도로 가는 다양한 여행 계획과, 특히 항공과 호텔이 포함된 패키지가 있는지 설명해 주실 수 있나요? 그리고 제공하시는 숙박 시설 종류가 궁금합니다. 저렴한 선택지도 있나요? 정말 좋은 소식이네요! 또한, 학생이나 조기 예약에 대한 특별 할인이 있나요? 마지막으로, 예기치 못한 상황을 대비하여 취소나 날짜 변경 절차를 알고 싶습니다. 도움 주셔서 감사합니다.

Words   first off 우선   outline 개요를 말하다   budget-friendly 저렴한   early booking 조기 예약
unforeseen 예기치 못한

💡 추가 아이디어로 답안 늘리기

- What are the most popular attractions included in the package?
  패키지에 포함된 가장 인기 있는 관광지는 어떤 것들이 있나요?

- Can you provide information on travel insurance options?
  여행 보험 옵션에 대한 정보를 주실 수 있나요?

- In case of weather-related cancelations, what is the refund policy?
  날씨로 인한 취소가 발생할 경우 환불 정책은 어떻게 되나요?

Combo 2 문제 해결하기

🎧 4_07_C2

> I'm sorry, but there is a problem that you need to resolve. For some reason, a travel agency informs you that the trip you wanted to go on is unavailable. Call your friend, leave a message to explain the situation, and give two or three options to solve this problem.
> 유감스럽게도, 해결해야 할 문제가 있습니다. 어떤 이유로, 여행사에서 당신이 원하던 여행이 불가능하다고 통보합니다. 친구에게 전화해서 상황을 설명하는 메시지를 남기고, 이 문제를 해결하기 위한 2~3가지 선택지를 제시하세요.

Model Answer_IH

🎧 4_07_3

Hello. I need to talk to you regarding a problem we are facing with our trip. There is a problem at the travel agency. Once I called to confirm our booking, the person there told me that the trip is unavailable. Then, I was really upset. Luckily, we have some other options. We can either choose another destination — maybe, one that we previously discussed and liked — or wait until the trip becomes available again. Maybe it's just a temporary issue, and it'll get sorted out soon. Later, I will call the travel agency again to check if there are any updates or if the issue has been resolved. I'll keep you updated with any new information I get. Thank you for understanding, and please let me know your decision.

안녕. 우리가 계획했던 여행에 좀 문제가 생겼어. 여행사에서 문제가 생겼거든. 우리 예약을 확인하려고 전화했더니, 거기 직원이 그 여행은 이용할 수 없다고 말했어. 그때 나는 완전히 당황했어. 다행히, 우리에게 다른 선택지가 좀 있어. 우리가 이전에 얘기하면서 마음에 들었던 다른 여행지로 바꿀 수도 있고, 아니면 이 여행이 다시 가능해질 때까지 기다릴 수도 있어. 아마 임시적인 문제일 수도 있으니까, 곧 해결될 수도 있어. 나중에 내가 다시 여행사에 전화해서 변경 사항이 있는지, 문제가 해결됐는지 확인할게. 새로운 소식 있으면 너한테 바로 알려줄게. 이해해 줘서 고맙고 결정하면 알려줘.

Words travel agency 여행사　booking 예약　destination 목적지　temporary 일시적인　sort out 문제를 해결하다　resolve 해결하다　decision 결정

추가 아이디어로 답안 늘리기

- **We could also consider taking a short trip to a nearby city or a cultural site instead.**
  우리는 대신 가까운 도시나 문화 유적지로 짧은 여행을 가는 것도 고려할 수 있어.

- **If rescheduling is too difficult, we can check for last-minute deals that might be available.**
  일정을 변경하는 것이 너무 어렵다면, 우리는 마지막 떨이 상품이 있는지 확인할 수 있어.

- **Perhaps this is an opportunity to explore parts of Korea we haven't seen before.**
  아마 이것은 우리가 전에 보지 못한 한국의 일부 지역을 탐험할 기회야.

- **I can reach out to some other travel agencies and see if they have any alternative suggestions.** 다른 여행사에 연락해서 그들이 다른 제안을 가지고 있는지 알아볼 수 있어.

Model Answer_ AL   🎧 4_07_4

Hello. I need to talk to you regarding a problem we are facing with our upcoming trip. There is a problem at the travel agency, and unfortunately, the trip we want is not available. Once I received the news, I was quite disappointed. Luckily, I found out about it early, so we have some time to figure things out. I'm thinking we could explore a few options. Firstly, we could check with other travel agencies to see if any of them have a similar package available. If not, we might consider adjusting our travel dates or choosing an alternative destination that is available. I know it's not ideal, but it could be a good way to salvage our plans. Later, we can discuss this further and decide on the best course of action. I appreciate your understanding, and I'm confident we can come up with a solution together. I look forward to hearing your thoughts.

안녕. 곧 있을 우리의 여행에 관한 몇 가지 문제 때문에 너와 이야기하고 싶어. 여행사에 문제가 있어서, 불행하게도 우리가 원하는 여행을 이용할 수 없다고 해. 그 소식을 듣자마자 나는 상당히 당황했어. 운 좋게도 일찍 알게 되어서 우리는 몇 가지 방법을 모색할 수 있을 것 같아. 우리가 검토할 수 있는 몇 가지 선택권을 생각하는 중이야. 먼저 비슷한 패키지가 있는지 다른 여행사에 확인해 볼 수 있어. 그렇지 않다면 여행 날짜를 조정하거나 이용 가능한 다른 목적지를 선택하는 것을 고려할 수 있어. 이상적이지는 않다는 것을 알지만, 우리의 계획을 지키는 좋은 방법이 될 수 있을 것 같아. 나중에 이 문제에 대해 더 논의하고 최선의 조치를 결정할 수 있어. 이해해 줘서 고맙고, 함께 해결책을 찾을 수 있을 거라고 확신해. 네 의견을 기다릴게.

Words upcoming 다가오는   adjust 조정하다   ideal 이상적인   salvage 구하다, 지키다
best course of action 최선의 조치

추가 아이디어로 답안 늘리기

- We could use this opportunity to explore new places we haven't thought of before.
  우리는 이 기회를 이용해 이전에 생각하지 못했던 새로운 장소를 탐험할 수 있어.

- In the meantime, we can look into other interesting activities to do during our wait.
  그동안에, 우리는 기다리는 동안 할 수 있는 다른 흥미로운 활동을 찾아볼 수 있어.

- I believe that every cloud has a silver lining and this might lead us to an even better trip experience.
  나는 모든 일에는 좋은 면이 있다고 믿기 때문에, 이 일이 우리를 더 좋은 여행 경험으로 이끌 거라고 생각해.

Combo 3 관련 경험 전달하기

> That's the end of the situation. Reflect back to a time when you had a problem while you were planning a trip. What was the problem, and how did you deal with it? Tell me what happened from the beginning to the end.
> 상황극이 끝났습니다. 여행 계획을 세우면서 문제가 있었던 때를 생각해 보세요. 문제가 무엇이었고 그 문제를 어떻게 처리했나요?

Model Answer_ IH

A few years ago, I planned a vacation to Busan. Everything was set, including the train tickets, the hotel reservations, and even a detailed itinerary. But just two days before my departure, there was an unexpected typhoon warning. I was taken aback and initially thought about canceling the trip. But instead, I decided to adjust my plans. I postponed my trip by a week and had to rebook everything. It was quite a hassle, but I managed to do it successfully. It was a challenging situation, but it taught me the importance of flexibility and adaptability when planning trips.

몇 년 전에, 저는 부산으로 휴가 가는 것을 계획했습니다. 기차표, 호텔 예약, 세부 일정표를 포함한 모든 것이 준비되어 있었습니다. 그런데 출발 이틀 전에 예기치 않은 태풍 경보가 발령되었습니다. 저는 깜짝 놀랐고 처음에는 여행을 취소해야 하나 생각했습니다. 그러나 저는 계획을 조정하기로 했습니다. 저는 여행을 일주일 연기하고 모든 것을 다시 예약해야 했습니다. 꽤 번거로웠지만, 성공적으로 해냈습니다. 힘든 상황이었지만, 여행 계획을 세울 때 유연성과 적응성의 중요성을 깨닫게 해준 경험이었습니다.

Words vacation 휴가 | itinerary 여행 일정 | typhoon warning 태풍 경보 | be taken aback 깜짝 놀라다 | adjust 조정하다 | postpone 연기하다 | hassle 귀찮은 상황 | flexibility 유연성 | adaptability 적응성

추가 아이디어로 답안 늘리기

- **The typhoon warning was a surprise, but it reminded me of the unpredictable nature of life.** 태풍 경보는 뜻밖이었지만, 저에게 삶의 예측 불가능함을 일깨워 주었습니다.

- **Rescheduling the trip also gave me an opportunity to explore more options for activities and places to visit in Busan.**
여행 일정을 변경하는 것은 또한 부산에서 더 많은 활동과 관광지 옵션을 탐험할 수 있는 기회를 주었습니다.

- **The experience taught me that sometimes the best memories come from unexpected changes in plans.**
이 경험을 통해, 최고의 추억은 가끔 예상치 못한 계획 변경에서 비롯된다는 것을 알게 되었습니다.

Model Answer_ AL

🎧 4_07_6

During my high school years, I was given the opportunity to plan a school trip to Gyeongju. Being excited, I started preparing for it months in advance. I booked the train tickets, arranged for a guide, and even planned a detailed itinerary for the entire trip. Everything was going smoothly until a day before the trip, when I realized I had miscalculated the number of students. We were short five train tickets. Panicked, I rushed to the train station, hoping to find available tickets. Unfortunately, all the tickets had been sold out. I was devastated, but I didn't lose hope. I decided to approach the problem with a calm mind. I quickly called a bus rental service and managed to rent a minivan for the extra students. It was a stressful situation, but it taught me the importance of double-checking everything and always being prepared for unexpected situations.

고등학교 시절, 저는 경주행 수학 여행을 계획하는 기회를 얻었습니다. 흥분되어 몇 달 전부터 준비를 시작했습니다. 기차표를 예매하고, 가이드를 준비하고, 심지어 전체 여행에 대한 세부 일정까지 계획했습니다. 모든 것이 순조롭게 진행되고 있었지만, 여행 하루 전에 학생 수를 잘못 계산했다는 것을 깨달았습니다. 기차 티켓이 5장 부족했습니다. 당황한 저는 기차표가 남아 있기를 바라면서 기차역으로 달려갔습니다. 불행히도 모든 티켓이 매진되었습니다. 저는 절망했지만, 희망을 잃지 않았습니다. 저는 차분하게 문제에 접근하기로 결정했습니다. 버스 대여 서비스에 재빨리 전화해서 추가 학생들을 위한 미니밴을 빌릴 수 있었습니다. 스트레스를 주는 상황이었지만, 모든 것을 재확인하는 것과 예기치 않은 상황에 항상 대비해야 한다는 것의 중요성을 알게 해준 경험이었습니다.

Words school trip 수학 여행   detailed itinerary 세부 일정   miscalculate 잘못 계산하다
be sold out 매진되다   devastated 충격을 받은   double-check 재확인하다   unexpected 예기치 않은

추가 아이디어로 답안 늘리기

- Despite the initial panic, the experience taught me valuable lessons about crisis management. 처음에는 당황했음에도 불구하고, 이 경험을 통해 위기 관리에 대한 귀중한 교훈을 배웠습니다.

- The students enjoyed the trip and appreciated my effort, which made all the stress worthwhile. 학생들은 여행을 즐겼고, 제 노력을 인정해 주어서 모든 스트레스가 보람 있었습니다.

실전모의고사

실전모의고사 질문 음성 & 모범 답변(PDF)은 잉글리쉬앤북스(books.english.co.kr)에서 다운로드 가능

Background Survey (사전 설문조사)

1. 현재 귀하는 어느 분야에 종사하고 계십니까?
   - ☑ 일 경험 전혀 없음

2. 현재 귀하는 학생이십니까?
   - ☑ 아니오   ☐ 수강 후 5년 이상 지남

3. 현재 귀하는 어디에 살고 계십니까?
   - ☑ 개인 주택이나 아파트에 홀로 거주

[4~7번에서 12개 항목 선택]

4. 여가 활동
   - ☑ 영화 보기   ☐ 공연 보기   ☐ 콘서트 보기   ☐ TV시청하기   ☐ 리얼리티 쇼 시청하기

5. 취미나 관심사
   - ☑ 음악 감상하기

6. 운동
   - ☑ 자전거   ☐ 하이킹/트레킹   ☐ 조깅   ☐ 걷기   ☐ 운동을 전혀 하지 않음

7. 휴가나 출장 경험
   - ☑ 국내여행

자기소개

01 Let's start the interview now. Tell me about yourself.

기본주제　**거주지**

02 Let's talk about where you live. What is your neighborhood like? Where is it located? What kinds of facilities are there in your neighborhood? Please tell me in detail about the area you live in.

03 Over the past decade, how has the area you lived in changed or developed? Could you describe what your city was like before and how it has changed now? Please provide as many details as possible.

04 Now tell me about an interesting or memorable experience in your neighborhood. When and where did that experience occur? Why was that experience interesting or memorable?

돌발주제 대중교통

05 I'd like to know about the public transportation system in your country. What types of transportation are available in your country? In addition, which type is the most popular?

06 Tell me which type of public transportation you prefer to use and why. What types of transportation do you use during the week? What types of transportation do you use on weekends? Provide as many details in your response as possible.

07 Unpleasant moments can be experienced while using public transportation. Share your experience with us. What happened, and how did you handle it? Please provide all the details.

기본주제 　 국내여행

08 I'd like to know about the places people like to travel to for their vacations in your country these days. Please tell me where people in your country go for vacations currently.

09 How has domestic travel of people in your country changed over the years? Compare the difference between traveling in the past and now. What kinds of activities do people usually do while traveling today, and what things did people do in the past when they went on trips?

10 Travel can bring about fascinating or unforeseen events. They could be humorous, captivating, or thrilling. Share a notable journey you've had. Describe the places you visited and the sights you observed.

롤플레이 파티

11 I'd like to give you a situation and ask you to act it out. You want to go to your friend's birthday party, but you haven't been invited. Call you friend and ask three or four questions to get some party information and attend.

12 I'm sorry, but there is a problem that you need to resolve. You were supposed to go to your friend's birthday party today. But unfortunately, you have a problem. Water from the upstairs apartment is running down the walls and causing stains on the wallpaper. If the problem isn't addressed, your house might become flooded, so you can't make it to the birthday party. Call your friend, explain the situation, and suggest two or three options to reschedule and celebrate your friend's birthday.

13 That's the end of the situation. Have you ever had a situation in which you canceled an appointment with your friend due to an unexpected matter? If so, what was the matter? Please explain what happed on that day.

롤플레이 | 과학 기술

14 I'd like to know about popular technology in your country. How has that technology developed over the years? How was it different from technology now? How does it affect people's lives?

15 Tell me about some recent news related to technology that you read or heard about. What was the news regarding technology? Do people talk about those issues often? How do people handle these issues?

유창성에 날개를 달아 주는 양념 expressions 모음

Expressions	Usage Suggestions
A piece of cake 케익 한 조각 (식은 죽 먹기다)	쉽고 간단하게 해결되는 일을 빗대어 이르는 말
Break a leg! 다리를 부러뜨리다 (행운을 빌어!)	누군가에게 행운을 빌어주는 말
The ball is in your court. 너에게 달려 있어, 결정은 네 몫이야.	상대방에게 선택권이 있거나 상대방의 행동에 결과가 달려 있음을 나타내는 표현
You hit the nail on the head. 못의 머리를 맞추다 (정곡을 찔렀네요)	상대방의 말에 강한 동조를 할 때 할 수 있는 표현
Hit the spot 딱 원하는 거다, 제격이다	자신의 특정 욕구나 원하던 바가 충족되었을 때 느끼는 만족감을 나타낼 때 쓰는 표현
I'm on cloud nine. 아홉 번째 구름 위에 있는 (구름 위에 떠 있는 기분이야)	매우 기분이 좋은 상태나 행복함을 나타냄
It was a blessing in disguise. 변장한 축복 (오히려 잘된 일, 전화위복)	겉보기에 부정적인 상황인 줄 알았는데 알고 보니 좋은 일이었을 때 사용하는 표현
I decided to bite the bullet. 총알을 물다 (나는 이를 악물고 참기로 결정했다.)	싫은 것이나 힘들고 어려운 상황을 견디고 참아내는 것
around the clock 24시간 내내	무언가 계속해서 밤낮없이 진행되는 상황에서 쓸 수 있는 표현
Don't count your chickens before they hatch. 달걀이 부화하기 전에 닭을 세지 마라 (김칫국부터 마시지 마.)	아직 일어나지 않은 일에 대해 너무 기대하거나 장담하지 말라는 표현

Expressions	Usage Suggestions
Every cloud has a silver lining. 모든 구름의 뒷면은 은빛으로 빛난다. (괴로움이 있으면 즐거움이 있다)	힘든 상황에서도 긍정적인 면을 찾는 것의 중요성을 나타내는 표현
I'll give you the benefit of the doubt. 속는 셈 치고 한번 믿어줄게요.	의심이 드는 상황에도 확실해지기 전까지 일단 믿어주는 것
He hit the jackpot! 대박을 터뜨리다 (큰 성공을 거두다)	크게 성공을 거두거나 큰 상을 받은 상황을 나타냄
In the heat of the moment 열이 오를 때 (순간적으로, 발끈해서 행동한)	격한 감정이 들거나 충동적인 행동이나 결정을 했을 때 쓰는 표현
She is the kind of person to Jump on the bandwagon. 그녀는 인기 있는 쪽에 붙는 그런 사람이에요.	인기있는 유행이나 의견을 따르거나 지지하는 행동을 의미함
Keep your fingers crossed! 손가락을 교차하다 (행운을 빌어 줘!)	행운과 성공을 빌어준다는 표현
Let sleeping dogs lie. 자는 개를 깨우지 마라 (긁어 부스럼 만들지 마라)	갈등이나 문제를 일으키는 것을 피하는 행동을 의미함
Money talks. 돈이 말한다 (돈이 최고다, 돈이면 다 된다)	돈의 영향과 권력에 대해 강조할 때 사용
Out of the blue 파란 하늘에서부터 (갑자기, 예기치 않게)	갑작스럽거나 예상치 못한 때를 나타냄
Don't put all your eggs in one basket. 한 가지 일에 모든 걸 걸지 마요.	위험하게 한 가지 선택에 모든 것을 걸지 말라는 의미

Expressions	Usage Suggestions
Read between the lines 문장 사이를 읽다 (속 뜻을 이해하다, 숨은 의미를 파악하다)	숨은 의미를 파악하고 이해하는 것
Speak of the devil! 악마에 대해 말하다 (호랑이도 제 말하면 온다!)	말하는 중에 관련된 사람이 등장하는 상황을 이르는 말
The early bird catches the worm. 일찍 일어나는 새가 벌레를 잡는다 (부지런한 사람이 성과를 얻는다)	상황을 주도하고 적극적인 사람이 혜택을 얻는다는 것을 의미함
Actions speak louder than words. 행동이 말보다 크게 말한다 (말보다 행동이 중요하다.)	말뿐인 약속보다 행동이 더 중요함을 강조하는 말
Bet ter late than never. 하지 않는 것보다 늦는 게 낫다.	아예 하지 않는 것보다 늦게라도 하는 것이 낫다는 것을 의미함
Burn one's bridges 다리를 태우다 (돌이킬 수 없는 일을 하다)	다시는 예전으로 돌이킬 수 없는 상황일 때 쓰는 표현
I'll go the extra mile. 1마일을 더 가다 (더 분할할게요.)	자발적으로 추가적인 노력을 기울이는 것
Keep your chin up! 고개를 들어라 (힘내라!, 파이팅!)	어려운 상황에 있는 상대방을 응원하기 위해 사용하는 표현
Let bygones be bygones. 지나간 것은 지나간 것으로 두자 (과거에 연연하지 마.)	지난 일을 용서하거나 잊는 것이 좋다는 표현
No pain, no gain. 노력이 없으면 얻는 것도 없다.	성공하거나 무언가를 이루기 위해서는 희생과 노력이 필수적이라는 말

Expressions	Usage Suggestions
Strike while the iron is hot. 쇠가 뜨거울 때 두드려라 (기회를 놓치지 마라)	좋은 기회가 왔을 때 주저하지 말고 즉시 행동에 옮기라는 의미
Don't bite off more than you can chew. 욕심 부리지 마요.	감당할 수 있는 것보다 과하게 욕심을 부릴 때 쓸 수 있는 표현
Don't judge a book by its cover. 책의 표지로 그 책을 판단하지 마라 (겉모습만 보고 판단하지 마라.)	오로지 겉모습만 보고 편견을 갖지 말 것을 강조하는 표현
Get out of hand 손을 벗어나다 (통제를 벗어나다, 감당하기 어렵다)	통제 불능의 상태나 혼란스러운 상황에 처했음을 나타낼 때 쓰는 표현
It's not rocket science. 로켓 관련된 과학이 아니다 (어려운 일이 아니다)	복잡하거나 이해하기 어려운 일이 아니라고 말할 때 쓰는 표현
Let's call it a day. 그것을 하루라고 부르자 (오늘은 이만 끝냅시다.)	이제 일을 마치자고 하거나 어떤 행동을 그만하자고 제안할 때 쓰는 표현
Off the top of my head 머리 꼭대기에서 떨어져나온 (지금 떠오르는 생각으로는)	많은 생각 없이 바로 떠오르는 것이나 즉각적으로 대답할 때 사용하는 표현
See eye to eye 눈과 눈을 마주 보다 (의견이 일치하다, 마음이 맞다)	서로 의견이 맞거나 마음이 잘 맞는 것을 의미함
Rome wasn't built in a day. 로마는 하루아침에 이루어지지 않았다.	무언가를 이루기 위해서는 시간과 노력이 필수적임을 강조하는 표현
When the going gets tough, the tough get going. (상황이 힘들어지면, 강인한 사람은 더 강인해진다.)	어려운 상황에 직면했을 때, 강인한 사람은 좌절하지 않고 더 분발한다는 의미

Expressions	Usage Suggestions
Laughter is the best medicine. 웃음은 최고의 약이다.	웃음이 건강에 좋다는 것을 강조하는 표현
Beauty is in the eye of the beholder. 아름다움은 보는 사람에 따라 다르다 (제 눈에 안경)	아름다움은 주관적임을 강조하는 표현
Don't beat around the bush. 빙빙 돌리지 말고 본론을 말해요.	요점을 피해 돌려서 말하지 말라는 의미
Get your act together. 정신 차려, 제대로 해.	상대방에게 마음을 바로잡고 정신 차리라고 조언할 때 사용하는 표현
It takes two to tango. 탱고를 추려면 둘이 필요하다 (손바닥도 마주쳐야 소리가 난다)	협력의 중요성을 강조하는 표현
Play devil's advocate 악마의 옹호자가 되다 (일부러 반대 의견을 말하다)	반대 의견을 제시하자고 제안할 때 사용하는 표현
On thin ice 얇은 얼음 위에 서 있는 (위험하거나 불안정한 상황인)	위험하거나 불안정한 상황에 처한 것을 비유적으로 표현
Put someone on the spot 어떤 지점에 누군가를 두다 (곤란하게 만들다, 당황하게 하다)	어렵거나 예상치 못한 질문을 하거나 주목받게 하여 상대방을 당황하게 만든다는 표현
The grass is always greener on the other side. 건너편의 잔디는 항상 더 푸르다 (남의 떡이 더 커보인다.)	다른 사람의 상황이 더 낫다고 믿거나 그러한 경향을 나타냄
I'm all ears. 나는 모든 귀다 (열심히 듣고 있어.)	주의를 기울여 듣고 있음을 나타내는 표현

Expressions	Usage Suggestions
Birds of a feather flock together. 깃털이 같은 새들끼리 모인다 (유유상종)	비슷한 관심사나 특징을 가지고 있는 사람들끼리 어울린다는 표현
Don't put off until tomorrow what you can do today. 오늘 할 일을 내일로 미루지 마라.	실행력을 강조하는 표현
Get the ball rolling 공이 굴러가게 하다 (일을 시작하다)	행동을 시작하거나 어떤 일을 새롭게 하는 것
Keep your options open. 선택을 보류해요.	마지막 결정을 하기 전에 상대방에게 선택을 보류하라고 조언할 때 사용
Like two peas in a pod 한 자루에 있는 두개의 콩 같은 (쌍둥이처럼 닮은, 서로 잘 맞는)	서로 공통점이 많거나 잘 맞을 때 쓰는 표현
Out of sight, out of mind. 눈에서 멀어지면 마음에서도 멀어진다.	사람이든 사물이든 눈에 보이지 않으면 쉽게 잊혀진다는 의미
Misery loves company. 불행은 동료를 좋아한다 (동병상련)	힘든 처지에 있는 사람은 다른 사람도 자신과 같은 처지에 있기를 바란다는 의미
Fortune favors the brave. 행운은 용감한 자의 편이다.	용기 있게 도전하는 사람에게 기회와 행운이 따른다는 의미
Turn over a new leaf 새로운 잎이 되다 (새 출발하다, 새 사람이 되다)	새로운 시작이나 이전과 다른 변화된 모습으로 살아가는 것을 의미
Knowledge is power. 아는 것이 힘이다.	지식을 갖추는 것의 중요성을 강조할 때 쓰는 표현

Expressions	Usage Suggestions
Bark up the wrong tree 헛다리 짚다, 잘못 짚다	잘못된 방향으로 행동하거나 짐작이나 예상을 잘못하는 것
Cross that bridge when you come to it. 다리에 도착했을 때 그 다리를 건너라 (그때 가서 생각해라)	미리 걱정하지 말고 문제가 발생했을 때 문제를 해결하라는 의미
Get the hang of something 무엇에 대해 요령이 생기다, 잘하게 되다	요령을 터득하여 익숙해지고 잘하게 되는 것을 표현
Kill two birds with one stone. 하나의 돌로 두 마리의 새를 잡다 (일석이조)	하나의 행동으로 두 가지 목적을 달성하는 상황을 표현
Once in a blue moon 매우 드물게, 아주 가끔	가뭄에 콩 나듯, 아주 드물게 한 번씩 일어나는 상황을 표현할 때
Practice makes perfect. 연습이 완벽하게 만든다.	반복된 연습의 중요성을 강조하는 표현
Steal someone's thunder 선수 치다, 남을 앞지르다	누군가의 성취나 관심을 가로채는 상황
The calm before the storm 폭풍 전의 고요 (폭풍전야)	폭풍처럼 거대한 일이 일어나기 전의 평온하고 고요한 상태
Two heads are better than one. 백지장도 맞들면 낫다.	혼자서 하는 것보다 둘 이상이 함께 협력하여 일을 해결하는 것이 더 낫다는 것을 표현
Go back to square one 원점으로 돌아가다	현재의 상황이 실패로 이어져 처음부터 다시 시작해야 할 때 사용하는 표현

Expressions	Usage Suggestions
Better safe than sorry. 후회하는 것보다 조심하는 게 낫다.	섣불리 행동해서 후회하는 것보다 처음부터 신중하게 행동하는 게 낫다는 뜻의 표현
Cry over spilt milk 흘린 우유에 눈물을 흘리다 (이미 엎지른 물이다)	돌이킬 수 없는 과거의 일에 슬퍼하고 후회하는 모습
Give someone the cold shoulder 차가운 어깨를 내주다 (무시하다, 냉대하다)	누군가를 의도적으로 무시하거나 무관심하게 대하는 것
Hit the ground running 미루지 않고 시작하다, 밀어붙이다	새로운 프로젝트를 시작하거나 열정을 갖고 의욕적으로 일을 하는 것
Keep one's eye on the ball 공에서 눈을 떼지 않다 (계속 집중하다)	당면한 주요 목표나 과제에 집중하는 것
To make a long story short 긴 이야기를 짧게 (간단히 말해서)	어떤 이야기나 상황에 대해 간략하게 요약할 때 쓰는 표현
Play your cards right 자신의 카드를 잘 쓰다 (기회를 잘 활용하다, 일처리를 잘하다)	원하는 결과를 얻기 위해 올바른 선택을 하거나 결정을 잘 내리는 것
Take it with a grain of salt 소금 한 알갱이와 함께 먹다 (걸러서 듣다)	무언가를 곧이곧대로 듣지 않고 가감해서 듣는 것
go back to the drawing board 처음부터 다시 시작하다	주로 실패한 아이디어나 계획을 수정하고 개선하기 위해 다시 고민해야 할 때 사용
from the ground up 아예 처음부터, 철저하게	첫 단계부터 마지막 고급 단계까지, 철저하고 완벽한 상황을 표현

Expressions	Usage Suggestions
Bread and butter 빵과 버터 (생계 수단)	소득의 원천이자 생계 수단을 사람들의 주식인 빵과 버터로 빗대어 표현
Don't bite the hand that feeds you. 은혜를 원수로 갚지 마라.	나를 도와준 사람에게 해를 끼치지 말라는 표현
Get off your high horse. 잘난 척 좀 그만해, 허세 부리지 마라.	거만하게 굴지 말고 겸손하게 행동하라는 의미
It's raining cats and dogs. 비가 억수같이 내린다.	비가 많이 오는 모습을 묘사하는 표현
Look on the bright side. 밝은 면을 보자, 좋게 생각하자.	상황의 긍정적인 면을 보라고 상대방을 위로할 때 쓸 수 있는 표현
Play it by ear 그때그때 판단하다	상황에 따라 즉각적으로 결정하거나 행동하는 것
Step out of your comfort zone 편한 구역을 벗어나다, 새로운 일을 시도하다	익숙하지 않거나 일상에서 벗어난 일을 하면서 도전하는 것
Time flies. 시간이 쏜살같이 흐른다.	시간이 빨리 간다는 느낌을 표현
You can't have your cake and eat it too. 케이크를 먹으면서 동시에 가지고 있을 수 없다. (동시에 모든 것을 가질 수 없다.)	원하는 모든 것을 가질 수 없고, 하나를 선택하면 다른 하나는 포기해야 한다는 것을 나타냄
All bark and no bite 짖기만 하고 물지 않는다 (입만 살았다, 큰소리만 친다)	말만 많이 하고 행동은 취하지 않는 사람을 묘사

Expressions	Usage Suggestions
Jack of all trades, master of none. 모든 걸 다 할 줄 알지만 뛰어난 한 가지가 없다.	여러 분야에 능하지만, 그 어느 분야에서도 전문가 수준은 아니라는 의미
Get your feet wet 발을 적시다 (경험을 쌓기 시작하다)	새로운 일을 막 시작한 상황
Let the cat out of the bag. 가방에서 고양이가 나오게 하다. (비밀을 누설하다.)	무심코 비밀을 말해 버린 상황
Paint the town red 도시를 붉게 칠하다 (흥청망청 놀다)	술집 등을 돌아다니면서 진탕 마시며 노는 상황
Take a rain check 우천 취소권을 받다 (다음을 기약하다)	계획이나 초대받은 것을 나중으로 연기할 때 쓰는 표현
You reap what you sow. 당신이 심은 것을 수확한다 (뿌린 대로 거둔다.)	자신의 행동과 말이 결국 자신에게 돌아온다는 인과응보의 상황을 나타냄
All's well that ends well. 끝이 좋으면 모든 게 좋다.	결과가 만족스러우면 이전에 고생했던 게 보상 받는다는 의미
Variety is the spice of life. 다양성은 인생을 즐겁게 한다.	다양한 경험과 변화가 삶을 더 흥미롭고 풍요롭게 만든다는 의미
A taste of your own medicine 자업자득, 자기가 한 만큼 돌려받는다	자신이 다른 사람을 안 좋게 대하면 본인도 똑같이 경험하게 된다는 의미
Give credit where credit is due 합당한 사람에게 감사를 표하다, 공을 인정하다	노력과 성과를 낸 사람에게 정당한 인정과 보상을 해야 한다는 의미

Memo

Memo

Memo